I N V E S T I G A Ç Ã O

IMPRENSA DA UNIVERSIDADE DE COIMBRA
COIMBRA UNIVERSITY PRESS

EDIÇÃO
Imprensa da Universidade de Coimbra
Email: imprensa@uc.pt
URL: http//www.uc.pt/imprensa_uc
Vendas online: http://livrariadaimprensa.uc.pt

COORDENAÇÃO EDITORIAL
Imprensa da Universidade de Coimbra

CONCEÇÃO GRÁFICA
António Barros

IMAGEM DA CAPA
By Yuyudevil (Own work) [Public domain],
via Wikimedia Commons

INFOGRAFIA
Mickael Silva

PRINT BY
CreateSpace

ISBN
978-989-26-0870-9

ISBN DIGITAL
978-989-26-0871-6

DOI
http://dx.doi.org/10.14195/978-989-26-0871-6

DEPÓSITO LEGAL
382828

© OUTUBRO 2014, IMPRENSA DA UNIVERSIDADE DE COIMBRA

TEORIA DA LITERATURA E INTERPRETAÇÃO

O SÉCULO XX EM 3 ARGUMENTOS

IMPRENSA DA
UNIVERSIDADE
DE COIMBRA
COIMBRA
UNIVERSITY
PRESS

RICARDO NAMORA

SUMÁRIO

Posfácio 7

I A raiz do problema 11

II Mount Rushmore 21

III Linguagens especiais 77

IV Jogar ao faz de conta 137

V In Medias Res 201

Bibliografia 275

POSFÁCIO

Este livro é uma versão revista da dissertação de doutoramento que apresentei à Universidade de Lisboa em 2009. Nos 8 anos anteriores, frequentei o Programa em Teoria da Literatura daquela Universidade, um programa de estudos avançados ímpar no panorama nacional. Ao longo desses anos, aprendi a pensar, a sério, sobre literatura. Os seminários dos Professores Miguel Tamen e António M. Feijó foram, nesse contexto, absolutamente cruciais. O capítulo III deste livro é, aliás, um sub-produto de várias discussões que tive com Miguel Tamen e, sobretudo, de um brilhante seminário a que tive a honra de assistir no ano lectivo 2005-2006, e cujo conteúdo, tanto quanto sei, ainda se encontra – infelizmente – por publicar. Esse seminário, intitulado "É a literatura feita de linguagem?", foi concebido (creio) por Miguel Tamen como sequência a uma série de outros módulos de estudos literários avançados, destinada a questionar conjuntos de lugares-comuns e preconceitos que fazem parte da dieta dos estudiosos da literatura – pelo menos, até certo ponto. Com Miguel Tamen aprendi, verdadeiramente, a pensar, e com António Feijó a pensar *sobre*. Com ele conheci Pascoaes, Aragon, Rorty e uma série de objectos que até hoje me instigam a *fazer coisas*. Como se isto não bastasse, ambos acederam a orientar a minha tese de doutoramento, e deram-me as melhores mãos nas quais o meu trabalho podia estar.

O Professor Osvaldo M. Silvestre foi, de forma persistente e incisiva, o meu maior crítico, antes e depois das provas públicas a que os conteúdos deste texto foram sujeitos. Uma das suas objecções tem a ver com o conceito de "intenção" que é utilizado no capítulo II, e ao qual ele contrapõe uma hábil versão do conceito de "deliberação". Esta oposição é, claro, perfeitamente possível, e pode tornar-se operativa no contexto de uma discussão mais alargada, que envolva o refinamento conceptual de outros conceitos importantes para a interpretação literária, como "texto" e "autor", por exemplo. Nesse capítulo II, no entanto, as minhas ambições foram bastante mais modestas. Tendo partido de um entendimento não-mentalista da noção de "intenção" (tomada por empréstimo de Anscombe e do seu famoso *Intentions*, de 1957), procurei demonstrar duas coisas: primeiro, que esse entendimento não-mentalista, utilizado com prodigalidade pelos formalismos durante uma grande parte do século XX, decretou de modo estipulativo a rasura da variável "intenção do autor"; segundo, que a aplicação crítica dessa variável depende crucialmente de uma decisão prévia acerca do que conta como "ter a intenção de fazer qualquer coisa". Talvez por isto é que não exista, em rigor, um grande crítico intencionalista ou grandes textos da crítica assumidamente intencionalista: desde logo, porque um crítico intencionalista não-mentalista parece não conseguir ser senão um crítico das posições não-intencionalistas; e, depois, porque (suspeito) a única forma de se ser um crítico intencionalista envolve adoptar formas de mentalismo que poucos críticos literários parecem, historicamente, dispostos a subscrever.

Em relação ao argumento geral do capítulo III, as suas objecções foram no sentido de inferir uma diferença de espécie entre a minha leitura de Jakobson e a dele. A sugestão de que talvez tivesse sido importante incluir na discussão o texto de Jakobson de 1921, "A nova poesia Russa", juntamente com o conceito de *Zaum* (ou "poesia transmental") é completamente pertinente – bem como a ideia de que o percurso de Jakobson vai afinando, progressivamente, uma perspectiva não-hermenêutica da relação entre pessoas e poemas-objectos como puro impacto fenomenológico. Condordo plenamente com esta atribuição. O foco da discórdia talvez surja, então, não por uma discordância de fundo quanto às posições de Jakobson, mas antes com a opção estratégica de colocar maior ênfase nalgumas consequências históricas e institucionais dos seus argumentos. Num certo sentido, o carácter radicalmente fenomenológico das suas teorias foi sendo gradualmente secundarizado pela tecnicidade para-científica que, de muitas maneiras, ajudou a que, em termos críticos e institucionais, o estudo da literatura se espacializasse nos meados do século XX. Noutro sentido, a fenomenologia de Husserl, Heidegger e Scheler (cujo impacto na crítica literária foi assinalável mas nunca chegou a produzir uma corrente hegemónica), *hibernou* durante uma grande parte do século passado, e só veio a ser recuperada já na década de 1960, por influência sobretudo de Sartre e, de outro modo, pela sua associação à psicologia. Em rigor, o *segundo* Jakobson é, realmente, uma versão técnica e institiucional do *primeiro*, num sentido extensional e não numa perspectiva meramente dialéctica. A economia do capítulo, bem como um maior interesse em demonstrar (e discutir) as ramificações institucionais de certas teorias de Jakobson, ocultaram esse facto incontroverso.

No capítulo IV, interessou-me mais demover o critério da verdade como aferidor da ficção e, por extensão, o macro-argumento referencial que descreve tipicamente personagens e lugares ficcionais como entidades não substantivas. Mais do que debruçar-me sobre a tradução jurídico-legal (e política) da noção de "ficção", que necessita realmente de um reconhecimento da ficção como *suspensão*, procurei testar a hipótese de um conceito não-atómico e pragmático de ficção, baseado no elenco dos "conteúdos ficcionais". Aqui, há realmente uma diferença pronunciada, entre aquilo que somos como receptáculos de histórias e como cidadãos que se movimentam dentro daquilo a que Derrida chamou "essa estranha instituição chamada literatura". No caso do capítulo IV, existe uma diferença substancial entre as nossas posições: não que eu discorde (pelo contrário) da sua leitura do plano jurídico-institucional que conforma as noções de "literatura", "texto" e "autor"; simplesmente, a ênfase em relações que se encontram no plano representacional reduziu a análise a esse mesmo plano. Não estou seguro, contudo, que isso signifique fatalmente um bloqueio da admissão da ficção no outro plano que refere. Pelo contrário. O que acontece é que a construção "conteúdos ficcionais" passa a ser, na camada jurídico-institucional, relacionada com um conjunto de instrumentos e mecanismos que a condicionam e, ao mesmo tempo, excedem, e o conceito de "ficção" é, nesse contexto, muito mais heteróclito e espectral do que no âmbito de "contar histórias". E por isso é que as leis existem, e as instituições também (quando vamos a um casamento, por exemplo, aceitamos tacitamente as convenções e preceitos da "instituição" do poema de Marianne Moore; coisas como *um* casamento e *o* casamento não parecem, desse ponto de vista, poder passar uma sem a outra).

Por tudo isto, resta-me agradecer ao Professor Osvaldo M. Silvestre todas as sugestões, os debates e as críticas com que me foi presenteando ao longo dos anos.

Gostaria também de aproveitar a oportunidade para agraceder à Fundação Para a Ciência e Tecnologia o apoio que me foi concedido através de uma Bolsa de Doutoramento (de 2006 a 2009), sem a qual este trabalho não teria os resultados que teve. Por fim, devo um agradecimento caloroso à Imprensa da Universidade de Coimbra e, em especial, ao Professor Doutor Delfim Leão e à Dra. Maria João Padez, pelo apoio incondicional e entusiástico que deram a este projecto editorial.

Para finalizar, algumas advertências ao leitor. Os textos cujas fontes originais não são em português foram traduzidos por mim, para facilitar a leitura (todas as imprecisões são, por isso, da minha inteira responsabilidade). As convenções e protocolos de citação e referência bibliográfica foram harmonizados de modo superficial: espero que, onde não houver coerência, haja pelo menos clareza. Os parênteses rectos indicam termos de tradução difícil, remissões, notas ou possíveis conflitos de interpretação.

Ricardo Namora, Julho de 2014

I
A RAIZ DO PROBLEMA

Num artigo de 1995 intitulado "The Problem of Objectivity",[1] Donald Davidson exprime o seguinte ponto de vista acerca da racionalidade: "Não estou preocupado com explicações científicas acerca da existência do pensamento; interessa-me o que o torna possível" (Davidson, 2004:7). Se substituirmos "pensamento" por "interpretação", podemos talvez encontrar o ponto de partida para este ensaio: não estou interessado em explicações científicas acerca da existência da interpretação; interessa-me o que a torna possível – e como. Uma das definições admissíveis de literatura tem a ver, justamente, com a capacidade que esta tem para reclamar interpretações. Descrever literatura como um conjunto de problemas de interpretação levanta, porém, algumas questões. Desde logo, é necessário precisar o que se quer dizer exactamente com os termos "problema", "interpretação" e, sobretudo, "literatura".

Em relação à definição deste último, *literatura*, pelo menos duas ordens de explicações são possíveis: em relação à sua natureza e em relação à sua localização. Quanto à primeira, o conceito fica razoavelmente resolvido na própria definição oferecida acima: "um conjunto de problemas de interpretação". Quanto à segunda, a maneira mais fácil de manejar a questão talvez seja a de admitir, de modo generoso, que comunidades de pessoas inteligentes e culturalmente condicionadas reconhecem e identificam textos literários quando os encontram. Assim,

---

[1] In Donald Davidson (2004), *Problems of Rationality*. Oxford: Oxford University Press (pp. 3–18).

literatura passa a ser definida como um conjunto de problemas de interpretação suscitados por coisas que encontramos em determinados sítios e que, geralmente, conseguimos identificar.

A *interpretação*, no sentido que eu lhe dou, é narcisista, e em dois sentidos diferentes: serve, em primeiro lugar, para nos relacionarmos melhor com o mundo mas, também, para mostrar, em certas ocasiões, que o nosso modo de interpretar é mais correcto ou útil do que os métodos de outros; e serve, por outro lado, para aumentar o nosso grau de conhecimento (aquisição e processamento de informações) e, em consequência, de auto-conhecimento (a capacidade e as operações usadas para interpretar). Mas, paradoxalmente, a interpretação é também pública, partilhável e intersubjectiva, a um ponto de universalidade que acomoda um número massivo de possíveis relações entre pessoas e a realidade. Interpretar é, em grande medida, discutir a nossa posição no mundo. Tem, por isso, uma dimensão subjectiva e uma dimensão intersubjectiva – sendo certo que toda a interpretação particular consiste numa intersecção das duas.

Restam, então, os *problemas*. Na minha descrição, a interpretação só é problemática em determinados contextos – sobretudo críticos e académicos. Isto não supõe que exista uma diferença *de espécie* entre tipos de interpretação, ou entre interpretações "comuns" e especializadas. Supõe sim, e de modo não polémico, que existem leituras profissionais, habitualmente refinadas e que muitas vezes dependem de um contexto institucional, onde certos problemas podem ser tidos como "problemas" (decidir sobre questões teóricas complexas parece envolver um contexto limitado, quer em termos de acessibilidade quer em termos de procedimento). Há, em conclusão, sítios onde certas pessoas consideram certas coisas como problemas – e constatar que existem elencos de problemas que são acolhidos em certos contextos mais do que noutros não indica nada acerca da natureza das coisas: é uma constatação meramente empírica. Da constatação de que determinados problemas (como, por exemplo, o da intencionalidade, o da linguagem literária ou o do estatuto da ficção) são determinados por um conjunto de especialistas institucionalmente condicionados não segue nada de especial – existem, simplesmente, contextos em que coisas contam como problemas e outros em que não.

O lugar específico em que ocorrem problemas de interpretação tem sido, há bastante tempo, o da teoria da literatura. O próprio enunciado, que é controverso, parece indicar de modo claro que existem sítios apropriados para se fazerem certas coisas. A teoria não é um modo específico de racionalidade, mas um modo geral que pode ocorrer em instâncias muito diferentes (e de várias maneiras). O fazer teoria é uma maneira de expressão racional universal, em que capacidades mentais, conceptuais e relacionais nos ajudam a fazer sentido do mundo. Faz parte do património racional da humanidade, e talvez por isso o enunciado "teoria de" seja, de algum modo, redundante. Num sentido muito particular, no entanto, a descrição "teoria da literatura" serve para apontar inequivocamente para um lugar preciso onde certos problemas contam como "problemas" – e neste ponto a noção passa a dirigir-se a um contexto mais reduzido. "Teoria da literatura" é, assim, a disciplina que lida com modos racionais que têm por objecto a literatura. Existem, em consequência, dois níveis diferentes de reconhecimento e localização: de sítios onde se fazem certas coisas, por um lado, e de coisas que contam como "literárias", por outro.

É neste sentido que a descrição de literatura como um conjunto de problemas de interpretação se torna operativa, para os efeitos e propósitos deste texto. Trata-se de uma descrição ao mesmo tempo alargada e circunscrita: alargada porque, em parte, acolhe a ideia de que toda a literatura depende de questões hermenêuticas; e circunscrita porque, para todos os efeitos práticos, parte de uma noção limitada do espaço onde são tomadas as decisões em relação aos problemas de interpretação. Essas decisões são, por sua vez, tomadas tipicamente sobre interpretações particulares, mas dependem de um elenco de indagações preliminares que constituem o como e o porquê da literatura. O principal mérito da teoria da literatura talvez seja exactamente este: o de se ter constituido enquanto disciplina a partir dos conjuntos de conceitos e perguntas que dão corpo à interpretação de fenómenos literários. A teoria é, por princípio, plural, e apesar de teorias ganharem com o conflito e o erro, é de esperar que uma disciplina que se proponha tratar a literatura deva ser, por natureza, heteróclita. Por isso, desenvolve-se no âmbito mais complexo das *humanidades*, onde o diálogo intersubjectivo deve, aparentemente, ser levado mais a sério do que noutros lugares.

Mas a teoria tem, também, o seu lado institucional forte, e a sua história é feita, muitas vezes, de paradigmas hegemónicos que instauraram modos de ler particulares. Paralelamente, e porque existe quase sempre uma teoria que detém os meios para dirigir e governar interpretações, recomendações, leituras e pontos de vista, há em cada momento da história da teoria uma série de teorias concorrentes e minoritárias, cujos modos de ler se opõem à primeira. Thomas Kuhn tinha razão em muitas coisas, e a história da teoria demonstra amplamente que o seu modelo pode ser aplicado com sucesso ao modo de ser específico da teoria da literatura, praticamente desde o seu estabelecimento como disciplina autónoma. Este estado de coisas parece causar desconforto a um certo número de críticos e de profissionais da teoria. Conceitos como os de "ansiedade", "angústia" e "desconforto" têm sido usados com frequência para descrever momentos particulares da história daquela.

Esta náusea teórica tem a ver, sobretudo, com o lado institucional da teoria, e muito menos com o diálogo hermenêutico que esta, tipicamente, promove. Evidentemente, poderíamos argumentar que muitas das questões com que a teoria começou se encontram ainda por resolver: no entanto, disto não segue fatalmente que o modo teorético de descrever problemas relacionados com a literatura seja um fracasso, e um projecto que se deva abandonar. Ao longo dos últimos anos, muitas vozes se levantaram para proclamar a inabilidade da teoria para resolver os problemas que ela própria suscitou, decretando a sua falência e, no limite, a sua extinção enquanto disciplina. O problema é que, como já se referiu anteriormente, fazer teoria é um modo básico de racionalidade, e o sentido estrito que por vezes é usado para definir a teoria é, em última análise, uma ficção – serve, muitas vezes, como justificação para as relações verticais institucionalmente consagradas no contexto da disciplina. Neste sentido, mais uma vez, o enunciado "teoria da literatura" volta a ser controverso ou, pelo menos, circular. O qualificativo "da literatura" deve, contudo, dirigir-se não àquilo que pode ser entendido como um modo específico de fazer certas coisas, mas apenas e só a um sítio particular onde certas pessoas conversam sobre certas coisas.

Um dos argumentos subjacentes aos capítulos que se seguem é justamente o de que dialogar activamente sobre literatura não é nem angustiante nem ocioso, e muito menos desconfortável. Isto acontece porque nenhum dos conceitos fundamentais envolvidos no processo (*literatura* ou *interpretação*, por exemplo) beneficia de uma rigidez de determinação tal que a sua natureza seja sempre, e em todos os contextos possíveis, rigorosa e determinável. Descrever literatura e interpretação de um modo o mais alargado possível tem, acredito, um amplo conjunto de vantagens. Descrever a teoria na sua acepção mais benigna, plural e racional tem, igualmente, as suas vantagens – uma das quais é, seguramente, a de perceber que a interpretação é uma actividade infinitamente replicável.

É impossível fugir à teoria. Não me apoio neste ponto para fazer uma defesa elegante do *métier* que escolhi, nem me move nenhum impulso laudatório para com uma disciplina em que acredito. Não pretendo possuir nenhuma solução miraculosa para evitar a extinção da teoria, que é, de resto, uma função da chamada "crise das humanidades". O meu argumento é simplesmente o de que teorias, como interpretações e como muitas outras coisas que fazemos, são modos de relação com o mundo, com objectos no mundo e com pessoas que são parecidas connosco. Há, neste ponto de vista, uma crença profunda na racionalidade que caracteriza a espécie a que pertenço – o que é substancialmente diferente da defesa corporativa de um modo particular de fazer coisas. Noções como "literatura", "teoria" e "interpretação" beneficiam, no âmbito deste ensaio, de uma latitude conceptual considerável, e isto é um ponto de princípio que remete para uma crença explícita: a de que certos conceitos, em certos contextos, ganham em serem descritos de modo pragmático. Não é completamente certo que este modo garanta necessariamente o futuro da interpretação – no entanto, ajuda a tornar claro que existe uma forte possibilidade de continuarmos a desempenhar determinadas actividades intelectuais das quais não podemos, simplesmente, prescindir.

Se a literatura pode ser descrita, nos termos propostos até esta altura, como um conjunto de problemas de interpretação, é natural que a teoria incida sobre questões hermenêuticas, questões essas que são numerosas e heterogéneas. Neste sentido, também, a teoria é plural – debruça-se sobre muitos assuntos, de muitas maneiras – e acolhe uma forma de eclectismo teórico que funciona a vários níveis. Fazer teorias sobre interpretações de textos literários (que é, no fundo, um modo básico de racionalidade aplicado a objectos particulares), requer uma série de operações racionais. Quando dizemos que não gostamos dos livros deste ou daquele autor (que é uma teoria como outra qualquer), é-nos de algum modo exigida uma cadeia de justificações, juízos e crenças que validem ou, pelo menos, expliquem a teoria. Processos racionais deste tipo, porque contribuem para uma posição hermenêutica, reclamam o uso de explicações que só podem ser oferecidas através de *argumentos*.

O argumento funciona, neste contexto, como resposta à questão mais simples que pode ser colocada sobre uma teoria: "porquê?". Teorias não nascem no vazio, e são inevitavelmente dirigidas a objectos e a conjuntos de objectos. Como a teoria, que é humana e racional, faz parte do diálogo contínuo que se estabelece no âmbito das *humanidades* e como, para além disso, o seu *modus operandi* habitual consiste num pronunciamento preciso sobre coisas ou modos de fazer coisas, ela parece exigir explicações sobre aquilo que defende. Para além do mais, a teoria é um lugar específico, e por isso também o diálogo que gira à volta da literatura depende muito, no seu contexto, das explicações e justificações que são acrescentadas no sentido de se perceberem melhor certas posições teóricas particulares. Isto funciona a um ponto tal que, muitas vezes, a discussão passa a fazer-se sobre os argumentos e os modos de argumentar, mais do que sobre a teoria propriamente dita (com a reserva óbvia de que não existem interstícios entre teorias e argumentos; os argumentos constituem a teoria na exacta medida em que a teoria depende daqueles).

Descrever literatura como um conjunto de problemas de interpretação parece, assim, conduzir à constatação de que teorias, e argumentos que constroem teorias, constituem, em última análise, o substrato racional de grande parte do estudo da literatura. A questão do argumento é, pois, uma questão central. É também, paralelamente, uma questão crucial no âmbito deste ensaio. Responder à pergunta "O que fazemos *realmente* quando justificamos uma interpretação de um texto literário?" é o objectivo principal dos capítulos que se seguem. Evidentemente, responder a uma questão desta natureza envolve um conjunto heterogéneo de relações entre pessoas, raciocínios e objectos ou, de outro modo, entre intérpretes e críticos, argumentos e obras literárias.

Tipicamente, a actividade teórica é medida ou descrita pelos seus dois lados mais visíveis: o lado das interpretações particulares sobre textos ou obras determinadas; e o lado das recomendações ou regimes de leitura que caucionam essas interpretações particulares (numa palavra, a leitura propriamente dita, por um lado; e os modos de ler que levam a que a maioria das leituras seja de certo modo e não de outro). Pessoalmente, e como já foi dito, não estou interessado em explicações rebuscadas acerca da existência de interpretações: interessa-me, sobretudo, o que as torna possíveis, e de que modo. Por isso me parece tão importante responder à questão "O que fazemos *realmente* quando interpretamos um texto literário?". Uma vez que, na acepção que lhes dou, conceitos como os de "interpretação" e "texto literário" beneficiam de um alargamento conceptual que não parece existir nas versões mais correntes, a questão torna-se bastante ampla – o que não quer dizer, obviamente, que seja intratável. Estou convencido de que já se perdeu muito tempo a tentar definir de modo preciso determinadas noções que são tidas como importantes no âmbito da teoria. Circunscrever, delimitar e imunizar macro-descrições tem sido, neste contexto, uma fonte de problemas, mais do que de soluções. Partirei, pois, do princípio de que certas definições (de termos como "literatura", "interpretação", "teoria" e mesmo "argumento") não podem deixar de ser descrições aproximadas, transitórias e relacionais, dentro de uma plataforma de comércio intelectual livre em que o que conta mais é o seu *valor de uso*.

Há uma série de coisas, e de modos de fazer coisas, que tornam possível a interpretação. Dar razões, fornecer justificações e construir argumentos fazem parte inequívoca desse elenco. A literatura, enquanto conjunto de problemas de interpretação, depende desse elenco, relacional e múltiplo, de operações racionais. Se a literatura é, pelo menos em parte, constituída sobre interpretações que, por sua vez, dependem de argumentos e modos de fazer valer argumentos, a questão de se saber o que torna possível que seres racionais interpretem textos literários ganha uma súbita relevância.

O "como" e o "porquê" do argumento passam a ser, sob este ponto de vista, cruciais para o "como" e o "porquê" da literatura.

A teoria da literatura caracterizou-se, no século XX, por uma série numerosa e espectral de argumentos que traduziram, de modo geral, uma tendência teórica pronunciada. Argumentos avulsos, e incidindo sobre tópicos diferentes, podem ser – de maneira condensada – agrupáveis sob uma teoria geral acerca de modos de estudo e de interpretação da literatura. Este ensaio começará precisamente por uma análise detalhada de três argumentos (correspondentes a três capítulos) que foram tanto importantes quanto hegemónicos para esse modelo teórico. O primeiro, o argumento anti-intencional, defende que a intenção do autor é indesejável para a correcta apreciação da obra de arte literária. O segundo, o de que a poesia é feita de uma linguagem especial, defende que poemas são poemas porque investidos de "poeticidade" – uma característica que os torna diferentes de outras formas de discurso e, à sua maneira, especiais. O terceiro, o de que nos relacionamos com ficções literárias sob uma forma de *sacrificium intellectus* (em que fazemos de conta que coisas ficcionais são coisas verdadeiras), defende que a literatura é uma forma menor de verdade. Trata-se de argumentos importantes que foram, durante muito tempo, consensuais. A estratégia adoptada será a de, em primeiro lugar, os descrever *qua* argumentos, ou seja, isolando-os nos seus pressupostos e implicações. A posição recorrente será a de tentar levantar reservas e de colocar questões sobre as suas premissas e modos de operatividade – no seu próprio terreno. Será por exemplo defendido que, contra ideias comuns da teoria, o argumento anti-intencional parte de uma noção desadequada de "intenção", e que a sua origem é romântica. Ou, por exemplo, que o argumento da "poeticidade" é unilateral, e depende da aplicação artificial de noções muito anteriores (de Santo Agostinho a Saussure) ao estudo da literatura. Ou ainda, e finalmente, que o argumento do "faz de conta" se baseia num conceito estrito e impraticável de conhecimento – a ideia de que a verdade é referencial.

Se esta primeira tarefa resultar, será então mais fácil propor os argumentos principais deste ensaio. O de que, em primeiro lugar, os três argumentos descritos anteriormente podem ser agrupáveis numa macro-

-teoria que depende de um *modo fundacional* de entender o conhecimento e a interpretação. Em segundo lugar, o de que esse modelo é particularmente inoperativo (e até certo ponto obsoleto). E, por fim, o de que a alternativa não-fundacionalista não é nem nefasta nem improdutiva – que, pelo contrário, pode fornecer um ponto de vista genuinamente útil acerca do modo como interpretamos e usamos argumentos (estes pontos serão tratados e desenvolvidos no último capítulo). Em conclusão, três quartos do texto que se segue serão dedicados a descrever argumentos, e o quarto final a descrever modos de construir argumentos.

Uma das teses centrais deste ensaio é a de que questões de interpretação de textos literários são, por princípio e de modo constitutivo, questões epistemológicas. Interpretar um texto é, de muitas maneiras, decidir que tipo de conhecimento queremos ter, e que ferramentas usamos para o obter, primeiro, e aplicar em circunstâncias práticas, depois. Ou, de outro modo, que tipo de relação escolhemos ter para com objectos no mundo, pessoas como nós (que usam a cabeça como nós usamos) e, no limite, com nós mesmos. Interpretação é uma coisa que, ao mesmo tempo, fazemos *na* vida e *com* a vida – uma parte natural e racional do ser humano. Não há motivo algum para pensarmos que interpretar textos literários seja assim tão diferente de interpretar quotidianamente outras coisas – a literatura é um sítio, que podemos apenas vagamente localizar. Um dos argumentos fortes que sustentam os capítulos seguintes é precisamente o de que a impossibilidade de uma ontologia para a literatura e para a interpretação não tem nada de angustiante, e a mim em particular não causa qualquer desconforto. Para os que pensam o contrário, no entanto, ofereço a terapêutica imbatível de F.R. Leavis: "Não acredito em quaisquer «valores literários», nem me ouvirão falar deles. Os juízos com que o crítico literário se preocupa são juízos sobre a vida".

II
MOUNT RUSHMORE

Muitos críticos acham a ideia de sentido sem intenção completamente normal, e dela fizeram seguir consequências metodológicas importantes. Os argumentos defendidos em "The Intentional Fallacy" (artigo publicado em 1946 por William K. Wimsatt e Monroe Beardsley) tornaram-se muito influentes, justamente porque descreveram uma convicção crítica generalizada acerca de sentidos não intencionais. Mas esta mesma ideia, cuja paternidade é geralmente atribuída a T.S. Eliot, depende de teorias muito anteriores – que consideraríamos nos antípodas de Eliot –, defendidas pelos românticos. Trata-se, assim, de um problema e de uma confusão que atravessam a crítica pós-romântica, e que não são produto recente do modernismo.

O propósito deste capítulo passa por cartografar esta ideia (nos seus estranhos pressupostos e implicações), para que mais à frente (no capítulo V) a discussão que a envolve se torne mais clara. Começarei por isso, ainda que de modo indicativo, por apresentar algumas das reservas que me suscita. Tais reservas seguem de três maneiras diferentes de lidar com a questão: o ponto de vista de E.D. Hirsch em defesa de um argumento intencional; a crítica positiva – embora inconsequente – de P.D. Juhl aos argumentos de Hirsch; e a crítica paradoxal de Stephen Knapp e Walter Benn Michaels ao mesmo Hirsch. Deter-me-ei, depois, na aparente normalidade com que a crítica formalista usou a ideia de sentido sem intenção.

Esta ideia, apesar de ter germinado de modo consensual na crítica de paradigma imanentista a partir dos anos 20 do século passado, é descrita na sua plena extensão apenas em 1946, num célebre artigo de Wimsatt e Beardsley. A "falácia intencional" é a súmula de um postulado explícito que, assente numa convicção generalizada da crítica, havia passado a ocupar de modo tácito o lugar de uma "explicação de mão invisível". Isto porque, de modo geral, a aderência ao paradigma imanentista significava quase automaticamente uma descrença na intenção do autor como variável hermenêutica. De influência e repercussões massivas nos estudos literários, as teorias de Wimsatt e Beardsley cristalizaram para a posteridade a ideia de sentido sem intenção. Procurarei não só descrever os argumentos wimsattianos, mas igualmente verificar os pontos de debilidade das suas teorias. Finalmente, tentarei defender que esta ideia, cuja paternidade foi atribuída a Eliot, é uma ideia de inspiração romântica, e que os argumentos deste sobre impessoalidade não são nem originais nem derivam de um esforço especificamente literário.

Em artigo reproduzido em 1987, inserido numa discussão tardia acerca das implicações da "falácia intencional", Frank Cioffi resume o principal problema das discussões sobre sentido e intenção num contexto de *produção* de artefactos artísticos. A ideia é que existem diferenças pronunciadas entre *usar* objectos e *produzi-los*: "Se os rostos no Monte Rushmore fossem um efeito da acção do vento e da chuva, a nossa relação para com eles seria muito diferente" (Cioffi, 1964:394).[2] A expressão condensa um longo debate anterior, e sobretudo uma série de reacções à ideia de sentido não intencional. O foco da fricção é o momento áureo da teoria anti-intencionalista, corporizado em "The Intentional Fallacy". Reagem contra as teses de Wimsatt e Beardsley um conjunto de críticos, cujo objectivo é não só o de contrariar a ideia de sentido sem intenção, mas igualmente o de defender um entendimento intencionalista da literatura. Os modos de afirmação deste ponto de vista são, no entanto, heterogéneos, e não formam um corpo persuasivo inequívoco. Hirsch, por exemplo, afirma que é possível atingirem-se interpretações objectivas alicerçadas na intenção do autor. O seu projecto passa por deflacionar a

---

[2] Frank Cioffi (1964), "Intention and Interpretation in Criticism", in Joseph Margolis (1987) [ed.], *Philosophy Looks at The Arts. Contemporary Readings in Aesthetics*. Philadelphia: Temple University Press, 1987 (pp. 381-399).

tese anti-intencional de Wimsatt e Beardsley, e também por hipostasiar a intenção autoral a ponto de a converter na única "norma discriminatória" que permite obter interpretações correctas. A objectividade da "ciência literária", que os imanentistas fizeram radicar no texto (enquanto entidade autotélica blindada a referentes externos), é para Hirsch – e em sentido inverso – consequência do apelo ao autor. O que Hirsch sugere é que se pode combater o formalismo no terreno deste: a sua pretensão é a de fazer um novo tipo de "ciência" literária.

A crítica da primeira metade do século XX, desejando reclamar para si uma metodologia robusta, havia, claro está, exonerado da maior parte das suas práticas o recurso ao subjectivo. Eliminando autor, contexto e recepção, a crítica procurou exclusivamente no texto (tratado como rede intra-sistemática de significação), a ratificação de interpretações objectivas. A restrição do elenco de ferramentas hermenêuticas foi radical, e apenas a interpretação particular feita à luz de métodos para-científicos, e de um léxico renovado, passou a ser valorizada. Em resumo, a crítica dividiu-se entre os cientistas objectivos do texto e todos os outros praticantes, quer fossem historicistas, expressionistas, impressionistas ou de qualquer outra espécie. A rasura de qualquer apelo que não textual levou ao desaparecimento do autor e do contexto nas interpretações particulares: a hermenêutica passou a fazer-se no laboratório. Em grande medida, todo o crítico "não-científico" passou a ocupar uma marginalidade qualitativa que não lhe conferia a possibilidade de fazer parte do "clube" que subitamente se formara. O projecto ambicioso de Hirsch tem muito a ver com isto, uma vez que, apesar da sua sólida posição institucional, ele é um crítico *periférico* em relação à *moda* imanentista em voga na época. Mas, quando seria de esperar que ele tentasse demolir os seus oponentes, o que ele faz realmente é inflacionar o seu método a ponto de o tornar operativo no terreno da "ciência" formalista. No percurso, porém, acaba por redundar naquele que é, aparentemente, o erro mais comum que subjaz a todas as discussões sobre sentido e intenção em contexto teórico: pressupor que pode haver o primeiro sem a segunda.

Há duas linhas de argumentos que são muito importantes para a tese de Hirsch: a primeira tem a ver com a sua crítica a "The Intentional Fallacy", que é um exercício muito bem conseguido e claro (e de que se falará mais à frente neste capítulo); a segunda, em que se propõe o recurso ao autor como garante da objectividade da interpretação, contribui para adensar um equívoco perene da crítica: o de que descrever e avaliar não são a mesma coisa, e que por isso sentido e intenção também não. Hirsch publica o seu manifesto intencionalista, "Objective Interpretation", em 1960.[3] Trata-se de um período hegemónico da crítica formalista, tutelado pela conformação normativa das falácias intencional e afectiva de Wimsatt e Beardsley – publicadas em conjunto em *The Verbal Icon: Studies in The Meaning of Poetry*, em 1954. A pendência legislativa da segunda crítica formalista estabelece--se, nesta obra, de forma definitiva: se tanto o apelo ao autor quanto à recepção do leitor são falácias hermenêuticas, à profissão crítica não resta senão debruçar-se – com denodo científico – sobre o monólito textual.

Hirsch é menos sensível à segunda falácia, a afectiva, do que à primeira. Mas não é indiferente, enquanto expoente de uma corrente marginal dos estudos literários, ao movimento geral de promoção da *iconicidade do texto* que as teses imanentistas propuseram. Tal como o não é, igualmente, em relação à necessidade de dotar o estudo da literatura de uma robustez metodológica ilustrativa da sua capacidade, autonomia e autoridade em relação às ciências "duras". O título do seu artigo é, desde logo, uma prova disso mesmo: a expressão "objective interpretation" permite-nos inferir que Hirsch acredita na possibilidade de se atingirem interpretações correctas de textos literários por recurso a um método autónomo e objectivo. Para Hirsch, como para a maioria dos formalistas, esse mesmo método – bem como as discussões adjacentes sobre os seus usos e implicações – só se encontra disponível a uma elite de especialistas. Tal como os formalistas, que haviam ocupado grande parte do edifício académico, Hirsch entende a crítica sob um ponto de vista institucional: dependente quase unicamente do contexto universitário, a crítica reclama para si o aparato teórico, prático e pedagógico do estudo da literatura.

---

[3] O artigo é publicado pela primeira vez em Setembro de 1960 na *PMLA*, e depois reproduzido na íntegra, como apêndice, numa das obras maiores de Hirsch, *Validity in Interpretation* (1967). New Haven and London: Yale University Press (pp. 209–244).

Esse contexto, de ocupação das academias por uma elite especializada, é gerido de modo pacífico por Hirsch, a partir da sua posição de especialista auto-consciente. O foco de discórdia nem sequer é o paradigma formalista que se havia estabelecido, desde os seus primórdios europeus até aos respectivos corolários no mundo anglófono. Alinhando pelo diapasão imanentista, Hirsch critica sobretudo a crítica de tipo impressionista. Esta, fulgurante sobretudo na segunda metade do século XIX – sob os auspícios de Walter Pater e do historicismo francês de Gustave Lanson e, sobretudo, de Hyppolite Taine –, foi adoptada pela primeira geração crítica americana, de Hunecker, Spingarn, Mencken e Van Wyk Brooks, entre outros. O desconforto de Hirsch é, por princípio, contra um modo particular de crítica (afim dessas formas de subjectivismo), que decreta uma inseparabilidade entre descrição e avaliação. Segundo ele, é precisamente esta confusão conceptual que induz o crítico em dois erros particulares: ou, por um lado, o de fazer meros exercícios de criatividade; ou, por outro, o de confundir o comentário crítico sobre o texto com reivindicações veladas a favor de pontos de vista éticos, culturais ou estéticos. Para Hirsch – como, geralmente, para os formalistas – a ideia de uma crítica institucional especializada colide inexoravelmente com um mundo onde descrições e juízos sejam a mesma coisa.

Existe, pois, uma diferença substancial entre dizer "eu gosto deste texto" ou "este texto é agradável" e dizer "este texto é bom", apresentando para tal razões e motivos de índole intra-textual, agregados por sua vez a métodos particulares e a um léxico inacessível a não especialistas. Este ponto é crucial em Hirsch, uma vez que cauciona toda a sua descrição posterior do problema. Apesar de a podermos tomar como uma espécie de anacronismo (uma vez que os formalistas insistiam neste ponto há já 30 anos), a defesa de uma crítica institucional é central para os argumentos de Hirsch. E isto porque, em última análise, compreensão e crítica (ou descrição e avaliação) são, no seu argumento, dois momentos contíguos e contínuos, mas aparentemente separados. Hirsch é, neste sentido prático, um formalista, que aspira a exonerar todo o comentário subjectivo da correcta interpretação da literatura. A expressão deste ponto de vista obedece, pois, a princípios e precisões conceptuais que Hirsch faz dotar de uma funcionalidade específica, desde as primeiras linhas de "Objective Interpretation":

A compreensão (e por conseguinte a interpretação, no sentido estrito da palavra) é ao mesmo tempo lógica e psicologicamente anterior àquilo que é geralmente chamado de crítica. É verdade que esta distinção entre compreensão e avaliação nem sempre está à vista no trabalho crítico acabado – nem, talvez, deva estar – mas um entendimento e uma aceitação da distinção poderá ajudar a corrigir alguns dos mais sérios erros da crítica actual (o seu subjectivismo e relativismo) e até mesmo tornar plausível a ideia de estudos literários como uma empresa corporativa e uma disciplina progressiva. (Hirsch, 1967:209; itálicos meus) [4]

É a partir desta descrição inicial que Hirsch recupera a distinção entre "Sinn" (sentido) e "Bedeutung" (referência) – de Frege –, para legitimar a distinção epistemológica entre compreensão e interpretação, por um lado, e avaliação ou crítica, por outro. O *sentido* de um texto nunca muda: o que se altera, historicamente (em termos tanto anacrónicos como sincrónicos), é a sua *significação* – ou aquilo que este significa para nós contra uma série de referentes contextuais. Deste modo, e enquanto a compreensão (que se dirige a um sentido imutável) está ao alcance de todos, a crítica (que se dirige ao que nesse sentido se modifica ao longo do tempo) está confinada à tal elite especializada de que se falou atrás.

No fundo, Hirsch faz depender da epistemologia da literatura a validação de um projecto não apenas literário mas sobretudo (e mais importante), institucional. A operatividade da distinção entre compreender e avaliar, que se estende a vários níveis e sobre correspondências precisas, recria desideratos também eles precisos – para objectivos diferentes, critérios, métodos e pessoas diferentes:

> A finalidade da interpretação é o significado textual, em si e por si mesmo, e pode ser chamado de *sentido* do texto. A finalidade da crítica, por outro lado, é esse sentido na sua relação com outra coisa (critérios

---

[4] E.D. Hirsch, Jr. (1960), "Objective Interpretation", in Hirsch (1967), *Validity in Interpretation*. New Haven and London: Yale University Press, (pp. 209–244).

de valor, preocupações actuais, etc.), e esta finalidade pode ser chamada de *significação* do texto. (Hirsch, 1967:211; itálicos no original)

Interpretar e avaliar não são, para todos os efeitos práticos, a mesma coisa. Pensar o contrário equivale, para Hirsch como para os formalistas, a inundar o estudo da literatura de excrescências subjectivas indesejáveis. Até esta altura, o primeiro converge com os segundos num ponto fulcral: o de que toda a apreciação estética sobre literatura é precedida por um momento de *abstracção não relacional*, em que o sentido do texto é extraído *em si*, sem qualquer espécie de referência a um contexto.

Mas há, todavia, uma diferença de princípio relativamente a este último ponto. À pergunta sobre onde encontrar, e como gerir, essas referências contextuais, Hirsch responde com a intenção do autor; os formalistas há muito que vinham respondendo com o texto. Ou seja: numa primeira fase, interpretativa, o crítico recupera o sentido – primordial – do texto; num segundo momento, avaliativo, mede esse sentido contra uma série de referentes, de modo a formular um juízo. De acordo com Hirsch, a passagem do primeiro para o segundo momentos é possível apenas mediante recurso à intenção do autor; para os formalistas, ao invés, essa continuidade é propiciada por uma série de sobre-descrições sistémicas do próprio texto.

Sob este ponto de vista, decisivo para a crítica imanentista, encontra-se o argumento da plasticidade textual, que impede a fixação trans-histórica do sentido dos textos. A possibilidade de os textos terem aquilo que os formalistas descreveram como "vida própria" – e que validou a sua actividade como *biólogos* da literatura – é para Hirsch uma ideia estranha, uma vez que parece sugerir uma porosidade intratável entre momento de interpretação e momento de avaliação. Com efeito, se um texto tem vida própria e o seu sentido passa, por isso, a fronteira da estabilidade a cada leitura particular, interpretar e julgar passam a ter uma validade meramente transitória. Hirsch aponta deste modo uma debilidade de fundo nas persuasões formalistas: a de que não se pode reverter para textos cujo sentido não possa ser considerado, em algum momento, como fixo e estável. De certa maneira, Hirsch está a dizer aos formalistas que, se querem realmente fazer do texto o seu objecto único de análise, têm que proceder como ele faz – ou seja, têm que pressupor que há um momento em que o texto tem que ser tratado *qua* texto, num sentido estrito. Mas esta impugnação retrospectiva tem outra consequência importante: Hirsch contribui para levar ainda mais longe o erro formalista de divorciar interpretação e juízo.

Isto leva a que, na sua teoria, a intenção do autor seja adicionada (num segundo momento) ao significado primordial, a fim de se gerar uma norma que permita obter interpretações correctas. O processo é, claro, artificial, e a adição do lastro intencional estipulativa – tal como do lado formalista o era também a adição de propriedades do texto, como ironias e ambiguidades. Mas o ponto crucial a reter é o de que, a dada altura, tanto os formalistas como Hirsch supõem que pode haver pelo menos *um momento* em que existe sentido sem intenção. A constatação desse momento – não relacional e descontextualizado –, bem como uma reserva de fundo quanto ao argumento formalista da plasticidade textual, levam Hirsch a tentar escorar a interpretação objectiva na intenção do autor.

Tornada operativa por estipulação, a intenção aparece como corolário de um elenco de critérios que, de acordo com Hirsch, transformam uma determinada leitura numa leitura *provável* – no sentido não só da sua ocorrência mas também, e sobretudo, da possibilidade de ser provada e demonstrada por recurso a evidências fortes. O estabelecimento de uma leitura como provável implica, para Hirsch, a gestão de um quadro de possibilidades, probabilidades e expectativas críticas, que opera sob critérios precisos:

> A fim de estabelecer uma leitura como provável é necessário demonstrar em primeiro lugar, por referência ao escopo da linguagem, que ela é possível. Este é o critério da *legitimidade*: a leitura deve ser permissível dentro das normas públicas da *língua* [langue] na qual o texto foi composto. O segundo critério é o da *correspondência*: a leitura deve dar conta de cada componente linguístico do texto. De cada vez que uma leitura ignore componentes linguísticos ou deles dê conta de modo inadequado, devemos presumir que essa leitura é improvável. O terceiro critério é o da *adequação genérica*: se o texto segue as convenções

de um ensaio científico, por exemplo, é inapropriado intuir o tipo de sentido alusivo que encontraríamos numa conversa quotidiana. Quando estes três critérios preliminares forem satisfeitos, resta um quarto critério que confere significado a todos os outros, o critério da plausibilidade ou *coerência*. (Hirsch, 1967:236; itálicos no original)

A gestão deste último critério de leitura (o critério que valida todo o sistema) levanta alguns problemas, desde logo pelo facto de a "coerência" ser uma qualidade dependente. O que Hirsch descreve neste ponto são algumas implicações circulares do método crítico formalista: o círculo de dependências leva a que o contexto (que aqui é um eufemismo para o *segundo momento* hermenêutico, o momento incremental de juízo crítico) derive de uma rede de sub-significados acessórios. Ora, se esta rede de significados principais (por um lado), parcelares e acessórios (por outro) só pode ser especificada de modo coerente mediante recurso ao texto, a conclusão de Hirsch é a de que muitas vezes as leituras não são incoerentes, mas apenas e só erradas.

A necessidade de escapar a esta constante auto-remissão para considerações textuais e intra-sistemáticas (ainda que coerentes), leva a uma consequência importante: para Hirsch é crucial que se estabeleça que o contexto invocado é o contexto *mais provável*. E é neste ponto que ele introduz de modo estipulativo a intenção do autor como variável operativa de análise. A intenção passa, no seu argumento, a ser o *constritor hermenêutico* que assegura a passagem de um "espectro de possibilidades" para um "espectro de probabilidades". Este processo repousa numa progressiva eliminação de evidências:

> O facto de que textos anónimos possam ser interpretados com sucesso não leva ... à conclusão de que todos os textos devam ser tratados como anónimos, que eles falem, por assim dizer, por si mesmos. Já defendi que nenhum texto fala por si e que todo o texto interpretado é atribuível. Estes pontos sugerem fortemente que não é aceitável que se insista em retirar todas as inferências do texto em si. Quando datamos um texto anónimo, por exemplo, estamos a aplicar conhecimentos

retirados de uma larga variedade de fontes que correlacionamos com os dados que inferimos do texto. Os dados extrínsecos não são, no entanto, lidos a partir do interior do texto. Pelo contrário, são usados para verificar aquilo que nele lemos. A informação extrínseca tem em última instância uma função puramente verificativa. O mesmo vale para a informação relativa à posição subjectiva do autor. (Hirsch, 1967:241)

Este argumento intencionalista de Hirsch é, à primeira vista, verdadeiro. O problema é que Hirsch chegou até ele supondo que existe um momento em que o sentido pode ser extraído em si e por si (tendo por isso uma espécie de legitimidade essencialista, e partindo da noção de que os textos possuem propriedades intrínsecas que lhes conferem sentido, propriedades essas que são até certo ponto imunes à interpretação). O equívoco de pensar que tal momento existe, e que é comum a Hirsch e aos formalistas (embora de modo bastante diferente) é uma instância evidente da ideia de sentido sem intenção.

Embora, neste ponto avançado do seu argumento, procure resgatar a intenção do autor como uma necessidade hermenêutica, a verdade é que a tese de Hirsch está inquinada à partida pela separação artificial entre descrever e avaliar, comentar e julgar, sentido e intenção. No fundo, "Objective Interpretation", que é uma reacção contra a hegemonia das teses não-intencionalistas, acaba por ratificar os mesmos preconceitos, e os problemas comuns a muitas das descrições do problema da intenção do autor. Para além disto, a própria pretensão de objectividade que subjaz à tese de Hirsch – e que é o substrato da maior parte dos seus equívocos – leva a uma série de mal entendidos, cujas consequências podem pôr em causa o intencionalismo robusto das suas teses.

Destas e de outras suspeitas dá conta P.D. Juhl em *Interpretation*, cuja primeira parte é dedicada a uma demolição cabal do argumento intencionalista de Hirsch.[5] A incoerência principal que o primeiro descobre no segundo não é a de ter separado sentido e intenção mas, e

---

[5] P.D. Juhl (1980), *Interpretation – An Essay in the Philosophy of Literary Criticism*. Princeton, New Jersey: Princeton University Press.

mais importante, a de ter confundido *propriedades* com *estipulações arbitrárias*. Nesta altura, é importante que se perceba que o argumento de Hirsch, que é consensualmente tido como *o* grande argumento a favor da intenção do autor, apresenta duas debilidades fundamentais. Desde logo, parece pressupor, ainda que de modo abstracto, que existe a possibilidade de o sentido ser descrito como não intencional – ponto ao qual voltaremos mais à frente, quando se falar de Knapp e Michaels; e, em segundo lugar, parece tomar por normas robustas meras recomendações, ou considerações não assertivas – e é aqui que entra a crítica de Juhl. Juhl, de facto, foca a sua atenção quase em exclusivo na segunda parte do argumento de Hirsch. As suas preocupações têm a ver com o modo como Hirsch constrói (já depois de ter fixado o sentido trans-histórico do texto) o apelo ao autor como escora contextual tendente à obtenção de interpretações correctas e objectivas.

O propósito de Hirsch é o de ratificar interpretações particulares de textos literários mediante recurso à intenção do autor. Isto acontece sobretudo porque, à luz dos critérios da legitimidade, correspondência, adequação genérica e coerência, teríamos que levar em conta um número gigantesco de leituras: se ler bem um texto significa ler o que lá está, não o confundir com outra coisa qualquer e ser coerente com aquilo que se pensa sobre o sentido desse mesmo texto, isto quer dizer basicamente que existem tantas interpretações correctas quantas as que forem produzidas, ou muito perto disso. Imaginando-se um cientista textual, Hirsch repudia esta ideia (que o aproximaria das teses relativistas de ênfase na "resposta do leitor"), e propõe como solução o recurso à intenção. O pluralismo hermenêutico seria assim restringido pela autoridade do apelo intencional, que funcionaria como dispositivo de transição entre a referida "esfera de possibilidades" e a mais reconfortante "esfera de probabilidades".

Juhl descreve o argumento de Hirsch recorrendo a dois pontos fundamentais. O primeiro tem a ver com a determinação do sentido verbal (ou com o modo como um texto *significa*), e ao qual Hirsch aplica um princípio de partilhabilidade, alicerçado nos quatro critérios a que se fez menção acima. Tal princípio – que é sobretudo linguístico e verbal – consiste na fixação de relações de significação, em que se supõe ser possível interpretar algo através de uma sequência determinada de signos linguísticos, e que só pode ser transmitida por meio desses mesmos signos. É justamente este ponto prévio que causa o desconforto de Hirsch, e que o leva a adicionar o segundo ponto: é necessário criar um mecanismo que assegure uma restrição forte sobre a pluralidade de interpretações que decorre daquele primeiro princípio.

A determinação da interpretação correcta, dentro de um universo alargado de explicações linguisticamente possíveis, passa desse modo a ter como critério a intenção do autor. Fornecendo uma "norma genuinamente discriminatória" (a expressão é de Hirsch), a intenção pode então qualificar uma interpretação particular como *a única interpretação correcta* de um texto. O problema é que essa norma não é tão robusta como Hirsch pretende. Segundo Juhl,

> A contenção de Hirsch de que só a intenção do autor oferece uma "norma genuinamente discriminatória" oferece, então, uma razão pela qual – uma vez que é desejável que a interpretação literária seja uma ciência ou uma disciplina – devemos aceitar a sua definição de significado verbal ... E agora podemos ver que tipo de definição é, nomeadamente, uma *definição estipulativa ou uma recomendação*. Está ao mesmo nível que a proposta de que devemos conceber o sentido de uma locução ou de uma obra literária em termos daquilo que o autor procurou transmitir. Em consequência, a questão de se saber se a tese de Hirsch é verdadeira ou falsa nem sequer se põe; sendo uma proposta, *não assevera nada*.
> (Juhl, 1980:19; itálicos meus)

Apesar de subscrever uma posição intencionalista, Juhl repudia as pretensões objectivas de Hirsch. A finalidade última (que teorias gerais da interpretação têm) de estabelecer normas discriminatórias, baseadas em critérios ontologicamente estáveis, é para Juhl um dos grandes erros dos seus predecessores. Hirsch é, neste sentido, o epítome de um equívoco que excede as suas próprias pretensões iniciais: "Adoptar este critério seria, com efeito, sacrificar o escopo da interpretação literária a favor da objectividade" (Juhl, 1980:23). Juhl entende o princípio da intencionalidade, conforme descrito por Hirsch, como um critério estipulativo entre muitos outros. Esta constatação esvaziá-lo-ia de conteúdos determinativos, de pretensões objectivas e, sobretudo, de uma aplicação indiscriminada. Intuindo o *primeiro* erro de Hirsch – o de presumir que ser objectivo no estudo da literatura é separar descrição de avaliação (e por isso sentido de intenção) – a partir do *segundo* –, o de conferir robustez metodológica a um princípio estipulativo (o critério intencional) –, Juhl faz deslizar a sua ordem de explicação até um ponto que lhe é crucial:

> Podemos defender ... que mesmo que a intenção do autor não nos permita resolver todas as controvérsias acerca do sentido de uma obra, ainda assim ela nos permite decidir um número significativamente maior de disputas do que o critério do consenso público. Mas isto parece duvidoso. Porque, se há uma ligação lógica entre a intenção do autor e o sentido da sua obra, como argumentarei, parece difícil que um número considerável de desacordos interpretativos persistentes seja resolvido por um apelo à intenção do autor. (Juhl, 1980:22)

O ponto de vista de Juhl é, sobretudo, pragmático, uma vez que acentua as possibilidades práticas do discurso teórico e a faculdade que nele parece existir para dirimir conflitos hermenêuticos. Permanentemente em trânsito entre os dois erros que atribui a Hirsch, Juhl conclui que a ligação entre sentido e intenção *tem um carácter necessário*. A sua defesa de uma *ligação lógica* entre estas duas instâncias hermenêuticas é, também, a defesa de uma esperança generosa nas possibilidades da interpretação – ao contrário do que fazem Knapp e Michaels, como se verá adiante. As preocupações de Juhl têm muito a ver com a descrição de modos de tornar a interpretação viável, num sentido progressivo de resolução de conflitos. Neste contexto, diz ele, a distinção de Hirsch entre "meaning" (sentido) e "significance" (significação) é inútil, uma vez que não nos ajuda a sanar conflitos de interpretação. Isto acontece porque aquela distinção assenta no pressuposto, duvidoso para Juhl, de que o sentido de um texto *é* rigorosamente aquele que o autor intencionou.

Após descrever este preconceito inicial, Juhl faz seguir as suas reservas em dois sentidos. Primeiro, defende que a separação entre "meaning" e "significance" leva a uma incomensurabilidade de princípio entre interpretações que constituam um texto à luz da intenção do autor e interpretações que se apoiem num critério diferente: se as coisas se passassem como Hirsch defende, a decisão de se saber qual das duas seria *a mais correcta* estaria precludida de antemão. Em segundo lugar, Juhl chama atenção para o facto de que presumir que o sentido de um texto está logicamente relacionado com a intenção que lhe presidiu – o segundo argumento de Hirsch – pode não ter qualquer aplicação. Isto porque Juhl descreve tal presunção como inconsistente face às premissas fundacionais (o argumento da partilhabilidade e a noção de consenso público) do argumento de Hirsch. Em resumo, Juhl critica não só o primeiro e segundo argumentos da tese de Hirsch, como também, e mais importante, o nexo aparentemente lógico que os ligaria. A conclusão é a de que, mesmo que suponhamos a existência do tal nexo entre sentido e intenção, não se podem descrever correctamente disputas hermenêuticas à luz da distinção entre *sentido* e *significação*. Para Juhl, a ligação entre estas duas noções é necessária. Para Hirsch, é um incremento artificial que se acrescenta à determinação abstracta do sentido.

O argumento de Juhl contra Hirsch segue em duas direcções, que encaixam nos dois momentos cruciais do percurso do segundo – primeiro, a determinação hipostasiada do sentido que se leva a cabo no momento em que "meaning" é descrito; e, depois, a resolução do quadro de interpretações admissíveis pelo acrescento do expediente intencional. Mas se quisermos ser um pouco mais meticulosos, podemos dividir em quatro os focos de fricção de Juhl: em primeiro lugar **(i)**, a descrição de sentido verbal em termos da intenção do falante ou do autor não é admissível nos termos em que é proposta. Uma vez que não é uma reivindicação analítica, mas apenas uma *sugestão* acerca de modos de construir sentido (neste caso, de maneira a suplantar a espectralidade hermenêutica que segue do critério puramente linguístico da "partilhabilidade"), a questão de se saber se tal conselho é verdadeiro ou falso nem sequer se coloca; em segundo lugar **(ii)**, a pretensão de que só a intenção do autor pode produzir uma "norma genuinamente discriminatória" é falsa e, mesmo que fosse verdadeira, tal não seria razão adequada ou suficiente para que se aceitasse essa recomendação. Para Juhl, estar de acordo com as suposições de Hirsch quanto ao sentido dos textos equivaleria a hipostasiar a *objectividade* em detrimento do *sentido*. Por isso, e em terceiro lugar **(iii)**, a distinção entre sentido e significação é inconclusiva no terreno prático da disputa entre interpretações. De acordo com Juhl, a distinção caracteriza de modo errado os conflitos típicos de interpretação: o crítico que interpreta uma obra como se esta significasse mais do que o autor intencionou não propõe, regra geral, uma relação desse sentido intencionado com qualquer outra coisa que esteja para além deste. Mais, uma interpretação deste género não contém necessariamente suposições acerca da intenção do autor. Em quarto lugar **(iv)**, a reivindicação de Hirsch acerca do carácter determinado do sentido textual infecta retrospectivamente os preconceitos fundamentais do seu argumento. A consequência é a de que "contrariamente à sua premissa básica, Hirsch assume algumas vezes, de modo tácito, que a nossa concepção do sentido de um texto literário é tal que aquilo que uma dada obra significa *é* determinado. Mas uma vez que este ponto de vista é incompatível com a sua posição básica, ele não oferece nenhum argumento substancial para tal" (Juhl, 1980:44, itálico no original).

Num sentido importante, o meta-argumento de Juhl é precisamente o de que não pode haver sentido sem intenção, mostrando que *a ideia de sentido sem intenção*, que tipicamente associaríamos a persuasões de cunho imanentista (formalismo, New Criticism, estruturalismo), é recuperada por Hirsch no contexto de um argumento *a favor* da intenção. Para fazer valer o seu ponto, Hirsch, segundo a descrição de Juhl, separa artificialmente coisas que estão unidas de modo necessário (e em todos os momentos). A consequência da tese de Juhl é a de que, do mesmo modo que não existem as fracturas estipulativas em que Hirsch apoia o seu argumento intencionalista, não existem formas de actividade e, desde logo, de arte, que se possam caracterizar como não intencionais. Supor que há um momento de abstracção não-relacional em que o sentido de um texto está blindado a referentes externos é um erro formalista, que, paradoxalmente, afecta aquela que é considerada a mais importante crítica intencionalista a Wimsatt e Beardsley.

Juhl faz seguir desta constatação a necessidade de se considerar uma ligação, necessária, entre sentido e intenção: todo o objecto de arte, e todo o texto literário, deve ser interpretado como um *acto intencional*. Isto tem muito a ver com o adágio de Cioffi, e diz-nos que não é possível interpretar objectos literários sem esta condição. Opinião diferente, apesar de os pressupostos serem semelhantes aos de Juhl, é oferecida por Stephen Knapp e Walter Benn Michaels no seu ensaio de 1982, "Against Theory".[6] Nele, os autores defendem que a presunção de separar coisas que estão lógica e ontologicamente ligadas constitui aquilo a que geralmente se chama "teoria". Como tais separações são apenas artificiais, a teoria – que é aqui uma metonímia para crítica, interpretação e investigação sobre literatura – enfrenta um dilema constitutivo: se fazer teoria se resume a apontar para fracturas falaciosas entre coisas que deveriam estar unidas, então os pressupostos, métodos e propósitos da teoria são falsos, e devem por isso ser abandonados.

As conclusões de Knapp e Michaels são, deste modo, de um pessimismo paradoxal, que é bem diferente da esperança inconclusiva de Juhl. Este diz-nos, resumidamente, que não é possível interpretar sob o preconceito falso de que pode existir sentido sem intenção. Descreve depois o seu método, baseando-se numa progressiva eliminação de evidências, que segue do seu argumento intencional. Por fim, decreta que existe uma e só uma interpretação correcta para cada texto literário, embora (na sua tese) não haja garantias de que essa interpretação seja alcançável ou sequer possível. Em sentido inverso, Knapp e Michaels defendem simplesmente que, se o edifício teórico está assente em proposições questionáveis (por exemplo, ao transformar em axioma a constatação artificiosa de que sentido e intenção não são a mesma coisa), a única solução que resta é fazê-lo implodir. Este catastrofismo de Knapp e Michaels é, também ele, vulnerável a objecções,

---

[6] Stephen Knapp e Walter Benn Michaels (1982), "Against Theory", in W.J.T. Mitchell [ed.] (1985), *Against Theory – Literary Studies and the New Pragmatism*. Chicago & London: The University of Chicago Press (pp. 11–30).

que serão discutidas mais à frente. O que me interessa, por agora, é a forma como "Against Theory" retoma o argumento intencional de Hirsch, criticando-o e dele fazendo seguir conclusões importantes.

É crucial, para que se perceba o âmbito do argumento (contra-teórico) de Knapp e Michaels, transcrever na íntegra a sua descrição de "teoria", uma descrição que nos recorda muito do que tentaram fazer quer os formalistas quer o próprio Hirsch:

> Por "teoria" entendemos um projecto especial em crítica literária: a tentativa de dirigir interpretações de textos particulares apelando a uma descrição da interpretação em geral. (Knapp e Michaels, 1985:11)

Esta antecipação conceptual contém um meta-ponto decisivo para o argumento de Knapp e Michaels: na interpretação da literatura, a teoria e a prática não são separáveis, e a heresia da crítica moderna parece ser tentar erigir a teoria como um posto de comando privilegiado de onde se ordenam as opções interpretativas particulares. Segundo os autores, a teoria contemporânea tende a tomar uma de duas formas: ou, por um lado, a tentativa de basear leituras particulares numa metodologia probabilística ou algorítmica (um método de análise intra-textual e dependente do apelo formalista ao texto que, mantendo-se neutral em relação ao objecto, permitiria a adjudicação de interpretações correctas); ou, por outro, uma corrente que, condicionada pela inabilidade da primeira para sanar disputas interpretativas, decreta a impossibilidade de se atingirem interpretações correctas. Este impasse segue de uma dinâmica de resolução, ou de falhanço, que impende sobre um elenco de problemas familiares: entre outros, a função da intenção do autor, o estatuto da linguagem literária ou o papel relativo dos preconceitos hermenêuticos. De acordo com Knapp e Michaels, existe uma dificuldade de princípio que derroga a validade desses mesmos problemas. O argumento é o de que

> o erro sobre o qual toda a teoria crítica repousa é o de *imaginar* que estes problemas são reais. De facto, defenderemos que estes problemas apenas *parecem* reais – e que a teoria ela mesma só *parece possível ou*

relevante – quando os praticantes da teoria não conseguem reconhecer a inseparabilidade fundamental dos elementos envolvidos. (Knapp e Michaels, 1985:12; itálicos meus)

O erro da teoria é, então, o de reciclar separadamente coisas que deveriam estar no mesmo saco. E uma das instâncias em que este problema pode ser discernido com clareza é justamente a querela entre intencionalistas (como Hirsch) e não-intencionalistas (de modo geral os críticos imanentistas). Ou seja (e apesar de defenderem teses dissonantes quanto à intenção do autor como variável operativa), tanto os primeiros como os segundos utilizam um lastro comum de preconceitos: desde logo, o de que existe um hiato cognitivo, lógico e mental entre o acto de interpretar e o acto de criticar; e o de que esse hiato valida, em segundo lugar, a distinção entre o sentido de um texto e a intenção do autor, ou entre o sentido de um texto e a significação do mesmo. A operatividade destes pressupostos segue de uma ideia comum a intencionalistas e não--intencionalistas. O próprio Hirsch descreve a natureza particular deste processo quando afirma que "a significação do sentido textual *não tem nem fundação nem objectividade* a não ser que o sentido em si mesmo seja imutável" (Hirsch, 1967:214; itálicos meus).

Knapp e Michaels insistem na inseparabilidade entre sentido e intenção, e isto tem consequências retrospectivas sobre o argumento de Hirsch em "Objective Interpretation". Como se viu, Hirsch defende que a dissolução da indeterminação constitutiva da linguagem (que é propiciada pelos quatro critérios de fixação do sentido) só pode conseguir-se mediante apelo ao autor. Apenas a intenção, adicionada como variável operativa, pode elevar a interpretação de um *espectro de possibilidades* a um *espectro de probabilidades*. Para Hirsch, esta contiguidade representa, em si mesma, intenção do autor. Para Knapp e Michaels, como para Juhl, o processo é meramente informativo, porque "uma vez que a intenção está desde logo presente, a única coisa adicionada, no movimento da indeterminação para a determinação, é *informação* sobre intenção, e não intenção propriamente dita" (Knapp e Michaels, 1985:14; itálico no original). A conclusão que segue desta premissa é a de que, evidentemente, a ideia de sentido sem intenção não é admissível – a intenção está "desde logo presente". O problema é que "Against Theory" decreta consequências parciais a partir de preconceitos correctos (como este), fazendo parecer que o argumento está, à partida, subordinado a uma conclusão prévia. Ou seja, todas as descrições iniciais vão convergindo desde cedo para o paradoxo segundo o qual

> Em debates sobre intenção, o momento em que se imagina sentido sem intenção é o momento teórico por excelência. Do ponto de vista de um argumento contra a teoria, então, a única questão importante sobre intenção é saber se podem de facto existir sentidos não intencionais. Se o nosso argumento contra a teoria for bem sucedido, a resposta a esta questão deve ser não. (Knapp e Michaels, 1986:15)

Não estou muito seguro de que este problema tenha que ser levantado apenas no contexto de um argumento contra a teoria, como não o estou também em relação à continuidade de certos pontos prévios com algumas conclusões da tese de Knapp e Michaels (é difícil, por exemplo, conceber que da mera constatação de certos equívocos persistentes siga fatalmente o fim da teoria). Para além disso, a questão de avaliar da possibilidade de existirem sentidos não intencionais não é exclusiva de Knapp e Michaels. Muitos teóricos preocupam-se muito com esta questão, e nem todos a tratam com o sentido de apropriação e exclusivismo de "Against Theory". O facto de o problema poder ser resolvido parece, na minha opinião, um sinal claro de que tanto a teoria como a interpretação continuam a ser possíveis – está intuição será, aliás, corroborada e demonstrada mais à frente, no capítulo V.

A esta altura importa reter que Knapp e Michaels acreditam, com Juhl e contra Hirsch, que o momento de abstracção não relacional em que o sentido do texto é *cristalizado* para usos futuros não existe realmente. A escolha entre um sentido não intencional (hipotético) e um sentido intencional (provável) repousa, em última instância, num mal-entendido epistemológico, que suscita o desconforto de Knapp e Michaels em relação ao modo de ser da teoria. Suspendendo o pessimismo deliberado das suas teses mais radicais (e o carácter unilateral de alguns dos seus *sequitur*), vale a pena atentarmos na sua conclusão:

> Ser um praticante da teoria é acreditar meramente que tais escolhas existem. A este respeito, intencionalistas e anti-intencionalistas são iguais. São também iguais noutro aspecto: nenhum deles pode realmente escapar à intenção. Mas isto não quer dizer que os intencionalistas ganhem, uma vez que aquilo que os intencionalistas querem é um guia para interpretações válidas; o que eles obtêm, no entanto, é simplesmente uma descrição daquilo que toda a gente faz a todo o instante. Em termos práticos, então, o que está em jogo na batalha sobre intenção é muito pouco; de facto, não está nada em jogo. Em termos teóricos, no entanto, está em jogo muita coisa, e ainda assim não interessa quem ganha. A aposta é alta porque se eleva à própria existência da teoria; não interessa quem ganha porque, desde que se continue a pensar que uma posição sobre intenção (seja ela a favor ou contra) faz diferença para a obtenção de interpretações válidas, o ideal da teoria está salvo. A teoria ganha. Mas assim que reconheçamos que não há escolhas teóricas a fazer, então o ideal da teoria desaparece. A teoria perde. (Knapp e Michaels, 1985:18)

Para algumas pessoas, então, a ideia de separar sentido de intenção é uma ideia estranha. Apesar de chegarem a conclusões dissonantes, tanto Juhl como Knapp e Michaels acreditam que esta heresia é atribuível (paradoxalmente) a Hirsch – e propõem como contra-argumento uma ligação lógica entre sentido e intenção. O seu desconforto reside no modo como um resoluto intencionalista, Hirsch, não consegue escapar a um preconceito genérico imanentista, o de que o sentido de um texto deve ser construído exclusivamente a partir de, e sobre, o texto. Evidentemente, os formalistas defenderam que tal momento (o momento de construção do sentido) deve ser reciclado e repetido numa espécie de retorno convulso ao ícone textual. Hirsch, por seu lado, acredita que tal momento não passa de uma conformação empírica inicial, que deve ser depurada numa segunda leitura, mediante a adição subjectiva da intenção do autor. Mas o ponto crucial é o de que Hirsch, um intencionalista, é, aos olhos dos seus críticos, realmente muito parecido com aqueles que parece querer contrariar.

Nas quatro décadas de crítica, sobretudo anglófona, que precederam a publicação de "Objective Interpretation" (em 1960), a ideia de sentido sem intenção foi tratada como uma coisa normal. A paternidade desta ideia é geralmente atribuída de modo duplo: a I.A. Richards, por um lado; e a T.S. Eliot, por outro. Ambas as atribuições me parecem erradas. Sobre a primeira, já escrevi noutros sítios (cf. *Para Cá das Trincheiras – (Uma) Cartografia de Problemas de Interpretação*; [dissertação de mestrado; não publicada, 2004]); sobre a segunda – que foi de longe a mais influente – escrever-se-á mais à frente neste capítulo. Importa sublinhar, para começar, que a partir do paradigma a que poderíamos chamar eliotiano, foram importados para os estudos literários conceitos particulares, que justificaram o modo de ler imanentista que governou a teoria em grande parte do século passado. T.S. Eliot foi, durante bastante tempo, não só o editor de poesia mais influente da literatura ocidental, mas também o teórico que, curiosamente a partir de uma posição exterior à academia, propôs uma rearrumação conceptual e operativa para o estudo da literatura.

Noções como as de "tradição", "impessoalidade" e "dissociação da sensibilidade", tiveram uma esfera de influência decisiva no seio da crítica, e contribuíram bastante para tornar aceitável a ideia de sentido não intencional. No entanto, a própria heterogeneidade do formalismo anglófono, a que se junta a falta de uma grande obra de crítica e de um *corpus* dogmático, levaram a que certas questões beneficiassem de formas particulares de porosidade. Poderíamos até especular que foi precisamente esta porosidade conceptual que arrastou certos formalistas para uma tendência legisladora – uma tentativa para delimitar com rigor "legal" certos conjuntos de questões e de conceitos. O impulso *normativo* quanto à ideia de sentido sem intenção surge, talvez por isso, num momento particular da história do formalismo de língua inglesa, e é corporizado no artigo "The Intentional Fallacy", de William K. Wimsatt e Monroe Beardsley, publicado pela primeira vez em 1946.

Em artigo reproduzido na antologia *On Literary Intention*,[7] Graham Hough afirma que "a moderna discussão acerca da intenção num contexto literário começa com o artigo de Wimsatt e Beardsley «A Falácia Intencional»" (Hough, 1976:224). Graças a ele, segundo De Molina, a crítica reclamou para si um novo instrumento de especulação, e o conceito de intenção viu-se adaptado e refinado para usos críticos.[8] Esta hipóstase introduziu um léxico particular, e uma operatividade cujas consequências definiram, em grande medida, todas as descrições posteriores do problema. O próprio Wimsatt afirmara, de modo enfático, que todo o exercício crítico devia incluir necessariamente uma tomada de posição em relação à questão da "intenção". Deste modo, pela adopção de um posicionamento concreto, os estudiosos da literatura passaram a dividir-se entre "intencionalistas" e "anti-intencionalistas".

Publicado pela primeira vez na *Sewanee Review*, na edição do Verão de 1946, juntamente com "The Affective Fallacy" e "The Substantive Level" – as duas "falácias" resultando da parceria de Wimsatt com Monroe Beardsley –, "The Intentional Fallacy" volta a aparecer em 1954 na colectânea de ensaios de Wimsatt com o sugestivo título *The Verbal Icon – Studies in the Meaning of Poetry*.[9] O primeiro argumento do artigo segue de uma conspícua antecipação conceptual, em que os autores definem intenção como "um esboço [design] ou um plano na mente do autor" (Wimsatt e Beardsley, 1954:4). Esta definição de intenção serve de dois modos o macro-argumento não intencional: por um lado, contesta implicitamente a biografia e a crítica psicologista que os formalistas haviam elegido como seus antípodas; por outro, garante prospectivamente a estabilidade conceptual da tese de Wimsatt e Beardsley – em parte porque nela está

---

[7] Conjunto de ensaios críticos, de autores como Theodore Redpath, Frank Cioffi, Hirsch e Wimsatt, entre outros, editada por David Newton-De Molina (1976). Edimburgh: Edimburgh University Press. O artigo em questão, "An Eight Type of Ambiguity", aparece nas pp. 222–241. O título remete para a influente obra do crítico inglês William Empson, *Seven Types of Ambiguity*, publicada em 1930 e tida como crucial para o florescimento do New Criticism no panorama teórico americano.

[8] *Idem*, na introdução do próprio, pp. vii – xvii.

[9] William K. Wimsatt (1954) [1989], *The Verbal Icon – Studies in the Meaning of Poetry*. Lexington, Kentucky: The University Press of Kentucky, (pp. 3–18).

implícito o princípio da inacessibilidade a mentes de terceiros. Este é justamente um dos erros da falácia intencional: o de supor que, uma vez que nunca saberemos o que se passa realmente na cabeça de um autor, é melhor pormos de lado a ideia de que o sentido dos seus textos foi, de certa maneira, intencionado. Algumas das consequências deste argumento serão descritas adiante, mas o que importa notar, como ponto prévio, é que a descrição de intenção de Wimsatt e Beardsley é realmente muito parecida com um tipo de leitura que Hirsch viria a descrever (e da qual se deu conta atrás): ela não é incoerente, mas apenas e só errada.

Isto porque, apesar da concordância dos resultados com as premissas, Wimsatt e Beardsley subscrevem um sentido muito limitado e unilateral de intenção: a sua descrição não é uma descrição geral, mas antes o que parece ser uma constatação contextual. A preocupação dos formalistas é, visivelmente, a de fazer implodir os fundamentos da sua *bête noire*, a crítica psicológica (frequentemente de matriz freudiana), que com eles mantinha uma disputa pela hegemonia teórica. Os críticos psicologistas, apelando tanto à biografia como à análise do comportamento, escoraram o seu método num modelo de correspondência entre dados mentais (historiográficos e comportamentais) e expressões artísticas. Ora, este tipo de crítica, sujeita a considerações psicológicas, e herdeira do impressionismo do século XIX, encontra-se em forte oposição à versão positivista e científica da crítica. As correntes de aspecto para-científico acabaram por se sobrepor àquela (sobretudo através de um movimento de institucionalização académica), mas o debate entre elas, contudo, prosseguiu. A descrição de intenção de Wimsatt e Beardsley deve ser lida sob este prisma, em que a apropriação de uma instância particular (leia-se, a definição psicologista de "intenção" de Wimsatt e Beardsley), deu origem a uma tese geral (leia-se, um argumento anti-intencionalista robusto). Este é, segundo me parece, um dos grandes equívocos dos discursos sobre a intenção: a intenção *qua* intenção não pode ser um "plano" na mente de alguém senão num sentido muito particular, e redutor.[10] Descrevendo

---

[10] Pondo de lado por instantes esta discussão, torna-se interessante notar que a descrição de intenção mencionada segue de uma qualificação prévia do problema, em

a intenção como correlato de episódios mentais ou de tenções particulares do poeta, Wimsatt e Beardsley podem atacá-la em tudo o que nela há de indiscernível, uma vez que se supõe ser impossível descrever com clareza aquilo que se passa nas mentes de outros. Vista deste modo (como um desiderato criativo potencial), a intenção do autor é reputada de indesejável no contexto do juízo crítico. O sucesso de uma obra de arte literária deve ser, segundo Wimsatt e Beardsley, inversamente proporcional ao sucesso do autor no processo de fazer valer o seu projecto íntimo (de forma simples, quanto menos "pessoal" mais bem sucedida tenderá a ser a obra; a noção de "sucesso" parece, neste ponto, bastante ambígua, embora se venha a perceber no contexto do artigo que a atribuição da expressão "bem sucedido" a um poema tem origem em estipulações críticas). O sucesso de um poema reside, pois, na sua consagração partilhável, convocada por terceiros, e não na sua adequação a um plano privado. Para além disso, o posicionamento de Wimsatt e Beardsley parece ser desde logo contra uma certa forma de expressividade de tonalidade romântica – e isto acontece, sobretudo, porque os românticos se preocuparam frequentemente em dar razões para escreverem aquilo que escreveram. Wimsatt e Beardsley, ansiosos por reescrever o passado, são críticos (sobretudo) de uma teoria particular da poesia, aparentemente comum ao movimento romântico e que precede a crítica tal como os primeiros a conhecem. Trata-se de uma teoria da poesia como expressão subjectiva, e cujo ponto de vista se constrói sobretudo pelo lado do criador.

---

que se inferem teses gerais sobre história da crítica e alguns conceitos fundamentais. Depois de depurarem o conceito de intenção como potencial instrumento da crítica, e de uma referência a Lewis e Tillyard (e à obra *The Personal Heresy* – um conjunto de artigos, três de cada um daqueles autores, num total de seis, publicada pela primeira vez em 1939, e que antecipa alguns dos pontos do seu argumento), dizem-nos Wimsatt e Beardsley que: "Nós defendemos que o desígnio ou intenção do autor não está nem disponível nem é desejável como critério de julgamento do sucesso de uma obra de arte literária, e parece-nos que este é um princípio que vai às profundezas de algumas diferenças na história dos posicionamentos críticos. É um princípio que aceita ou rejeita pontos relativos aos opostos polares da «imitação clássica» e da expressão romântica. Implica muitas verdades específicas acerca de inspiração, autenticidade, biografia, história literária e erudição, e acerca de algumas tendências da poesia contemporânea, especialmente a alusividade. Raramente existe um problema de crítica literária em que a perspectiva do crítico não seja qualificada pelo seu ponto de vista sobre «intenção»" (Wimsatt e Beardsley, 1954:3).

O movimento que se segue à descrição inicial de intenção de Wimsatt e Beardsley consiste em enumerar cinco postulados críticos.[11] Estes postulados constituem-se como proposições contra a retórica intencionalista. Em primeiro lugar (i), surge a deflação da *causa genética* como critério de juízo estético (e no qual se encontra uma referência a E.E. Stoll, e ao seu adágio segundo o qual "poemas saem de uma cabeça, e não de um chapéu"); no argumento de Wimsatt e Beardsley, toda a temporalidade criativa é refeita, no sentido da posteridade pública e do sucesso, em detrimento da génese originária. O problema reside na distinção entre *causa* e *critério*, ao abrigo da qual o tal "esboço ou plano na mente do autor" passa a ser tolerado enquanto causa, mas eliminado enquanto critério de um juízo. O juízo é, para Wimsatt e Beardsley, uma consequência, e construído sobre objectos cujo cordão umbilical foi já cortado de modo irremediável: poemas possuem uma dimensão pública que os afasta progressivamente da esfera privada que tipicamente preside à sua produção.

Em segundo lugar (ii), aparece a noção de que a efectividade e o sucesso são consumíveis pelo poema em si. Isto transforma o poema bem sucedido em evidência da intenção (ao contrário do que pretendia Spingarn, um crítico "impressionista", criticado neste ponto pela incongruência de fazer reverter a prova da intenção para o momento preciso da produção do poema). Trata-se de um paradoxo de não-necessidade (que afecta os efeitos de um poema), e que aproxima Wimsatt e Beardsley, neste ponto, da *falácia afectiva* que tanto tentaram contrariar. A teoria de Spingarn, segundo a qual "o desígnio do poeta deve ser julgado no momento do acto criativo, ou seja, pela arte do poema em si" (citado por Wimsatt e Beardsley, 1954:4), é tida como contraditória por aqueles. Porque, se a ênfase sobre a intenção afasta o crítico do ícone poético, isso quer dizer que é impossível discernir os méritos do poema recorrendo a um momento determinado de inspiração. A conclusão de Wimsatt e Beardsley é, pois, a de que a teoria de Spingarn "se repudia a si mesma".

Em terceiro lugar (iii), surge a noção de que um poema só pode existir pelo seu sentido, o que reforça o carácter icónico da poesia, e a

---

[11] Esses cinco axiomas encontram-se descritos em Wimsatt e Beardsley, 1954:4-5.

ênfase na estrutura, que Wimsatt e Beardsley subscrevem. Deste modo, "a poesia é um feito de estilo pelo qual um complexo de significação pode ser manuseado por inteiro e em simultâneo" (Wimsatt e Beardsley, 1954:4). A implicação segue de um argumento funcional, segundo o qual poemas são como máquinas, aos quais se exige uma dada forma de funcionamento. Este funcionamento, no entanto, não é generativo ou etéreo, mas antes derivável do sentido. O paradoxo é o de que poemas só podem existir *significando*. Este terceiro axioma produz ainda uma implicação adicional, que tem a ver com a diferença de grau que existe entre as mensagens práticas do quotidiano e a poesia. De acordo com Wimsatt e Beardsley, é possível levar a cabo uma abstracção completa das propriedades formais das primeiras, coisa que se torna impossível quando falamos de poemas. A irredutibilidade da poesia, que faz parte da sua complexidade, torna o contorno do poema intocável e, até certo ponto, inabalável. Esta noção, subsidiária de Cleanth Brooks e de Eliot, contribui para adensar a ideia de poema como ícone, e a possibilidade de um juízo "por inteiro" sobre cada objecto particular.

Em quarto lugar (**iv**), surge a ideia de que os pensamentos e atitudes expressas num poema devem ser imputadas a um "falante dramático" e não a uma pessoa real. Esta forma de imputação concorre para eliminar sentidos pessoais, estados de alma ou inspirações particulares. Mas, e mais importante, faz deslizar a autoridade ilocutória de um poema no sentido de uma voz cujo nascimento é concomitante, e simultâneo, com a produção do sentido poético pelo intérprete: ou seja, o falante dramático passa a ser operativo no exacto momento em que o poeta inspirado da teoria de Spingarn conhece o seu fim.

A quinta e última proposição (**v**) tem a ver com a possibilidade de *revisão retrospectiva*, que seria a única forma de um autor poder corrigir a sua intenção inicial. Trata-se de um argumento curioso, no qual Wimsatt e Beardsley parecem contrariar a noção de que uma obra de arte tem um e um só significado. Este ponto levanta alguns problemas, desde logo porque parece medir-se novamente com uma consideração da poesia pelo lado dos efeitos. Sucesso ou insucesso são hetero-atribuições consequenciais, e baseiam-se em juízos potencialmente *falsificáveis* pelo crítico. Se a isto adicionarmos a possibilidade de falsificação da intenção (ou do resultado) original do poeta, tal contenção atenta necessariamente contra a monumentalidade do objecto poético defendida pelos formalistas. Wimsatt e Beardsley resolvem o problema dividindo o conceito de intenção em intenção concreta prévia e intenção revista. Para eles, a segunda não preclude a primeira, e o sentido em que se pode falar de uma intenção correctiva subsequente é, no fundo, bastante abstracto.

Em resumo, segundo Wimsatt e Beardsley, os poemas não devem ser julgados pela sua conformação a uma intenção inicial do autor, uma vez que um poema bem sucedido é, desde logo, prova auto-evidente dessa mesma intenção. Isto mostra amplamente que os dois autores não pretendem atacar a intenção como conceito, mas antes certas formas de inferência biográfica e de dedução psicológica. O momento genético de produção é eliminado no acto de apreciação, e tido como um sub-produto dos efeitos do poema, que se fazem sentir em primeira instância através do sentido. O anonimato do objecto é, no entanto, minorado pela atribuição do efeito de "máscara", que no poema assume uma autoridade fictícia ou se transforma numa entidade ilocutória em segundo grau. A um outro nível, Wimsatt e Beardsley desconfiam da possibilidade que um autor possui para falsificar a sua intenção inicial, pelo mero facto de poder falar de eventos que antecederam poemas, e de que em princípio só ele sabe ou conhece (não parece haver, assim, espaço para autores que admitam estarem errados ou que deixem de se reconhecer em coisas que escreveram no passado).

Imediatamente depois de desmontados os pressupostos da tese intencionalista, Wimsatt e Beardsley criticam Stoll, que consideram como paradigma de uma forma de irresponsabilidade crítica – que se baseia na tentativa de resgatar o poema da crítica científica para o reconduzir aos termos históricos do impressionismo. E ao dito de Stoll segundo o qual "o poema não é propriedade do crítico", Wimsatt e Beardsley contrapõem um argumento tipicamente formalista:

> O poema não é propriedade do crítico nem do autor (desprende-se do autor à nascença e lança-se no mundo para lá do poder que este tem para o controlar ou intencionar). *O poema pertence ao público*. Está

corporizado em linguagem, uma possessão particular do público, e é acerca do ser humano, um objecto de conhecimento público. (Wimsatt e Beardsley, 1954:5; itálico meu)

A falácia intencional pode ser vista, no fim de contas, como uma consequência do pensamento romântico, na medida em que a ênfase que este coloca na genialidade e na inspiração parece contrastar secamente com a racionalidade típica do discurso da crítica. A psicologia (descrita por Wimsatt e Beardsley como "uma espécie de ioga") é, por isso, diferente de uma correcta avaliação, escorada em critérios que remetem para uma funcionalidade especificamente literária. Os códigos da literatura são autónomos, e discerníveis apenas mediante apelo à monumentalidade imanente do objecto literário. Disto segue que as palavras-chave do léxico intencional (atribuídas a Coleridge e a Arnold, em que se incluem noções como as de "sinceridade", "autenticidade" e "originalidade", entre outras) são dispensáveis a favor de um novo elenco, assente nas noções de "integridade", "relevância" ou "adequação" (Wimsatt e Beardsley, 1954:9).

A teoria da poesia de Wimsatt e Beardsley é, no fundo, bastante simples: poemas são feitos de linguagem, tomam por objecto coisas públicas e só podem ser discutidos publicamente, num espaço de transparência a que se acede apenas e só pelo *sentido*. A sua monumentalidade icónica, e desencarnada da génese, torna-se na única evidência que permite o exercício de um juízo. Como tal, a proposta de Wimsatt e Beardsley tem muito a ver com a necessidade de se encontrar uma nova família de acolhimento para poemas cuja orfandade se tornou evidente: assim que chega ao espaço público, cada poema é investido de uma forma de autonomia que o separa irrevogavelmente da origem, e de coisas nebulosas como a "inspiração". É a partir deste conjunto de precisões preparatórias que Wimsatt e Beardsley descrevem a tipologia probatória que veio a tornar-se central para os estudos literários. O programa de "The Intentional Fallacy" passa por dotar o objecto literário de uma robustez icónica que afaste o seu estudo tanto da história (enquanto contexto) como da psicologia (enquanto correlato de episódios biográficos). Um dos objectivos deste programa é o de legitimar interpretações particulares ao abrigo da *legislação* imanentista. Wimsatt e Beardsley consideram, para o efeito, dois tipos de evidência ou prova para a aferição do sentido de um poema: evidências externas e evidências internas. Extensivelmente, desenvolvem três paradoxos que seguem da descrição das referidas evidências.

O primeiro **(i)** diz-nos que o que é interno num poema é também público (este paradoxo remete para a gramática, para a sintaxe e a semântica, para usos correntes da linguagem e para a literatura e a cultura – evidências de tipo 1); o segundo **(ii)**, que o que é externo num poema é privado e idiossincrático (e remete para revelações contidas em jornais, cartas ou registos vários, ou ainda para conversas eventuais do autor ou relatos circunstanciais – evidências que não fazem parte do facto linguístico, ditas de tipo 2); e, por fim **(iii)**, o paradoxo segundo o qual se admite a existência de um terceiro tipo de evidência, intermédia, acerca do carácter do autor ou de significados privados ou semi-privados por este atribuídos a palavras, tópicos ou expressões idiomáticas (quer de modo individual quer no contexto da comunidade artística cujos códigos compartilhava).[12] Partindo desta descrição, Wimsatt e Beardsley levantam três problemas, que têm a ver não só com uma teoria geral da interpretação mas igualmente com a defesa acérrima de uma tipologia crítica. Como acontece de forma recorrente no artigo, o primeiro passo é limpar o caminho, atribuindo deficiências e lacunas específicas aos argumentos que procuram contrariar. Neste caso, os seus argumentos representam não só uma posição teórica mas, também, uma crítica à *crítica*.

O problema inicial **(i)** tem a ver com o conceito de "intencionalidade", que os autores consideram ser usado em duas acepções: como critério de análise crítica (posição que rejeitam liminarmente) ou como critério de produção artística. Em relação a esta última, Wimsatt e Beardsley le-

---

[12] Wimsatt e Beardsley, 1954:10–11. A introdução deste terceiro tipo (híbrido) de evidência, supõe uma subversão da monumentalidade do texto e do carácter autotélico da literatura, frequentemente associados às persuasões de tipo imanentista. Esta permeabilidade parcial a um tipo de evidência intermédia que está na fronteira entre os dois tipos principais de evidência crítica pode ser vista como uma espécie de concessão. A coerência intra-sistemática do artigo não é no entanto posta em causa por este apêndice, uma vez que lhe é subjacente um tratamento vertical das evidências, e uma relação de supra-infra--ordenação em que as evidências de tipo 1 valem mais do que as de tipo 2 e 3.

vantam a objecção de senso comum de que é difícil e, em certa medida, inútil, atentar no processo mental e intencional de objectivar sentimentos e expressões. A intenção é, segundo a sua leitura, uma de duas coisas: ou uma ferramenta de análise cuja operatividade é excedentária em relação à faculdade de julgar (pode, na melhor das hipóteses, ser um acrescento informativo); ou, por outro lado, o preconceito que nos permite imaginar que os poetas estão habilitados a derramar sobre poemas o seu mundo interior. Que a intenção do autor não pode fazer parte do juízo crítico é por demais evidente para Wimsatt e Beardsley. Que pessoas possam *exprimir-se* através de poemas é, no mínimo, duvidoso.

O segundo problema **(ii)** tem a ver com a admissão de saltos lógicos ou epistemológicos no processo de crítica literária. Estes *saltos* são rejeitados pelos autores como potenciadores de uma crítica de tipo impressionista, mais subjectiva e menos "científica". Deste modo, Wimsatt e Beardsley eliminam todo e qualquer recurso à idiossincrasia do crítico, aos seus interesses ou expectativas, às suas crenças ou proclividades. O processo inferencial do juízo crítico deve basear-se em evidências públicas, discutíveis e palpáveis – os poemas devem ser julgados de modo objectivo, e o crítico tem de saber demonstrar com exactidão os passos que o levaram de um argumento ao argumento seguinte. Isto não acontece (para Wimsatt e Beardsley como para os New Critics) em certos modos de inferência biográfica, que deduzem expressões de poemas *a partir* de factos da vida. A ligação (a haver ligação) entre um verso e um facto não depende de explicações genéticas – do autor – ou de conjecturas divinatórias – do crítico. A ligação (entre versos e factos, entre argumentos iniciais e argumentos finais) é mediada pela estrutura, pelo sentido e pelo carácter auto-remissivo da poesia. O ónus da criação, tal como o ónus do juízo, reside na linguagem, a única coisa que pode ser demonstrada e considerada como evidência. É função do crítico apontar para coisas que todos os outros possam ver.

O terceiro problema **(iii)** remete para dois tipos de crítica, que Wimsatt e Beardsley citam abundantemente: a análise biográfica ou genética de J.L. Lowes ao poema "Kubla Khan", de Coleridge (em *The Road to Xanadu*, publicado em 1927); e a análise exegética e comparativa de sentidos de F.O. Matthiessen a "The Love Song of J. Alfred Prufrock", de Eliot. Segundo Wimsatt e Beardsley, ambas as soluções promovem um afastamento do poema, não sendo (por via disso) investigações de pleno direito. A proposta metodológica de Lowes parte de um ponto importante: o de que a crítica romântica procede, em primeira instância, dos poetas (a "profissão" crítica não existe ainda verdadeiramente no início do século XIX), havendo, todavia, uma distinção crucial entre a actividade poética e a responsabilidade analítica. O projecto de Lowes tem muito a ver com a auto-descrição que Coleridge faz das condições de instanciação do seu poema "Kubla Khan" (e que faz parte da introdução ao poema – descrito pelo poeta como "a vision in a dream"). Nesta, Coleridge explica ter escrito o poema numa espécie de transe, em períodos de sonolência inconsciente, como se num sonho auto-induzido, e conclui ter acordado com partes do poema já escritas diante de si. O que Lowes procura demonstrar é que, pelo contrário, não existe nada no poema derivável de acasos ou inspirações obscuras. Wimsatt e Beardsley concordam, em princípio, com o processo pelo qual Lowes procura desmontar o paradigma da curiosidade psicológica e da inspiração. No entanto, e ao dispensar a explicação coleridgeana do poema como vislumbre semi-consciente, Lowes vê-se confrontado com um problema: que critérios propor então para ratificar uma *outra explicação* para "Kubla Khan"? A resposta à questão é dada por um argumento intencional em segundo grau, a partir do qual são estabelecidas ligações necessárias entre o poema e dados recolhidos a partir da biografia de Coleridge (sobretudo de declarações prosaicas do próprio em que a primeira descrição do poema, como "uma visão num sonho", é alterada). Este processo de corrigibilidade é idêntico ao descrito por Wimsatt e Beardsley no quinto dos postulados iniciais de que se falou atrás. Lowes faz uso sobretudo de evidências do tipo 3 e, por isso, afasta-se de uma investigação séria e científica. Para Wimsatt e Beardsley, "tudo isto ... parece pertencer a uma arte separada da crítica – a uma disciplina psicológica, um sistema de auto-desenvolvimento, um *ioga*, de que o jovem poeta talvez se aperceba, mas que é algo diferente da arte pública de avaliar poemas" (Wimsatt e Beardsley, 1954:9; itálico meu).

Quer, por um lado, a biografia quer, por outro, o comparatismo (ainda que no contexto de um mesmo autor, como acontece no caso de

Matthiessen), deturpam a atenção do crítico para com o ícone literário. Esta conclusão parece contra-intuitiva face à noção de evidência descrita por Wimsatt e Beardsley, uma vez que Matthiessen, ao convocar outros poemas de Eliot para explicar "Prufrock", se conforma ao paradigma probatório que é exigido ao crítico. No entanto, para Wimsatt e Beardsley, este tipo de crítica inverte as prioridades. Ainda que Matthiessen esteja certo ao remeter a sua análise para o facto linguístico – e utilize por isso evidências de tipo 1 –, a verdade é que começa pelo fim (ou pela inserção de "Prufrock" num contexto, mesmo que este seja fornecido pelo próprio Eliot), em vez de se deter primeiro no poema *em si*. A heresia consiste assim em exceder o poema sem verdadeiramente se deter nele enquanto particular – ou, de outro modo, em tentar colocá-lo num contexto antes de o descrever enquanto objecto único e auto-suficiente.

A gestão que Wimsatt e Beardsley fazem dos três problemas descritos (o conceito de "intencionalidade", os saltos lógicos e os modelos de Lowes e Matthiessen) permite-lhes chegar a uma conclusão importante: a de que o verdadeiro instrumento da crítica deve ser o comentário produzido pelo crítico que se socorra de evidências de tipo 1 e, moderadamente, de tipo 3 – por oposição ao comentário (substancialmente diferente) produzido pelo crítico que faça uso das evidências de tipo 2 e de tipo 3, quando estas sejam incluídas, de alguma forma, naquelas. Torna-se evidente que os imanentistas, formalistas, New Critics e estruturalistas, fazem assentar o seu modo de crítica em evidências de tipo 1 e, por vezes – com óbvias restrições –, de tipo 3. E que, em sentido inverso, os românticos, historicistas, impressionistas, expressionistas, psicólogos, sociólogos e prestidigitadores escoram o seu modo de análise em evidências dos tipos 2 e 3 em detrimento das de tipo 1 – esta é justamente uma das ideias implícitas do artigo. Na conclusão a "The Intentional Fallacy", Wimsatt e Beardsley resumem esta bipartição, reclamando para si uma autoridade crucial sobre o facto literário: "Investigações críticas não são decididas por consultas ao oráculo" (Wimsatt e Beardsley, 1954:18). Em conclusão, a crítica faz uso de juízos, e os juízos não podem ser obscurecidos por considerações que remetam para a esfera privada do autor – tentar adivinhar intenções é muito diferente de tratar evidências.

Tudo isto é verdade, claro. Mas também não é menos verdade que o sistema de Wimsatt e Beardsley repousa numa questionável descrição de intenção. Este ponto é um dos três que sugiro serem os equívocos cruciais em discussões acerca de sentido e intenção. O primeiro **(i)**, aludido no debate entre Hirsch, Juhl, Knapp e Benn Michaels, e confirmado pelos argumentos de Wimsatt e Beardsley, tem a ver com a possibilidade de existirem sentidos não intencionais. A conclusão é a de que tanto intencionalistas como não-intencionalistas acreditam que existe pelo menos um momento em que o sentido não depende de uma intenção. O segundo e terceiro equívocos têm a ver directamente com a "falácia intencional", e estão de algum modo relacionados.

O segundo **(ii)** decorre da descrição já aludida de Wimsatt e Beardsley de intenção como um "plano" na mente de um autor. Tal definição é redutora (porque descreve um sentido mentalista de intenção) e unilateral (uma vez que parece formulada apenas para validar conclusões posteriores). Embora autorize o sistema wimsattiano, é estrita e inconsequente. Estrita, porque limita a arte à consciência do criador; inconsequente, porque não permite que se saia do círculo vicioso dessa mesma consciência. O seu uso, no entanto, foi consensual e alargado, o que confinou descrições posteriores do problema a uma espécie de decisão constitutiva – entre tomar-se o partido dos anti-intencionalistas ou dos intencionalistas.

O terceiro equívoco **(iii)** é de teor prático, e remete para a sobre-interpretação a que foi sujeito o fenómeno da "falácia". Lida como exortação normativa, a descrição de uma "falácia intencional" instanciou um argumento a favor de sentido sem intenção contra o qual quase todos os argumentos contrários procuraram medir-se. O que escapou à crítica intencionalista foi que, em boa verdade, as teses de Wimsatt e Beardsley são, no limite, inaplicáveis: se mexermos na variável "intenção" de modo diferente, os resultados serão também eles diferentes (supor uma relação necessária entre sentido e intenção tem consequências cruciais ao nível da interpretação). A descrição de intenção como "plano mental" de um autor não passa de uma estipulação particular, com todas as consequências que daí advêm. Mas, fruto da sua popularidade e dos usos que lhe foram dados, tal axioma tornou-se *na* descrição de intenção que passou a ser operativa no estudo da literatura. Segundo me parece, quase todos se equivocaram quanto à "falácia", exceptuando talvez Hirsch, cuja radiografia do fenómeno wimsattiano só peca por não ter sido devidamente lida:

> Um agora-famoso argumento é baseado na distinção entre a mera intenção de fazer algo e o cumprimento concreto dessa intenção. O desejo de um autor em comunicar um sentido particular não é necessariamente o mesmo que o seu sucesso ao fazê-lo. Uma vez que a sua real performance é apresentada no seu texto, qualquer tentativa especial de adivinhar a sua intenção faria falsamente equivaler o seu desejo privado e o seu feito público. O sentido textual é um assunto público. A disseminação massiva deste argumento e a sua aceitação como axioma da crítica literária recente ligam-se à influência de um vigoroso ensaio, "The Intentional Fallacy", escrito por W. K. Wimsatt e Monroe Beardsley e publicado pela primeira vez em 1946. *O crítico dos argumentos desse ensaio é confrontado com o problema de distinguir entre o ensaio em si e o uso popular que dele foi feito, uma vez que o que foi massivamente tido por adquirido como verdade estabelecida não foi defendido, nem o poderia ser com sucesso, no artigo.* Apesar de Wimsatt e Beardsley distinguirem cuidadosamente três tipos de evidência intencional, reconhecendo que duas delas são apropriadas e admissíveis, as suas cuidadosas distinções e qualificações desaparecem hoje na versão mais popular que consiste no fácil e hábil dogma de que o que um autor intencionou é irrelevante para o sentido do seu texto. (Hirsch, 1967:11–12; itálicos meus)

Hirsch detecta com acuidade uma questão essencial levantada pelo artigo de Wimsatt e Beardsley, e que é também um meta-ponto quanto ao modo de existência da própria crítica: uma coisa são os argumentos; outra, bastante diferente, é o uso que deles se faz. Tal consideração valida, segundo creio, o ponto de vista que defenderei a seguir. Tentarei demonstrar não só que a ideia de sentido sem intenção como apresentada por Wimsatt e Beardsley radica em teses defendidas anos antes por T.S. Eliot, e igualmente que essas mesmas teses têm origem no Romantismo, cuja retórica Eliot tanto se esforçou por combater. A "falácia intencional" repousa, assim, num mal-entendido: a ideia de sentido sem intenção, cuja paternidade é geralmente atribuída a Eliot, depende de teorias muito anteriores, defendidas pelos românticos. O paradoxo é evidente. O desconforto de Eliot quanto ao Romantismo é sobejamente reconhecido na sua obra teórica, mas a sua leitura da crítica romântica levou-o a ignorar um ponto crucial: a ideia de sentido sem intenção é, afinal de contas, um argumento de origem romântica. Uma vez que consideraríamos os românticos nos antípodas de Eliot, resta então perguntar como tudo aconteceu e, no fim, colocar a questão: seria Eliot, na verdade, um romântico tardio? Ou teria simplesmente prestado menos atenção a coisas que são importantes, mas que, de algum modo, colidem com a sua suposta originalidade?

A falácia intencional, como descrita por Wimsatt e Beardsley, é tipicamente lida como uma correcção moderna do excesso romântico. A presunção de que os poetas românticos (muitos deles também críticos) fizeram incidir as suas teorias da poesia na importância da intenção, do génio e da expressividade, é uma noção sobrevalorizada – foi precisamente no período romântico que surgiram os primeiros e decisivos argumentos contra a intenção do autor. A ideia de uma tese geral contra-romântica nos estudos literários surge sobretudo devido à influência de T.S. Eliot sobre a crítica formalista e, em especial, na crítica norte-americana da primeira metade do século XX. Na verdade, porém, os argumentos anti-românticos de Eliot possuem uma tonalidade muito mais histórica e política do que propriamente literária. Fazem parte de um projecto mais amplo, de reconstrução da história pela literatura, em que esta última, sendo importante, não é exclusiva.

Eliot deplora o Romantismo, e tenta ao mesmo tempo fazer valer um projecto social, cultural e político. As ramificações literárias de alguns dos seus argumentos, no entanto, parecem ter visto o que Eliot não viu: são os Românticos que, em última instância, o precedem (a ele e aos New Critics) no que diz respeito ao tratamento do conceito de intenção. Talvez o Romantismo tenha sido mais bem entendido pela crítica dos primeiros vinte anos do século XX do que propriamente pelas gerações que se lhe seguiram – os críticos vitorianos, expressivistas, impressionistas e historicistas não tiveram, em conclusão, um desempenho crucial na actualização do Romantismo. Esse papel coube a Eliot e ao New Criticism. No fundo, a própria falácia intencional é um argumento de cariz romântico, cujas raízes se encontram precisamente no oposto daquilo que parece querer contestar. Deve, pois, mais a Keats e a Shelley do que propriamente a Eliot.

Romantismo e formalismo têm, como se pretende demonstrar, muitos pontos comuns a respeito da intenção do autor. A actualização da retórica romântica é aliás exercida já no século XX, e é trans-geracional, uma vez que são os New Critics, mais do que os críticos da segunda metade dos 1800, que recuperam e aplicam o léxico teórico do Romantismo. Até certo ponto, a comunhão é meramente tácita, uma vez que grande parte da crítica do século XX parece baseada em argumentos *contra* o Romantismo. Este surto anti-romântico tem, no entanto, origens definidas, e convirá por agora perceber não só a sua génese como as suas implicações. O meu argumento é o de que os New Critics acreditaram estar a fazer precisamente o contrário daquilo que se haviam proposto contestar. Esta ideia, no entanto, necessita de uma requalificação dos argumentos contra o Romantismo, o que nos conduz inevitavelmente a Eliot.

Expatriado por opção (de St. Louis, Missouri, em direcção à Londres do início do século XX), ex-aluno de Irving Babbitt e de George Santayana ainda em Harvard, e ostentando um profundo sentido da herança clássica e da tradição, Eliot é, em grande medida, uma figura tutelar. Por força desse mesmo exílio, e de um demorado périplo pela Europa, Eliot – cativado desde logo pelas teses anti-românticas de Babbitt e pelo classicismo de T.E. Hulme – contorna pelo lado de fora a primeira geração crítica de idioma tipicamente americano. Esta vaga de críticos, instaurada de fresco no até então deserto crítico da América – se exceptuarmos talvez Emerson, Dewey e William James –, impõe-se mediante recurso a uma tradição impressionista, a favor da crítica criativa e da valorização da crítica como modo de expressão equivalente à ficção.

O sistema de Eliot – ou, pelo menos, do primeiro Eliot, mais axiomático nas suas pretensões – consiste numa recuperação de argumentos de Babbitt e Hulme contra a corrente impressionista que então proliferava na crítica americana. As suas influências, no entanto, não se confinam ao duo acima referido, e incluem Charles Maurras (sobretudo), Joseph de Maistre, e Karl Mannheim.[13] O que diferencia Eliot dos seus mestres (e que torna o seu discurso verdadeiramente original) é o facto de ele ter erigido um sistema racional baseado na atribuição de consequências determinadas a momentos seminais, cujos correlatos são, primeiro, descritos e, depois, desmontados e criticados. Ou seja, o projecto de Eliot é um projecto *arqueológico* – Eliot escava até descobrir a relíquia que está na origem do seu desconforto, transforma-a em sistema, descreve as suas consequências, e por fim confronta-a com os seus próprios argumentos.

Como atrás se mencionou, Eliot é, desde muito cedo, cativado quer pela reacção contra-romântica de Babbitt quer pelo apelo aos valores clássicos de Hulme. Em relação à primeira, no entanto, a posição de Eliot torna-se gradualmente mais radical. Embora concordante em princípio com a posição de Babbitt, Eliot prefere a esta a versão politizada que vem de Joseph de Maistre e encontra em Pierre Lasserre e, sobretudo, em Maurras, os activistas ideais. Afastando-se do Novo Humanismo optimista do seu antigo professor – a que chama "humanismo sem religião" –, Eliot prefere subscrever o argumento hulmeano segundo o qual o pensamento classicista assentava na crença no pecado original (e, por inerência, na necessidade de ordem, disciplina, moralidade e ética), contra a crença romântica na infinitude expressiva do homem. O desprezo pelo Romantismo – ou pelo "espírito do caos", como lhe chamou Maurras – é também um *argumento político* contra a esquerda revolucionária, a favor de um nacionalismo realista, católico e baseado na lei e na ordem.[14] A reacção segue em dois sentidos: uma crítica a Rousseau, enquanto paradigma proto-romântico

---

[13] Segundo Kenneth Asher (1995), *T.S. Eliot and Ideology*. Cambridge: Cambridge University Press. Mannheim parece ser uma influência tardia em Eliot. De acordo com Frank Kermode (1975), na sua introdução a *Selected Prose of T.S. Eliot* (London: Faber and Faber; pp. 11–22), numa fase inicial (o período em que Eliot escreve aquilo a que chama "essays of generalization", e a cujo sucesso Kermode atribui o carácter dogmático das suas teses), as influências maiores sobre o seu pensamento foram Pound (e, através dele, Remy de Gourmont e Henry James), Irving Babbitt, T.E. Hulme e Maurras.

[14] Asher propõe uma interessante cartografia das influências de Maurras e da "Action Française" sobre o pensamento de Eliot. O catolicismo deste é, porém, bastannte diferente do de Maurras: o seu sofre a influência do Anglicanismo, que não reconhece a autoridade papal, ao contrário do segundo.

do primado do indivíduo; e uma antipatia profunda contra o excesso romântico – a ausência de respeito pela forma, pela ordem e pelo decoro que (aparentemente) está no cerne da estética do século XIX e continua a infectar a modernidade.

A fim de fazer prevalecer a dicotomia clássico/romântico (com todas as suas implicações literárias, políticas e filosóficas), Eliot traçou com precisão a raiz dos argumentos que se propõe contrariar, valorizando o seu lado da querela não como uma reacção localizada e minoritária mas como uma preciosa tábua de salvação. Para que isto funcione, porém, precisa de diabolizar os seus mais influentes adversários. Esta tentativa nota-se desde logo nos resumos feitos por Eliot para uma série de palestras por si proferidas em Yorkshire, em 1916, sobre literatura francesa (e incluídas no *Syllabus of a Course of Six Lectures on Modern French Literature*). Referindo-se a Rousseau, Eliot afirma que

> As suas tendências principais eram: 1) Exaltação do *pessoal* e do *individual* sobre o *típico*.; 2) Ênfase sobre o *sentimento* em vez do *pensamento*.; 3) Humanitarismo: crença na bondade fundamental da natureza humana.; 4) Depreciação da *forma* na arte, e glorificação da espontaneidade. Os seus grandes erros foram: 1) Egotismo intenso. 2) Insinceridade. ... O Romantismo representa o *excesso* espectral. Divide-se em duas direcções: fuga ao mundo dos factos, e devoção pelo facto cru. As duas grandes correntes do século dezanove – emoção vaga e apoteose da ciência (realismo) brotam do mesmo modo de Rousseau.[15]

---

[15] Esta citação é da primeira palestra. A segunda começa com uma proposição estipulativa, sob a qual Eliot apresenta o seu projecto: "O começo do século vinte testemunhou um regresso aos ideais do classicismo. Estes podem vagamente ser caracterizados como *forma* e *restrição* na arte, *disciplina* e *autoridade* na religião, *centralização* no governo ... O ponto de vista classicista foi definido essencialmente como uma crença no Pecado Original – a necessidade de uma disciplina austera" (ambas as citações em Asher, 1995:37-38; itálicos no original). O projecto inicial de Eliot é desde cedo influenciado por esta conformação da questão, e os argumentos que servem de base às suas teses vão repercutir-se de modo axiomático no campo específico do estudo da literatura, com particular incidência para os conceitos de autor e intenção. É, contudo, bastante interessante notar que o "regresso ao classicismo" entrevisto por Eliot pode não passar de uma projecção infundada: quer a Iª Guerra Mundial quer a emergência do modernismo nas artes vieram a inutilizar qualquer recurso possível a um mundo ordenado assente na noção de "tradição" – o mundo ideal de Eliot.

Não é seguramente incidental que as teses do primeiro Eliot tenham sido as que mais adeptos reuniram, e cujo espectro mais se alargou no interior do estudo da literatura. A ânsia intrínseca dos estudos literários por uma codificação metodológica, bem como a necessidade de uma precisão racional dos parâmetros do discurso literário, levaram a que o sistema eliotiano passasse a ser visto como um modelo fundacional para a crítica. Dentro deste elenco canónico, há dois argumentos que assumem particular relevância para o tratamento da figura do autor. A sua coextensividade, no entanto, projecta-se para fora do âmbito literário e faz parte do complexo projecto político e cultural de Eliot.

O primeiro desses argumentos é tipicamente descrito como o da "extinção da personalidade", e aparece em "Tradition and the Individual Talent", de 1919. O artigo representa para Eliot o manifesto subscritor da sua noção de tradição, e a instância primeira do reordenamento do *corpus* literário que pretende levar a cabo. Eliot propõe uma plataforma de julgamento comum para os poetas modernos e antigos – apela, por isso, à recuperação dos critérios estabelecidos por uma anterioridade estética mais fiável e ordenada. Definindo a tradição estável e clássica por oposição à novidade desregulada e aparentemente não-artística, Eliot procura estabelecer um tipo de normatividade de efeito estabilizador.[16] Mas a plataforma criada por si (juntamente com a simultaneidade temporal que incita ao juízo) assenta num paradoxo que parece irreconciliável.

---

[16] E alargando não só o conceito e função do autor como a crítica, que passa a incorporar uma dimensão estética. Cf. Eliot (1919), "Tradition and the Individual Talent", in Kermode, 1975:37-44 [38]): "A tradição é um assunto de muito maior importância. Não pode ser herdada, e se a queremos temos que a obter com muito trabalho. Envolve, em primeiro lugar, o sentido histórico ... e o sentido histórico envolve uma percepção, não apenas da anterioridade do passado, mas da sua presença; o sentido histórico compele um homem dentro de si a escrever não apenas para a sua geração, mas com um sentimento de que o todo da literatura da Europa desde Homero e, dentro desta, o todo da literatura do seu país, têm uma existência simultânea e compõem uma ordem simultânea. Este sentido histórico, que é o sentido do intemporal bem como do temporal, e do intemporal e do temporal juntos, é o que torna o escritor tradicional. E é ao mesmo tempo o que torna um escritor mais agudamente consciente do seu lugar no tempo, da sua própria contemporaneidade. Nenhum poeta, nenhum artista de qualquer arte, tem por si só o seu significado completo. O seu sentido, a sua apreciação, é a apreciação da sua relação para com poetas e artistas mortos. Não podemos dar-lhe valor por si só; temos que o dispor, para contraste e comparação, entre os mortos. Vejo isto como um princípio de crítica estética, não meramente histórica".

Porque, se o presente é uma percepção do passado cuja forma e extensão constroem a consciência desse mesmo passado, tal significa que existe uma incomensurabilidade drástica entre poetas mortos (a tradição) e poetas contemporâneos (a novidade). A única forma de resolver a questão passa, para Eliot, por uma *conexão epistemológica* – que permita tornar a diferença de espécie que existe entre os conceitos "poetas mortos" e "poetas contemporâneos", numa diferença de grau que dê lugar à comparação crítica. Este impulso de equiparação tem fortes implicações sobre o conceito de autor: "O que acontece é uma renúncia contínua de si mesmo, tal como se encontra no momento presente, face a algo que lhe é mais valioso. O progresso de um artista é um auto-sacrifício contínuo, uma contínua extinção da personalidade" (Eliot, 1919:40). Neste ponto, a tese de Eliot parece-se subitamente com um famoso argumento de Keats, segundo o qual o poeta é, em si mesmo, uma *entidade não-poética* (deste argumento se dará conta adiante).

Eliot oferece, deste modo, a solução para o problema de revitalizar a tradição, sem com isso atentar contra o estabelecimento do projecto modernista: impugnado o autor, o juízo só pode exercer-se sobre a obra. Aproveitando estas particulares *nuances* do conceito de "tradição", Eliot torna retrospectivamente anónimos todos os poetas, de modo a aumentar a maleabilidade dos conteúdos que se propõe tratar. Este argumento é defendido contra a noção de personalidade própria, auto-consciente e sentimental dos românticos, contra a noção de génio e ainda contra a ênfase na retórica do excesso sentimental. A personalidade do poeta passa, assim, a ter um sentido mediúnico e fragmentário, muito distante da unidade correlativa na qual os românticos tanto acreditaram (esta unidade é, no entanto, um sub-produto da teoria da poesia como expressão, e não deriva de um argumento intencionalista forte, como Eliot parece ter pensado):

> O ponto de vista que eu me esforço por atacar está relacionado, talvez, com a teoria metafísica da unidade substancial da alma: aquilo que quero dizer é que o poeta tem, não uma "personalidade" para exprimir, mas um "meio" [medium] particular, que é só um meio e não uma personalidade, na qual impressões e experiências se combinam de modos

peculiares e inesperados. Impressões e experiências que são importantes para o homem podem não ter sequer lugar na poesia, e aquelas que são importantes na poesia podem ter um papel bastante negligenciável no homem, na personalidade. (Eliot, 1919:42)

Tudo isto é verdade, claro, embora seja de notar a relutância (ou a omissão) de Eliot quanto à verdade incontroversa de que o contrário do seu argumento também é verdadeiro – experiências não importantes para o poeta podem ter lugar na poesia, e experiências não importantes na poesia podem ter um papel crucial para a vida do poeta. O que importa sublinhar – para além do facto de os argumentos parcelares de Eliot serem usados para bem de um argumento geral – é que, em conclusão, a crítica honesta e a apreciação sensível devem ser dirigidas "não sobre o poeta mas sobre a poesia" (Eliot, 1919:40).

À semelhança de Emerson (e de Henry James, com as respectivas diferenças genéricas – Emerson fala de poetas e James de romancistas), também Eliot procura um *poeta ideal*, capaz de recuperar a poesia do logro histórico que foi a "dissociação da sensibilidade", potenciando ao mesmo tempo, na pena e na crítica, as faculdades de sentir e de pensar. Este argumento, o segundo dos atrás referidos, serve não só para atacar a estética romântica mas também para legitimar Eliot como figura central da poesia moderna. E serve, igualmente, para mostrar a originalidade de Eliot na tal demanda arqueológica pelos momentos nos quais assentam as versões da história literária que se propõe contrariar:

> Os poetas do século dezassete, sucessores dos dramaturgos do século dezasseis, possuíam um mecanismo de sensibilidade que podia abarcar [devour] qualquer tipo de experiência. Eles são simples, artificiais, difíceis ou fantásticos como os seus predecessores eram ... No século dezassete uma dissociação da sensibilidade instaurou-se, e da qual nunca recuperámos; e esta dissociação, como é natural, foi agravada pela influência dos dois poetas mais poderosos do século, Milton e Dryden ... O segundo efeito da influência de Milton e Dryden seguiu-se do primeiro, e foi, por isso, lento a manifestar-se. A idade sentimental começou

no início do século dezoito, e continuou. Os poetas revoltaram-se contra o raciocinado [ratiocinative], o descritivo; eles pensavam e sentiam por espasmos, sem equilíbrio; eles reflectiam.[17]

A demanda eliotiana incide assim sobre a totalidade do *corpus* literário, transformando o âmbito das questões sobre literatura por via de um reposicionamento da história, da estética e da filosofia. Mas incide também, em especial, sobre o conceito e a função do autor, deixando adágios e máximas, replicados na posteridade em defesa de um argumento anti-intencional. A súmula do projecto de Eliot a este respeito é paradigmática: "A poesia não é um derramamento [turning loose] de emoção, mas uma fuga da emoção; não é a expressão de uma personalidade, mas uma fuga da personalidade" (Eliot, 1919:43). Os argumentos de Eliot tornaram-se muito populares entre uma comunidade de críticos emergentes, cuja recém-adquirida posição hegemónica dentro das universidades permitiu uma disseminação rápida e transversal da sua influência. Dentro das mesmas universidades uma nova tendência metodológica florescia, baseada em três factores preponderantes: em primeiro lugar, a recusa da ordem de conhecimento representada pelo ensino meramente transmissivo das antigas gerações; em segundo lugar, a pretensão de equiparar a autoridade das humanidades à das ciências – através da incorporação de métodos autónomos e de um léxico particular; e, por fim, a tentativa de hipostasiar o objecto literário de forma a dotá-lo de uma autonomia relativa face a outros objectos de estudo. Para além disto, uma série de críticos práticos, agregados a revistas literárias, aderiram também ao projecto de Eliot.

A ênfase eliotiana sobre a poesia (ou sobre uma forma particular de poesia) contribuiu para que os discursos sobre literatura se emancipassem definitivamente dentro do meio universitário. Mas não só: a influência do formalismo russo de Eichenbaum *et alia*, e a imigração de críticos europeus (como Spitzer, Auerbach, Jakobson e Wellek) para a América académica, são também factores decisivos. A literatura passa a ser, a partir da década de 1930, mais ou menos, tratada a partir do ponto de vista do laboratório

---

[17] Eliot (1921), "The Metaphysical Poets", in Kermode, 1975:64.

científico, com vista à sua autonomização institucional e disciplinar. Por vezes, mais do que fazer crítica, muitos dos praticantes que exerceram a sua actividade durante a primeira metade do século XX, procuraram realmente construir um *campo de estudo*. A atenção exclusiva que defenderam, por isso, sobre o objecto literário e respectiva linguagem – e de que se falará em mais pormenor no capítulo III – concorreu para eliminar antecipadamente toda e qualquer referência ao autor ou à intenção. Em conclusão, pode dizer-se que o New Criticism, apoiado no substrato canónico fornecido por Eliot, acabou por neutralizar as discussões sobre o estatuto do autor. Este passou a ser tido como um obstáculo dispensável às pretensões da literatura em se erigir como campo de estudos autoritário e emancipado. Se só uma atenção denodada sobre o objecto poético poderia dotar os estudos literários de robustez metodológica, e se a presença do autor parece distrair essa atenção, então é natural que este seja abolido, ou pelo menos esquecido, no processo. É precisamente isto que acontece no seio da geração crítica formalista de língua inglesa, os New Critics, de que Eliot é, em grande medida, pai tutelar e inspirador.

O meu argumento é o de que as duas contenções de Eliot contra a intenção do autor não são originais. A impessoalidade (como forma de anonimato) e a dissociação da sensibilidade (a distinção poética entre raciocinar e sentir) filiam-se, paradoxalmente, no período romântico, em ideias de Keats e de Shelley. É com estes dois autores que começam a germinar ideias importantes, como a da "não-poeticidade" do poeta (a vulgaridade do criador em relação ao objecto poético); ou, por outro lado, a ideia do declínio performativo da intenção (em que a intenção inicial – o tal "plano" mental de que falam Wimsatt e Beardsley – decresce a um ponto mínimo no acto criativo): destes argumentos se dará conta mais à frente. A ideia é, no fundo, a de tentar demonstrar que certos argumentos de Eliot – que tiveram grande repercussão para os estudos literários – já haviam sido sugeridos, muito tempo antes, por autores filiados numa corrente estética e poética que Eliot reputava negativamente.

Conscientemente ou não, o que Eliot procura contrariar é a teoria da poesia do Romantismo – deliberativa, expressiva e sentimental. Mas parece estar enganado ao supor que essa mesma teoria contém um argumento *pró* intenção. Ou seja, Eliot infere da ideia romântica de poesia uma valorização da autoridade, sugerindo que a poesia excessiva e sentimental necessita de um suporte criativo igualmente excessivo. Para a maior parte dos românticos, todavia, a retórica do excesso impende sobre a poesia, e não sobre o poeta: os românticos interessaram-se muito mais por *modos de fazer* poemas do que por *modos de se fazerem* em poemas. Para além disso, Eliot replica ideias dos seus predecessores Babbitt e Hulme contra um Romantismo que não é tomado na sua essência, mas antes na origem e nos efeitos. Como tal, os românticos são descritos quer como filhos de Rousseau quer, por outro lado, como instigadores do caos artístico que se lhes seguiu. Dentro deste paradigma, Eliot e os seus mentores perguntaram-se como voltar a fazer valer noções como "tradição", "ordem" e "estrutura" num mundo desregrado a sofrer de excesso romântico.

A resposta para o problema tornou-se imediatamente óbvia. Embora, em certos casos, a reacção contra o século XIX tenha sido motivada por argumentos não-literários, a verdade é que a "besta negra" da crítica passou a ser o Romantismo ou, pelo menos, a ideia que dele se fez – por oposição à majestade exemplificativa que Eliot atribuía ao modelo neo-clássico. Como se viu acima, é o idealismo de Rousseau que abre caminho à estética romântica do excesso (e à ausência de um cânone normativo para a produção artística). Pelo menos esta é a leitura de Eliot: Rousseau simboliza toda uma história de repúdio das regras, da tradição e da normalidade mimética herdada da antiguidade. A poesia parece, desde então, subsumida à ditadura do indivíduo e da sua respectiva psicologia, que é notoriamente oscilante e irredutível. Parece ser esta *ideia de poesia* que cauciona e instiga o Romantismo, em todo o seu esplendor narcísico. Mas é justamente nesta altura, e de modo à primeira vista paradoxal, que a ideia de sentido sem intenção começa a tomar forma.

É consensual que os poetas do período romântico são particularmente auto-conscientes do seu papel enquanto formadores do gosto – o do seu tempo e o das gerações vindouras –, e ideólogos de uma nova forma de versificar. Mas enquanto se pode discernir, no que à poesia diz respeito, uma posição consensual, em relação à figura do autor (ou do poeta, o que, para todos os efeitos práticos, é a mesma coisa) as posições são bastante mais heterodoxas. Referindo-se a Coleridge, e ao seu impulso totalizador (que deu origem tanto ao argumento do primado da forma como à "analogia orgânica"), Keats oferece a sua noção de "aptidão negativa" ("negative capability"). A noção segue do argumento segundo o qual a formação de um poeta bem sucedido radica nessa capacidade negativa, que consistiria na capacidade de acrescentar ao conhecimento dos factos (e a uma epistemologia incremental, de mera acumulação de conhecimento), um universo de incertezas e realidades penumbráticas.[18]

A capacidade distintiva que Keats atribui aos homens de génio serve uma noção precisa da poesia, que deve ser, no seu argumento geral, "grandiosa e não intrusiva, uma coisa que entra nas nossas almas, e não as espanta ou surpreende consigo mesma mas com o seu assunto [subject]".[19] A poesia, sob o olhar de Keats, é um manancial de subjectividade cujo refluxo não é corrigível (nem conformável) pelo apelo à forma

---

[18] Keats é, deste ponto de vista, um autor excêntrico dentro do período romântico, e a sua peculiaridade deriva em parte do facto de o seu *corpus* epistolar ter passado, na posteridade, a beneficiar de tanta ou mais autoridade que a sua obra poética. A transcrição seguinte é retirada da famosa carta de Keats de 21 ou 27 de Janeiro de 1817 aos seus irmãos George e Tom Keats, citada em Hyder E. Rollins [ed.] (1958), *The Letters of John Keats, 1814 – 1821*. Cambridge: Cambridge University Press (volume I, pp. 193–194): "Não tive uma discussão, mas uma longa troca de ideias com Dilke acerca de vários assuntos; muitas coisas se ligavam na minha mente, e de uma só vez dei-me conta, de qual a qualidade que tende a formar um Homem de Sucesso, especialmente na Literatura, e que Shakespeare possuía tão massivamente – refiro-me à *Aptidão Negativa*, ou seja, quando um homem é capaz de existir em incertezas, Mistérios, dúvidas, sem nenhuma irritante compulsão para o facto e a razão – Coleridge, por exemplo, contentar-se-ia com uma verosimilhança isolada recebida do *Penetralium* do mistério, uma vez que era incapaz de se contentar com um conhecimento pela metade". A referência pouco simpática a Coleridge não passa, como bem observam Harold Bloom e Lionel Trilling (em *Romantic Poetry and Prose*. New York, London, Toronto: Oxford University Press, 1973; p. 768), de um mau exemplo. Implicitamente, Keats parece dirigir-se apenas ao Colerige tardio, mais filosófico e legislador, e não ao primeiro Coleridge, infundido de um misticismo transcendental. Esta perspectiva é mais optimista do que a de Bloom e Trilling, que atribuem o "lapso" à ignorância de Keats. A referência a Coleridge suscita, no entanto, outra dúvida. Como é que alguém que não se contenta com um conhecimento incompleto das coisas pode dar-se por satisfeito com uma "verosimilhança isolada" recebida do ponto mais profundo do mistério? Ou como é que Colerigde, descrito por Keats como um poeta que aspira ao conhecimento integral, pode, ao mesmo tempo, querer conhecer tudo e resignar-se a uma porção mínima daquilo que deseja conhecer? A contradição pode resolver-se apenas mediante sugestões. Por um lado, Keats pode ter pensado que Coleridge (uma espécie de racionalista, na sua descrição), não queria verdadeiramente conhecer o mistério, ou mesmo que o mistério não é discernível na totalidade dos seus aspectos. Ou, por outro lado, pode pensar-se que Keats se limitou a usar a ironia.

[19] Rollins, 1958:224 (da carta de Keats a John Hamilton Reynolds, de 3 de Fevereiro de 1818).

característico em Coleridge. Para além disso, a insistência na valorização da poesia enquanto *unidade temática* indicia que são os tópicos, e não a sua instanciação formal, que reclamam para si a capacidade de se insinuarem no *locus* da sensibilidade humana, ou seja, na alma. De modo simples, o conteúdo é para Keats mais importante do que a forma – como a poesia é mais importante que o poeta.

A noção keatsiana de poesia assenta, à semelhança quer da de Wordsworth quer da de Coleridge, num conjunto de axiomas dedutíveis da experiência de composição, e apela não à peculiaridade ou à diferença, mas a uma espécie de explosão contida de temas recorrentes em que o *tópico* excede a *forma*, na mesma medida em que o poeta wordsworthiano excede – em capacidade de sentir e de pensar – o seu semelhante. Esta forma de coerência no sistema de Keats parece actualizar, a um outro nível, o projecto de Wordsworth para dotar a poesia de um carácter de reminiscência.[20] Poemas, em Keats como em Wordsworth, são feitos para soarem como memórias.

Num certo sentido, existe um lado de actualização permanente nos discursos sobre literatura. O próprio Keats vai, ele mesmo, ser actualizado quase um século mais tarde por Eliot, Wimsatt *et alia*, sobretudo no ponto em que o primeiro antecipa ideias cruciais que virão a ser usadas pelo lado anti-intencionalista da crítica do século XX. O argumento em questão é o da impessoalidade do autor, redescoberto e alargado pelo anti-romantismo da primeira metade do século XX, e chega-nos através da carta de 27 de Outubro de 1818, dirigida a Richard Woodhouse.[21] Numa tentativa de cartografar as implicações da noção de "carácter poético", Keats reage contra os seus pares, instanciando aquilo que parece ser uma ruptura com a direcção que os seus colegas românticos pareciam tomar.[22] Exonerando o excesso de interioridade auto-remissiva que subjaz

---

[20] Rollins, 1958:238 (da carta a John Taylor de 27 de Fevereiro de 1818): "Penso que a poesia deve surpreender por um delicado excesso, e não pela singularidade – deve espantar o Leitor como uma verbalização dos mais elevados pensamentos deste, e assemelhar-se quase a uma lembrança".

[21] *Idem.*, 386-388.

[22] *Ibidem*, 386-387, quando Keats afirma que "o carácter poético em si (e refiro-me àquele de que, se possa ser alguma coisa, sou membro; o tipo [de carácter] distinto do tipo wordsworthiano ou egotisticamente sublime; que é uma coisa per se e se afirma

à retórica da genialidade, Keats dá à luz o poeta anónimo cuja identidade se desfaz contra a exterioridade que toma por objecto. Deste modo,

> O Poeta é a coisa mais não-poética de entre todas as que existem; porque não tem Identidade – está continuamente em busca de – e preenchendo um outro Corpo qualquer – O Sol, a Lua, o Mar, e Homens e Mulheres que são criaturas de impulso, que são poéticas e têm em si um atributo imutável – o poeta não tem nenhum; nenhuma identidade – ele é seguramente a menos poética de todas as Criaturas de Deus.
> (Rollins, 1958:387)

O poeta é uma entidade indefinível – até certo ponto uma não-identidade. Poemas, e tópicos de poemas (pelo contrário), parecem ser, na tese de Keats, instâncias discerníveis cujas características se podem claramente determinar. O carácter poético está no *tema*, ou nos objectos que constituem o tema – a natureza (o sol e a lua) e as personagens (homens e mulheres). Para Keats, é pacífico (e não paradoxal, como poderia supor-se) que a poesia seja produzida por uma entidade não-poética. A fim de dirigir a atenção no sentido da poesia, o poeta extingue a sua própria personalidade – mais, torna-se aparente que a opacidade do poeta não depende de um exercício de vontade, mas de uma espécie de relação necessária. Ou seja, só uma não-personalidade parece habilitada a retratar tópicos e entidades descritas como poéticas.

A excentricidade de Keats em relação ao corpo proposicional aceite como tendo sido produzido pelo Romantismo é instância e consequência de um diálogo substantivo ocorrido dentro do movimento. O período romântico não deve, como o fizeram primeiro os críticos vitorianos (e, depois, a crítica do século XX), ser tomado como um sistema coerente e assertivo, mas antes como um diálogo intra-sistemático muitas vezes heterogéneo e dissonante. Mais do que isso, não deve tomar-se como facto

---

sozinha) não é em si mesmo – porque não tem ser – é todas as coisas e nenhuma – não tem carácter – aprecia a luz e a escuridão; vive na experiência do entusiasmo ["gusto", ou, resumidamente, prazer], seja esta imaculada ou impura, alta ou baixa, rica ou pobre, abjecta ou elevada – tira tanto deleite de conceber um Iago como uma Imogen".

incontroverso que é por influência do Romantismo que se instanciam os grandes argumentos a favor da intenção do autor que vieram a ser recuperados, muito mais tarde, em contexto crítico e teórico. Pelo contrário: Eliot e os New Critics parecem ter confundido a teoria da poesia dos românticos ingleses com um libelo a favor do autor. O que acontece, na verdade, é que a ênfase que aqueles colocaram sobre a subjectividade e a expressão de sentimentos não tem um correlato necessário na valorização da figura do autor. Esse correlato é *acrescentado* já no século XX por Eliot, primeiro, e pelo New Criticism, num momento posterior. Tanto os românticos como os New Critics têm por propósito central prestar uma atenção especial à poesia, e para isso é-lhes conveniente circundar o apelo ao autor, e a noções periféricas como "inspiração", "génio" ou "originalidade". Em ambos os casos é a poesia *em si* que interessa. Uma primeira diferença é que, no primeiro caso, o argumento anti-intenção segue de uma teoria da poesia enquanto subjectividade e, no segundo, de uma teoria da poesia enquanto unidade objectiva analisável e potenciadora de juízos. Uma segunda distinção, mais importante, é a de que o fôlego anti-romântico da crítica formalista não conseguiu perceber que há uma diferença de espécie importante entre as duas teorias da poesia (e não apenas uma diferença de grau): por isso, os formalistas não conseguiram nunca admitir que, apesar de partirem de pressupostos diferentes, os românticos podiam estar certos quanto ao conceito de intenção.

Uma releitura da prosa romântica pode levar-nos, a título de exemplo, à resposta de Shelley ao manifesto de Thomas Love Peacock "The Four Ages of Poetry" (de 1820). Mais uma vez se tornará aparente como um argumento contra-intencional pode seguir, de modo lógico, de uma teoria da poesia enquanto expressão sentimental. Para se perceber com clareza o argumento de Shelley é necessário atentar, num primeiro momento, nos argumentos de Peacock aos quais aquele pretende dar resposta. A genealogia poética de Peacock é reveladora da ambição de corrigir a história que se encontra tipicamente subjacente ao ideário romântico. Partindo de uma descrição originária da poesia – que vai ser refinada por Shelley, através da noção de uma proto-poesia não verbal, prévia à linguagem –, Peacock contesta aquilo que descreve como o regresso contemporâneo à seminalidade da poesia. O verso não é, para ele, senão o modo adequado de lidar com uma forma de imperfeição constitutiva, que deve ser o princípio e o destino último da poesia. A resolução para este elenco de lacunas está, nas suas palavras, a ser *adiada* pelos seus pares.[23] A imperfeição da poesia deriva, em Peacock como no primeiro Coleridge, de uma excessiva confiança no conhecimento cristalino dos factos, por um lado; e de um sentimento difuso e inapropriado de modernidade criativa, por outro.[24]

A confusão só pode ser resolvida mediante apelo à figura do génio transcendente, do homem incomum que mais se aproxima da nudez expressiva do bárbaro antigo que origina a poesia. O poeta trans-histórico mais apto a transmitir as energias primordiais da poesia é, em Peacock como em outros autores românticos, o autor excessivo paradigmático não de uma nova ordem – como em Wordsworth e Coleridge – mas, no seu caso, de uma origem essencialista. O impulso regressivo de Peacock segue, pois, em direcção oposta às tentativas de Wordsworth (que procura fazer implodir o edifício neo-clássico para instituir um modo autónomo de fazer poesia), e de Coleridge (que advoga uma síntese optimista para a querela entre antigos e modernos).

O seu projecto é ambicioso, uma vez que reporta a relações originárias do homem com o esforço criativo, e a tonalidade das suas concepções parece bastante distinta da dos seus predecessores românticos. Mais do

---

[23] É Wordsworth quem epitomiza a discórdia de Peacock. Cf. Thomas Love Peacock, "The Four Ages of Poetry" (1820), transcrito em Vincent B. Leitch [gen ed.] (2001), *The Norton Anthology of Theory and Criticism*. New York and London: W.W. Norton & Company, (pp. 684-695 [692]): "A poesia descritiva dos dias que correm tem sido apelidada pelos seus cultivadores de regresso à natureza. Nada mais impertinente do que esta pretensão. A poesia não pode viajar para fora das regiões onde nasceu, as terras não cultivadas do homem semi-civilizado. Mr. Wordsworth, o grande líder dos regressados à natureza, não consegue descrever uma cena defronte dos seus olhos sem a meter dentro da sombra de um rapaz Dinamarquês ou do fantasma vivo de Lucy Gray, ou num bocado fantástico semelhante às disposições da sua própria mente".

[24] Coleridge, no entanto, não escapa (num segundo momento do texto) à compulsão de Peacock para atacar, de modo insidioso, todas as instâncias de representação desadequada do passado, que imputa aos seus contemporâneos mais ilustres. Peacock acusa-o de, sob o manto de um novo princípio, ter gerado uma amálgama inconclusiva e ininteligível de passado, presente, sentimentalismo fruste e barbarismo. Outra das injunções decisivas deste trecho sobre Coleridge é a de que o poeta está mais habilitado a falar de poesia do que o leitor comum, e Peacock parece insinuar de modo irónico que Coleridge, embora podendo enganar o seu leitor, não o consegue iludir a ele (cf. Peacock, *Idem*, in Leitch, 2001:693).

que uma tentativa para resgatar o passado, os argumentos de Peacock tomam em consideração a possibilidade de a poesia não ser, afinal, conformável a um sistema preciso, mas poder constituir-se, isso sim, num aglomerado fragmentário de zonas obscuras, intermitências e arbitrariedades (à semelhança do que faz Coleridge através do conceito de "aptidão negativa"). As implicações deste ponto de vista para uma ideia geral de poesia são óbvias:

> As mais altas inspirações da poesia são remissíveis a três ingredientes: a linguagem afectada da paixão sem regra, o gemido do sentimento exagerado e a verborreia [cant] do sentimento artificial ... (Peacock, 1820:693)

A ideia de génio, tal como foi entendida pela última metade do século XVIII, reaparece assim com um fulgor originário que lhe permite reconfigurar o passado para novos usos. Mas Peacock subscreve-a (como se infere claramente neste trecho) apenas a bem do argumento, e de forma bastante irónica: "afectação", ausência de "regra", "exagero sentimental" e "artificialidade" são características da poesia sua contemporânea, que ele, todavia, abomina. No entanto, Peacock divide os seus argumentos entre a percepção de uma certa sentimentalidade (benigna), e a crítica a certos usos (despropositados e hiperbólicos) dessa alavanca sentimental. A poesia como apelo servido por um génio em torrente emotiva inclui, no entanto, implicações importantes que são geridas negativamente por Peacock. Com efeito, e se a linguagem da poesia é uma linguagem de excesso e de interioridade, como pode a poesia sobreviver num mundo subsumido ao progresso tecnológico e científico? Peacock responde a este paradoxo de modo nada optimista, considerando a poesia contemporânea como um anacronismo bárbaro e paradoxal, porque deslocado do *locus* original do seu florescimento. A arte é inútil, meramente ornamental e indutora de prazer, desvinculada e aparentemente inócua. É, pois, um Peacock vencido que decreta o declínio inevitável da poesia no contexto das sociedades modernas e da civilização. A isto vai responder Shelley, menos de um ano depois, com o seu famoso libelo a favor da poesia.

Em *A Defence of Poetry* (1821), Shelley reage ao pessimismo de Peacock não através de um argumento especulativo, mas pela construção de um sistema completo e coerente da poesia. Partindo da noção de que a poesia, enquanto tal, é pré-existente aos modos da sua expressão (ideia comum a Peacock, que acreditava igualmente numa forma particular de *proto--poesia*), Shelley exprime um ponto de vista positivo a propósito do poder e benefícios da arte: a ideia é, ao mesmo tempo, terapêutica, pedagógica e cultural. Outra das noções fundamentais que subjazem a esta defesa da poesia é, também ela, uma ideia recorrente na retórica românica, e consiste numa bipartição das ocorrências mentais em sentimento e razão (este dualismo é descrito nos mesmos termos por Eliot, cerca de cem anos mais tarde, como se viu atrás).

Num primeiro momento, o Shelley que reage contra Peacock é realmente muito parecido com este, e as diferenças sugeridas remetem apenas para os pontos de vista gerais dos dois (o que não parece ter grandes implicações nas suas respectivas concepções de poesia). Shelley apresenta, de resto, noções contíguas às de Peacock, e a sua convergência é notória, de modo especial, no tratamento que o primeiro dedica à posição do poeta e respectivas implicações.[25] Shelley, de resto, parece pacificado com a noção de que o poeta é um homem de génio cuja capacidade verbalizada de sentir é, ao mesmo tempo, terrena e ascética.

Num segundo momento, porém, Shelley faz crescer a sua descrição de *poeta* no sentido de um impulso construtor que parece contrário ao desconforto constitutivo de Peacock. A operacionalidade do conceito altera-se de modo substantivo. O génio excessivo, sentimental e auto--habilitado à expressão das verdades universais é um denominador comum

---

[25] A defesa da poesia rima bastante com as teses de Peacock em mais do que um sentido, a respeito da descrição da posição do poeta e suas respectivas consequências. Cf. o trecho seguinte, em Shelley (1821), *Defesa da Poesia*, in Alcinda Pinheiro de Sousa e João Ferreira Duarte (1985) [trad., org. e sel.], *Poética Romântica Inglesa*. Lisboa: Apáginastantas (pp. 123–167 [128]): "Aqueles em que existe excesso desta faculdade [de aproximação do belo] são os poetas, no sentido mais universal da palavra, e o prazer que resulta da maneira como exprimem a influência da sociedade ou da natureza sobre o seu espírito comunica--se aos outros e recebe da comunidade uma espécie de duplicação", que não exonera as putativas diferenças entre os dois, apesar do proverbial optimismo de Shelley tender a uma pacificação de natureza analógica, não necessariamente temporal.

à estética romântica, mas Shelley aproveita a sua espectralidade para fins particulares: um poeta não é só um artista especial, mas também, e exactamente na mesma medida, um ser humano (e um cidadão) especial. Como tal, possui igualmente responsabilidades públicas e políticas que excedem em muito a estrita genialidade dos seus versos. Shelley defende este ponto de vista numa declaração inflacionada, que segue em sentido inverso, agora sim, ao da complacência contra-histórica das "idades da poesia" de Peacock.[26]

Um pouco mais à frente, o optimismo de Shelley em relação à poesia e à arte é hipostasiado na figura do poeta. Este emerge da contingência e da historicidade idiossincrática para se anunciar como o feliz arauto de uma relação já não horizontal e contrastiva (como acontecia em Peacock), mas plenamente *vertical*. Deste modo, "Um poeta, como é para os outros o autor da sabedoria, virtude, glória e prazer mais elevados, deve ele próprio ser o mais feliz, o melhor, o mais sábio e o mais ilustre de todos os homens" (Shelley, 1821:159). O acto criativo parece ser renovável, e não meramente transmissível a partir da origem; e, com isso, a noção de replicabilidade é substituída pela possibilidade constante do recomeço. Mas é precisamente a concepção do *acto de criar* que confere uma peculiar originalidade a Shelley no interior do diálogo crítico do período romântico. A consciência das limitações da faculdade poética, que Shelley gere conspicuamente, faz com que, em *A Defence of Poetry*, exista um balanço particular entre *inspiração* e *organização*. No acto de composição, o declínio da inspiração é já irreversível, e as melhores passagens de poesia são, no dizer de Shelley, produto de esforço, trabalho e organização.

Esta posição, de certo modo anacrónica em relação à direcção natural do discurso romântico acerca do equilíbrio das forças criativas, tem fortes implicações para a noção de intenção. Apesar de a poesia ser divina,

---

[26] *Idem*, pp. 128–129, em que se nota a compulsão reafirmante de Shelley contra a noção bastante mais contemplativa de Peacock: "Mas os poetas ou aqueles que exprimem esta ordem indestrutível, são, não só os autores da linguagem e da música, da dança e da arquitectura, da estatuária e da pintura, mas também os instituidores das leis e os fundadores da sociedade civil, os inventores das artes da vida e os mestres que, de certa maneira, aproximam do belo e do verdadeiro essa apreensão parcial das forças do mundo invisível que se chama religião."

e de se afirmar como o centro e a circunferência do conhecimento, é sugerido um hiato entre a concepção e a criação, uma vez que "a mais gloriosa poesia jamais comunicada ao mundo é, provavelmente, uma pálida sombra da concepção original do poeta" (Shelley, 1821:156). As consequências deste argumento demonstram a excentricidade de Shelley em relação a outros poetas românticos, e indiciam o gérmen da concepção anti-intencionalista que, como se viu, se tornou hegemónica na crítica literária cerca de cem anos mais tarde, já em pleno século XX.[27] Esta visível excentricidade de Shelley tem a ver, sobretudo, com a atenção por ele prestada à noção de inspiração (um axioma para quase todos os românticos). A conclusão mais importante a tirar é a de que o seu argumento contra a inspiração é, realmente, muito parecido com o segundo postulado crítico inicial de Wimsatt e Beardsley em "The Intentional Fallacy" – e no qual Spingarn é criticado por fazer reverter a intenção para o momento de criação poética. Em Shelley, como em Wimsatt e Beardsley, vislumbres criativos *não são* sinónimos de uma intenção. A existência de uma "falácia intencional", tal como descrita por Wimsatt e Beardsley, é crucial para a posteridade de todos os discursos sobre literatura: trata--se do ponto exacto em que o autor é morto para que se possa dissecar a poesia (um tópico recuperado de forma explícita no famoso ensaio de Roland Barthes "La Mort de l'Auteur", de 1968). Esta constatação testemunha não só a conformação do tópico para usos futuros mas ainda – e mais importante – o momento exacto em que o conceito de "autor" deixa de servir a condição da literatura para passar a servir a condição da crítica. Até ao New Criticism, o autor foi tratado como uma entidade especificamente literária e, talvez por isso, tenha sido descrito por proto--românticos, românticos, vitorianos e simbolistas não na sua particular dimensão técnica, mas de uma forma eminentemente *estética*. Quando a

---

[27] A noção segue de um contraste entre poesia e lógica (Shelley, 1821): "A poesia, como tem sido dito, difere da lógica no que diz respeito ao seguinte: por um lado, não está sujeita ao controlo das forças activas do espírito; por outro, o seu nascimento e reiteração não têm qualquer ligação necessária com a consciência ou a vontade. É presunção estabelecer que estas são as condições necessárias das causas de todos os fenómenos mentais, uma vez que a experiência reconhece efeitos mentais que não se lhes podem referir".

crítica imanentista eliminou o autor para fazer valer a sua aproximação ao texto como superfície, ícone, monumento ou urna, aquele passou a ser tido não só como dispensável mas, inclusivamente, como elemento perturbador de uma correcta análise do facto literário. Enquanto durante séculos se perguntou o que é que o autor pode fazer pela literatura, com as doutrinas formalistas a pergunta passou a ser: "O que é que o autor pode fazer pelo crítico?", ao que a resposta foi, obviamente, nada (a não ser talvez atrapalhar e confundir).

Mas o panorama que nos chegou assenta, também ele, em alguns pressupostos que requerem questionação. As duas grandes famílias de explicações acerca de intenção, apesar de parecerem tão distantes, partem de um lastro epistemológico comum, ao abrigo do qual existe, por um lado, um momento de impressão estética (onde a figura do autor e a sua intenção são ocultadas pela emoção do belo) e, por outro, um momento de deliberação racional (em que existe uma procura de razões, argumentos e justificações críticas). Ou seja, ambas procedem do mesmo modo: existe um objecto de arte que é preciso analisar, que nos proporciona (primeiro) um momento de espanto e que, depois, nos incita a analisá-lo e a descrevê-lo de modo racional. A única diferença entre "intencionalistas" e "anti-intencionalistas" é o uso ou o repúdio de referências ao autor e à sua respectiva intenção, neste segundo momento. Talvez seja, de resto, a admissão deste *duplo momento* a razão de tanta confusão e a origem do desacordo. Proporei mais à frente que esta bipartição não existe, e que é impossível referir artefactos artísticos, ou quaisquer outros, sem apelar para a intenção do autor, qualquer que ele seja (interpretar objectos é, por isso, interpretar intenções). Em relação a este ponto, sinto-me tentado a concordar com Knapp e Michaels, embora se deva reconhecer que o seu radicalismo e o seu impulso anti-teórico redundam, no limite, num impasse que contraria a dialéctica típica do saber humanista.

De qualquer modo, fica aqui tentada uma cartografia do conceito de "intenção" e da ideia de sentido sem intenção num contexto literário. Procurei contrariar a ideia comum de que o argumento contra-intencional da crítica formalista parte de um desprezo pelo Romantismo. Mais do que isso, ele é (na verdade) um argumento tipicamente romântico. Procurei igualmente um tratamento diferente dos argumentos de Eliot, tidos como fundamentais para as persuasões de tipo imanentista, que proliferaram na primeira metade do século XX. Estes não são, como se viu, nem originais nem estritamente literários. Falei também, indistintamente, de membros de famílias de explicações. Não o fiz por acaso. Imanentistas, New Critics e formalistas são, no que diz respeito ao conceito de "intenção", muito parecidos, e fazem derivar as suas teses de um lastro comum. Do mesmo modo, também os críticos vitorianos, historicistas, impressionistas, expressionistas e afins têm explicações muito parecidas para o Romantismo. Estavam, na maioria das vezes, errados.

Um dos argumentos principais destas páginas é o de que, no fundo, há uma inspiração eminentemente romântica para as teorias sobre a "falácia intencional". Utilizei para o tentar demonstrar evidências de tipos 1, 2 e 3 e, claro, a minha opinião pessoal. Outro é o de que a ideia de sentido sem intenção é uma ideia estranha, que apesar disso foi tida por muita gente como perfeitamente normal. Um outro – e mais importante –, é o de que a discussão sobre intenção radicou desde sempre no pressuposto de que existe, nem que seja de modo abstracto, um momento em que o sentido de um texto é não intencional. Um modo diferente de lidar com a questão será proposto mais à frente, no capítulo V.

III
LINGUAGENS ESPECIAIS

A ideia de que descrever e interpretar são duas actividades diferentes, cujo estatuto é cumulativo e não concomitante, relaciona-se com uma série de argumentos sobre sentido e intenção, como se viu no capítulo anterior. Mas as suas implicações não se confinam à questão da intencionalidade. É justamente a ideia de que descrever é diferente de interpretar que cauciona, de modo indirecto, o surgimento do conceito de "literariedade", um conceito que opera sobre a noção de que a literatura é uma *província* da linguagem. Esta província é, no entanto, de natureza especial e, por isso, depende crucialmente de interpretações especializadas que transcendem de algum modo a mera descrição de ocorrências da literatura. A noção de que entre a linguagem literária e a linguagem quotidiana existe uma desproporção constitutiva é uma das consequências desta espécie de sistema: a ideia de que há uma diferença de grau entre as duas, que supõe que a primeira é uma versão depurada e mais perfeita da segunda, adquire centralidade nos estudos literários sobretudo a partir da década de 1930, em que uma série de críticos recolhe e condensa um elenco de argumentos avulsos sobre a questão. A percepção de tal diferença não é, contudo, um produto original da crítica *imanentista*. Resulta, antes, de um conjunto de perplexidades, complicações e dificuldades exegéticas que vêm desde longe: desde, pelo menos, a antiguidade, em que a filologia se deparou com a necessidade de interpretar as alegorias, as metáforas e os mitologemas dos textos de Homero e Hesíodo. Linguagem literária é a linguagem quotidiana *mais* determinadas características que a elevam a um estatuto especial – poemas são, no fundo, objectos em que a linguagem excede a sua "normalidade" quotidiana. Trata-se de um ponto de vista que poderíamos chamar de "aduaneiro" sobre a natureza da linguagem literária, e que foi tanto crucial quanto consensual para uma larga maioria de críticos do século XX.[28] Desde o formalismo ao estruturalismo, a ideia de tratar a literatura *como literatura* foi tida como um axioma central.

A defesa da distinção entre descrever e interpretar – que é, *mutatis mutandis* (e a outro nível), a distinção entre pensamento e linguagem[29] – depende, em parte, da admissão de uma supra-linguagem, já sugerida muito antes por Platão e, sobretudo, Santo Agostinho. A ideia de que existem várias corruptelas mais ou menos imperfeitas dessa linguagem idealizada converge justamente no conceito de "literariedade" – enquanto expressão de uma "função poética" que distingue a linguagem poética da linguagem quotidiana. Esta distinção parece ser insuficiente (pelo menos num primeiro momento), para explicar como é que dois exercícios aparentemente análogos (pelo uso de unidades e dispositivos em tudo semelhantes) produzem resultados tão diferentes. Por este motivo, parecem ser necessárias explicações adicionais sobre a natureza e as implicações da linguagem literária. Há duas ideias que precedem esta necessidade: por um lado, a de que todas as formas de discurso são orientadas para um fim; e, por outro, a de que o nosso contacto com a poesia depende de uma forma de *estranhamento* face à linguagem (que decorre de um processo de "des-familiarização" da linguagem poética em relação à linguagem comum). Estas duas noções são importantes para se perceber que, e desde logo, a diferença entre linguagem poética e lin-

---

[28] A metáfora serve aqui para explicar uma ideia comum a muitos críticos, segundo a qual a linguagem quotidiana teria a possibilidade de se transformar em linguagem poética por um processo de aquisição, como se verá adiante quando se falar, sobretudo, de Jakobson. Este processo supõe uma espécie de passagem de um estado anterior para um estado posterior de existência que está, em grande medida, contido no primeiro. A diferença de espécie implicada assemelha-se muito ao acto de passar uma fronteira, contra a demonstração de certos requisitos.

[29] A sugestão é de C.K. Ogden e I.A. Richards (1923), em *The Meaning of Meaning* (London: Routledge & Kegan Paul, 1969). O seu argumento é o de que pensamento e linguagem são originados num mesmo momento, sendo assim impossível estabelecer uma precedência e, por inerência, diferenças de ordem ontológica entre *pensar* e *verbalizar*. Um dos argumentos do presente ensaio é precisamente o de que descrever e interpretar, como linguagem e pensamento, são uma e a mesma coisa. Em sentido inverso, e como se viu no capítulo anterior, Hirsch considera-as "lógica e psicologicamente separadas".

guagem comum está na *finalidade* que cada uma delas pretende atingir; e, por outro lado, que as diferenças entre aquelas duas são tidas como evidentes desde o primeiro formalismo.

O que fazer (e como lidar) com esse *estranhamento* parece ser um problema importante, tal como o é igualmente o de resolver o equilíbrio relativo entre as funções da linguagem e os efeitos que ela provoca. A linguagem poética, porque tem uma finalidade diferente da da linguagem quotidiana, serve-se de mecanismos que a tornam, ao mesmo tempo, estranha e não familiar. Justificar o como e o porquê deste processo tornou-se fundamental para muitos críticos do século XX. Roman Jakobson é, neste contexto, um autor central. As suas principais preocupações são, justamente, as de determinar o que faz da linguagem poética uma linguagem diferente de todos os outros tipos (ou usos) de linguagem; por que é a linguagem poética a melhor linguagem possível; e por que é a linguística a disciplina que fornece o método mais apropriado para lidar com aquela. Este último ponto é particularmente sensível, uma vez que traz consigo a ideia de que são os linguistas os praticantes mais habilitados a discernir e a manejar os aspectos singulares da linguagem poética – numa palavra, eles são os hermeneutas e os filólogos mais capazes.[30]

Sob a tutela destes pressupostos, Jakobson chega a uma série de conclusões importantes (das quais se dará conta neste capítulo). Algumas delas são, todavia, insuficientes, desde logo porque assentam no pressuposto questionável de que uma descrição não equivale a uma interpretação. Por outro lado, para interpretar correctamente não precisamos de imaginar que existe uma linguagem ideal da qual poemas e conversas quotidianas são sombras difusas, e que os primeiros valem mais do que as segundas porque têm certas características intrínsecas que lhes auto-atribuem uma dada função. Na tese de Jakobson, a linguagem quotidiana depende de uma função de comunicação que, por sua vez, é accionada pelo declarante; a poesia, ao invés, depende de uma função que está inscrita nas suas

---

[30] Devo muitos dos pontos sobre Jakobson, linguagem literária e o conceito de literatura – de que se falará neste capítulo, a Miguel Tamen e, sobretudo, ao seu *Maneiras da Interpretação – Os Fins do Argumento nos Estudos Literários*. Lisboa: Imprensa Nacional – Casa da Moeda, 1994 (traduzido do original em inglês publicado em 1993; sobretudo pp. 130 – 148).

características linguísticas. O argumento central deste capítulo será o de que um ponto de vista deflacionado sobre a natureza da linguagem literária tem muito mais vantagens. A utilidade destas teses, enquanto restrições aos processos hermenêuticos, será igualmente questionada, a fim de se acomodar um ponto de vista sob o qual a linguagem passe a depender mais de pessoas, de usos, e de reciprocidades, e muito menos de grelhas algorítmicas estabelecidas *a priori*.

A ideia deste capítulo é a de descrever o percurso e as implicações da noção de que a literatura é feita de uma linguagem especial. Em Jakobson, esta tese começa por se apoiar num argumento fenomenológico. Posteriormente, Jakobson abandona este argumento em favor de um critério puramente linguístico, critério esse que vai sendo progressivamente complexificado. A natureza do seu primeiro argumento – fenomenológico – (que pode ser descrito como identificação da poesia pelo lado da sensação) parece, a dada altura, manifestamente insuficiente para Jakobson. Isto acontece devido a uma série de dificuldades empíricas, uma vez que a resposta à pergunta "o que torna um bocado de linguagem comum em linguagem poética?" remete para o modo como as pessoas percepcionam a poesia: será um poema como é por se encontrar em determinados sítios?; ou por ter uma forma específica (e reconhecível) e fazer uso de um tipo de linguagem que não está disponível em mais nenhum lado? Dizer "isto é poesia porque eu sinto isto como poesia" é, no fim de contas, uma posição solipsista que Jakobson, num segundo momento, procura contornar.

O modo como Jakobson lê as suas próprias teorias assenta em pontos de vista que são, em muitos casos, unilaterais. A sua análise, subsidiária de uma noção estrita de poesia e de linguagem, assenta em três factores importantes: desde logo, uma atenção quase exclusiva à linguagem *poética*, em detrimento de outras formas de expressão; em segundo lugar, a defesa da ideia de que existe um resíduo de propriedades semânticas, e inalteráveis, na poesia (uma replicação da distinção de Saussure entre *langue* e *parole*); e, por fim, a presunção de que a linguagem poética cumpre uma *função* especial, que a torna diferente de outros tipos de discurso. Estas pré-concepções são fundamentais para o modo como Jakobson constrói as suas teorias. Uma das ideias principais deste capítulo é a de dar uma atenção especial a estes pressupostos, de modo a testar o alcance e implicações de algumas das conclusões mais substantivas das teses de Jakobson sobre a linguagem da poesia.

A questão geral (e meta-teórica) que subjaz a este capítulo não é diferente da que foi proposta no capítulo anterior, e também não o será das que se farão nos capítulos seguintes. Perguntar "O que fazemos *realmente* quando justificamos uma interpretação de um texto literário?" levanta, neste contexto, questões epistemológicas importantes. O propósito deste capítulo passa, por isso, muito por descrever e analisar argumentos que foram usados como suporte para interpretações particulares (ou recomendações sobre modos de interpretar). Muitas vezes, esses mesmos argumentos encontram-se numa posição subsidiária em relação a ideias gerais sobre literatura e interpretação. Muitas vezes, também, as teorias e léxicos associados a esses argumentos parecem ter uma validade limitada e idiossincrática. Um dos argumentos gerais deste ansaio (e que aspira a contrariar este tipo de teses), é o de que não há nada que nos garanta de antemão qual o melhor método, ou qual o léxico mais apropriado, para lidar com um texto particular em circunstâncias particulares. Muitas vezes, por fim, não precisamos realmente de construir teorias muito complexas para lidar com coisas que achamos, mais por hábito do que por necessidade, serem igualmente complexas. Disto se falou já, de modo indicativo, no primeiro capítulo, e se falará em maior pormenor à frente, no último. Por agora, e para não antecipar conclusões, valerá a pena determo-nos num conjunto de argumentos, sobre literatura e linguagem, cuja validade para a crítica moderna foi, durante muito tempo, consensual.

No artigo de 1933-34 "O que é a Poesia?", Roman Jakobson propõe uma das linhas de força decisivas para o seu sistema.[31] O argumento assenta no paradoxo segundo o qual poemas são feitos de uma linguagem de

---

[31] Roman Jakobson, *Language in Literature* (Krystyna Pomorska e Stephen Rudy [eds.], 1988). Cambridge & London: Harvard University Press. Pomorska é uma notável discípula e tradutora de Jakobson, tendo inclusivamente publicado um conjunto de conversas entre os dois, em que os pontos de vista de Jakobson são apresentados na primeira pessoa e em tom coloquial (cf. Pomorska, *Dialogues Between Roman Jakobson and Krystyna Pomorska*; primeira tradução para inglês em 1983).

tipo especial que é, em última análise, a melhor de todas as linguagens possíveis. O *retorno* à linguagem é, para Jakobson, uma necessidade urgente, propiciada por um estado de coisas intelectualmente confuso que é, ao mesmo tempo, um momento de exaustão e de culpa.[32] No entanto (e apesar desta veemência inicial), o artigo é escrito num tom conciliatório: fazendo parte de uma fase tardia do percurso formalista, trata-se, sobretudo, de um ajuste de contas com o radicalismo das teses iniciais do movimento.[33] A compulsão que determinou o *regresso* ao objecto poético enquanto bocado de linguagem com características especiais levou, como percebeu Jakobson, a que muitos críticos do formalismo o tivessem confundido com um manifesto a favor da "arte pela arte" (uma corrente estética radical, assente no paradoxo da inutilidade da expressão artística, de grande influência sobretudo nas últimas décadas do século XIX). Por outro lado, a recusa formalista em ceder a um ponto de vista social

---

[32] A descrição que Jakobson faz da história das ideias que o precede é dirigida sumariamente a um elenco concreto, embora críptico, de correntes filosóficas e estéticas: "A última metade do século dezanove foi um período de súbita e violenta inflação dos signos linguísticos. Esta tese pode ser facilmente justificada a partir do ponto de vista da sociologia. Os fenómenos culturais mais típicos desse tempo demonstram uma determinação em esconder esta inflação a todo o custo e a incrementar a fé na palavra escrita com todos os meios disponíveis. O positivismo e o realismo ingénuo em filosofia, o liberalismo na política, a escola neo-gramática em linguística, um ilusionismo redutor [assuasive illusionism] na literatura e no palco (com ilusões tanto da variedade naturalista ingénua como da variedade solipsista decadente), a atomização do método na teoria literária (e no saber e na ciência como um todo) – estes são os nomes dos diversos e variados expedientes que serviram para aumentar e tornar mais forte a reputação da palavra e aumentar a confiança no seu valor" ("O Que é a Poesia?", pp. 376–377). Há um ponto crucial desta diatribe que Jakobson, no entanto, não nomeia. Eminentemente preocupado com a dimensão estética das relações de significação, Jakobson, como um grande número de teóricos do primeiro formalismo, abomina o Simbolismo enquanto instância perturbadora da univocidade poética por si defendida. O *modus operandi* da poesia simbolista assentava, justamente, numa transcendência de princípio sobre-induzida na relação entre signo e sentido, contrariando por isso a monumentalidade do objecto poético a partir da qual os primeiros formalistas construíram as suas teses. É, aliás, bastante curioso que muitos deles utilizaram, para exemplificar as suas teses, poemas de um notável simbolista, Alexandr Blok (1880-1921). Para uma importante cartografia do antagonismo entre o edifício teórico formalista e a poesia simbolista russa, cf. Victor Erlich (1955) [1980], *Russian Formalism*. The Hague, Paris, New York: Mouton Publishers; sobretudo a primeira parte, dedicada à história do movimento formalista.

[33] Este radicalismo é tanto teórico quanto histórico, como explica Erlich. A ênfase sobre a iconicidade da poesia e a sua densidade intra-sistemática são, em grande medida, funções da remissão para uma linguagem poética estruturalmente considerada e semanticamente dissecável. Mas é também um corolário da relutância que o movimento formalista sempre demonstrou quanto à possibilidade de ser cooptado pela estética marxista, cujos princípios se escoravam na lógica das dinâmicas sociais: o constructo "literatura como símbolo da luta de classes" é, para os formalistas, uma heresia suprema.

sobre o fenómeno da arte, levou a que os detractores desta persuasão a acusassem de deflacionar a literatura enquanto produto da "vida real" (este isolamento político e social do movimento veio, aliás, a ter implicações importantes: os primeiros formalistas foram obrigados a transitar, primeiro, de Moscovo para São Petersburgo e, depois, para Praga, ao que parece em virtude da sua obstinada recusa em aderir às noções de arte promovidas pela revolução bolchevique). Jakobson está particularmente consciente do alcance destas críticas. Por isso, e apercebendo-se da dificuldade formalista para manter um critério puramente linguístico como fundamento do seu método, apresenta, em sentido contrário, um argumento fenomenológico.[34]

O recurso à fenomenologia é, nesta altura, crucial para Jakobson, uma vez que lhe permite evitar as acusações de solipsismo histórico-social e, ao mesmo tempo, acomodar um ponto de vista sobre a literatura que excede uma atenção puramente textual. Mais, a defesa do argumento fenomenológico autoriza, em grande medida, a animosidade anti-intencional que o formalismo mostra desde os seus primórdios. O que Jakobson diz é que: em primeiro lugar **(i)**, uma grande parte da linguagem pode ser analisada sem que, para tal, se invoque necessariamente um contexto particular; de entre aquela **(ii)**, há algumas ocorrências que possuem características especiais e que, por isso, são analisáveis e decifráveis (embora tal análise venha a exigir um método particular, como adiante se verá); **(iii)** essas características têm a ver com particularidades linguísticas; e, **(iv)** essas particularidades linguísticas fazem parte de uma estrutura complexa que reenvia para unidades intra-sistemáticas replicáveis. Esta espécie de método

---

[34] Nesta linha, Jakobson (1933-34:377) faz o seguinte comentário: "A fenomenologia moderna está a desmascarar uma ficção linguística atrás da outra. Tem demonstrado habilmente a importância primordial da distinção entre o signo e o objecto designado, entre o significado de uma palavra e o conteúdo ao qual o significado é dirigido'. A incursão histórica a que se aludiu na nota 32, acima, incrementada por esta excrescência de teor filosófico, pode parecer, à primeira vista, um argumento contraditório face ao resto do artigo. Mas, por outro lado, pode configurar um argumento positivo: ao desmistificar e desmascarar, a filosofia (enquanto forma de crítica) incorre num processo discriminatório que permite, em última análise, distinguir *ficções nefastas* de *ficções úteis*. É justamente este sentido de corrigibilidade, que Jakobson atribui à fenomenologia, que impede este argumento de se tornar na contradição que, numa primeira leitura, parece ser.

sofre, no entanto, algumas restrições operativas. Desde logo, remete para "bocados de linguagem" (a expressão é de William Empson), cujo carácter especial é decidido *ad hoc*; por outro lado, utiliza o contexto que circunda o poema não como função, mas apenas como um elemento envolvente que pode identificar certo pedaço de linguagem como sendo um poema. Isto torna-se particularmente nítido quando Jakobson afirma que

> o conteúdo do conceito de *poesia* é instável e temporalmente condicionado. Mas a função poética, a *poeticidade*, é, como os "formalistas" sublinharam, um elemento sui generis, que não pode ser mecanicamente reduzido a outros elementos. Pode ser separado e tornado independente, como os vários dispositivos, digamos, numa pintura cubista. Mas é um caso especial; do ponto de vista da dialéctica da arte tem a sua razão de ser [raison d'être] mas, mesmo assim, permanece como um caso especial. Na sua maior parte, a poeticidade é apenas parte de uma estrutura complexa, mas é uma parte que necessariamente transforma os outros elementos e determina com estes a natureza do todo. (Jakobson, 1933--34:378; itálicos no original)

Este argumento está sujeito, desde logo, a uma perturbação, que leva Jakobson a acrescentar um nível de complexidade adicional: com efeito, se a "poesia" fosse meramente um conceito, seria possível descrevê-la de modo extensional, prevendo e delimitando fronteiras e âmbitos de aplicação, estabelecendo axiomas genéricos e referindo-a no âmbito de um conjunto finito e previsível de ocorrências. Tal, no entanto, não se verifica: a poesia, como a linguagem, possui um resíduo constitutivo de *imprevisibilidade*. A constatação desta imprevisibilidade levanta o problema dos critérios de aferição, que Jakobson resolve de modo funcional e teleológico, quando defende que "só quando uma obra verbal adquire poeticidade, uma função poética de significação determinativa, podemos falar de poesia" (Jakobson, 1933-34:378). Deste modo, sabemos instintivamente que um bocado de linguagem passou a ser poesia mediante um processo de *aquisição de uma função*, uma vez que todas as obras poéticas são linguísticas (são feitas de linguagem), mas nem todas as obras linguísticas são poéticas (só algumas possuem essa *função*).³⁵

O argumento de Jakobson assume, neste ponto, uma forma circular, e é precisamente aqui que o critério fenomenológico se estabelece de modo mais enfático. Com efeito, se a poesia é, ao mesmo tempo **(i)**, a súmula de um elenco de ocorrências visíveis e potenciais, e um conceito; e se **(ii)** a sua funcionalidade remete para um momento ontologicamente distinto desse mesmo conceito, e que impende sobre este a partir de hetero-atribuições (uma vez que poemas passam a depender do facto de pessoas sentirem poesia como tal); então **(iii)** a poesia só pode ser explicada pela sua manifestação funcional. Deste modo, e à pergunta de como é que o aspecto poético se manifesta, Jakobson responde:

> A poeticidade está presente quando a palavra é sentida como palavra, e não como uma mera representação do objecto nomeado ou uma erupção da emoção, quando as palavras e a sua composição, o seu sentido, a sua forma externa e interna, adquirem um peso e um valor em si mesmas, em vez de se referirem de modo indiferente à realidade.
> (Jakobson, 1933-34:378)

Os critérios de aferição da poeticidade são, aparentemente, de ordem fenomenológica (dependem de uma manifestação e de um sentimento sobre essa manifestação). Para além disso, permitem a resolução das contradições circulares que seguem da consideração de que entre conceito e função poética existe uma diferença de espécie. Isto redunda numa forma de *extensão* da percepção, próxima de ideias com as quais Jakobson por certo não concordaria (como a "estética da recepção", por exemplo).

---

³⁵ O problema depende da distinção que Frege estabelece entre "conceito" (de poesia) e "função" (poética). Essa distinção funcional dos conceitos opera ao nível da lógica formal, na tentativa que Frege leva a cabo para constituir um edifício matemático em que conceitos possam ser explicados através de operações de natureza lógica. Cada conceito passa, assim, a representar uma operação cuja lógica está, por assim dizer, circunscrita na sua essência. Esta aritmética linear dos conceitos teve uma grande influência em Jakobson, e também a outros níveis, como se verá mais à frente. Para uma explicação do impacto de problemas teóricos e práticos da matemática no pensamento de Jakobson, cf. Erlich (1955), sobretudo a segunda parte, dedicada à doutrina formalista.

Esta constatação perturba, retrospectivamente, muitas das contenções dos seus primeiros argumentos (como acontece, analogamente, em várias das suas teses).[36] A poesia é, então, um fenómeno que acontece de modo determinado e que é apreendido por pessoas. O constructo que é operativo nesta frase é, paradoxalmente, "de modo determinado", e não "fenómeno", "poesia" ou "pessoas": os critérios de *poeticidade* não são explicados pela validade conceptual da própria noção de poeticidade enquanto função. São substituídos, neste ponto, por metáforas sensoriais que envolvem termos como "manifestação" e verbos como "sentir". No entanto, nada há que nos garanta que *sintamos* uma poesia *manifestada* do mesmo modo, por inteiro, e por igual, e esta possibilidade transforma a tese de Jakobson num argumento unilateral – isto porque, à luz desse argumento, é possível inferir que só *certas* pessoas parecem estar habilitadas a sentir palavras como palavras e poemas como poemas. Existe, para Jakobson, uma segunda ordem ou espécie de conhecimento, a aduzir ao conhecimento conceptual, e que funciona mediante um critério sensorial.

Para além disso, sentir palavras como palavras é, também, uma descrição da funcionalidade poética pelo lado da apreensão ou da percepção. A poesia passa a ser descrita como um *modo particular* de percepção: trata-se de um argumento psicológico, que reconduz a função poética à alteração de estados mentais perante objectos artísticos – ou, de outro modo, à reorganização homeostática das funções sensoriais, cognitivas e intelectuais pelo contacto com obras de arte. A palpabilidade da obra de arte literária configura modos específicos de evidência aos quais Jakobson atribui muita importância: a sua sugestão é a de que existem vantagens particulares em "sentir palavras como palavras".[37] Estas vantagens,

---

[36] A defesa de um paradigma textual, comum a Jakobson e a aos formalismos europeu e americano, supõe normalmente uma recusa quer da intenção do autor quer da recepção do leitor como construtores de sentido. O argumento inicial de Jakobson, segundo o qual a poesia depende da percepção do leitor sobre a obra de arte poética, indicia que é o sujeito que constrói, em primeiro lugar, o sentido do texto, e só depois deste momento as palavras adquirem "valor em si mesmas". Por outro lado, o expediente fenomenológico é usado por Jakobson para fugir a críticas ao primeiro formalismo (e ao seu argumento radicalmente textualista) – a ideia de que o movimento subscrevia uma noção de "arte pela arte" e uma recusa de envolvimento social.

[37] Esta tese psicológica é muito parecida com o argumento de I.A. Richards acerca da experiência sensorial e perceptiva da leitura de poesia. O argumento é o de que toda a

acrescidas de um léxico fenomenológico particular, caucionam a ideia de que a função poética é um conceito *mais* qualquer coisa que se sente, e esta consideração transforma-se num ponto estratégico, uma vez que a própria poesia também é um conceito *mais* uma função. A um nível igualmente importante, este conjunto de distinções autoriza ao estabelecimento de uma fractura ontológica entre o discurso quotidiano (em que a função está contida no contexto) e o discurso literário – que é o conceito e, mais do que isso, as sensações que provoca. A "literariedade" justifica-se, assim, pelo lado da percepção.[38]

A diferença entre descrever e interpretar, axiomática para quase todos os críticos formalistas, aparece em Jakobson a dois níveis diferentes: em primeiro lugar, verifica-se ao nível da percepção da poesia, na sugestão de que só certas pessoas sentem e respondem conscientemente à poesia como esta reclama; em segundo lugar, estabelece-se na sugestão de que só um grupo limitado de "cientistas da palavra" pode chegar a uma correcta compreensão da linguagem poética. Este segundo ponto, menos visível em "O que é a Poesia?", vai ser recuperado por Jakobson alguns anos mais tarde. É, de resto, bastante possível que a diferença entre formalismo e estruturalismo seja, de alguma maneira, resultado da dificuldade de se contornar o critério fenomenológico a favor de um critério puramente linguístico.

Dividindo a sua contenção entre argumentos essencialistas (alguns dos quais vão ser amplificados mais tarde, noutro sentido) e considerações empíricas – empenhado em revalorizar a palavra *qua* palavra –, Jakobson depara-se com uma série de dificuldades sistémicas.[39] Pode considerar-se,

---

manifestação poética contribui para reordenar certos mecanismos mentais. A estrutura da mente sofre um impacto incremental que leva a uma reconfiguração inevitável da psique. Este argumento é descrito em *Principles of Literary Criticism* (de 1924), *Practical Criticism* (de 1929) e, sobretudo, em *The Meaning of Meaning* (1923), escrito em parceria com C.K. Ogden, e de que se falará mais à frente neste capítulo.

[38] A fenomenologia moderna, pelo menos depois de Husserl, pode ser descrita como uma tendência para amplificar, de dois modos distintos, os conteúdos de consciência: de um lado, enquanto experiência consciente que ocorre dentro de uma corrente da própria consciência; de outro, como representação de "aspectos" dos objectos retratados pela mesma. Isto leva a que se possam isolar os conteúdos da experiência, num clímax de associação destes com experiências primordiais ou elementares.

[39] Estas dificuldades seguem, geralmente, da tentativa de manter em simultâneo um critério linguístico, ainda que em menor grau (que é objecto de análise linguística e, por

em conclusão, que a diferença entre um estádio anterior e um estádio posterior de análise reside na diferença entre um critério fenomenológico (*mais* um critério linguístico moderado) e um critério puramente linguístico para a apreciação da literatura. Existem também motivações históricas e institucionais para que tal aconteça, mas é importante, apesar disto, notar que existe uma espécie de acordo tácito subjacente às várias versões do formalismo. A autonomização dos estudos literários no contexto das academias é suscitada justamente por este pressuposto residual, que se traduz numa tentativa de aproximação metodológica às ciências puras.[40] O próprio contexto intelectual da primeira metade do

---

isso, tendencialmente assente em argumentos formais), e um critério fenomenológico (que suscita por norma observações empíricas). Confrontado com problemas semelhantes, John Crowe Ransom, considerado o "pai" fundador do New Criticism americano, responde de modo bem menos problemático, ao afirmar que "Por detrás da apreciação, que é privada, e da crítica, que é pública e negociável, e representa o último estádio dos estudos ingleses, está a pesquisa histórica. É indispensável. Mas é instrumental, e não pode ser um fim em si mesma. A este respeito, os estudos históricos têm o mesmo crédito que os estudos linguísticos: a linguagem e a história são ajudas" ("Criticism, Inc.", de 1938, citado em Charles J. Glicksberg [1951], *American Literary History, 1900 – 1950*. New York: Hendricks House; pp. 453–467; a citação é das pp. 460–461). O argumento de Ransom é deliberadamente não essencialista, ao contrário do de Jakobson. É de notar que em teoria da literatura, muitos argumentos são construídos com base em formas particulares de promiscuidade entre contenções analíticas e constatações empíricas, cujo resultado (aparentemente inevitável) é uma conclusão essencialista. Este balanço parece ser, no entanto, desaconselhável, uma vez que provoca com frequência uma erosão forte na coerência sistemática de grande parte desses argumentos. Para além destas considerações meta-teóricas, é importante notar que a distinção entre "apreciação" e "crítica" simboliza, a um outro nível, a distinção entre "descrever" e "interpretar". Esta última, axiomática em Hirsch, como se viu no capítulo II, tem um aspecto institucional muito forte, o que leva a que seja tomada muitas vezes como uma assunção tácita e auto-evidente. Resumidamente, o formalismo insiste, nos seus primórdios, num critério linguístico. Confrontado com as críticas ("arte pela arte" e não comprometimento social), instaura um critério fenomenológico. O primeiro é dirigido sobre o objecto e a linguagem, o segundo sobre sensações e pessoas. Isto causa problemas de equilíbrio, e por isso Ransom intui que uma atenção sobre a linguagem só pode ter um estatuto acessório – Jakobson, no entanto, pensa o contrário, como se verá em maior detalhe adiante.

[40] A veemência teórica dos primeiros formalistas não invalida, no entanto, o carácter auto-consciente das suas teses. Como se viu atrás, Jakobson defende-se habilmente contra a acusação de que o formalismo defende uma ideia a-social de literatura, aproximada da crítica da "arte pela arte". Em relação ao ponto da aproximação metodológica aos modelos científicos, passível de gerar críticas do lado expressionista da crítica, Boris Eichenbaum, por exemplo, contra-ataca do seguinte modo: "Estabelecemos princípios específicos e aderimos a eles até ao ponto em que o material os justifique. Se o material exija o seu refinamento ou mudança, nós alteramo-los. Neste sentido estamos bastante libertos das nossas próprias teorias – como a ciência deve ser livre na medida em que teorias e convicções são distintas. Não há uma ciência estabelecida; a ciência vive não por decidir sobre a verdade mas por transcender o erro" (em "A Teoria do «Método Formal»" [1926, 1927], in Eichenbaum, *Russian*

séc. XX suscita esta ambição teórico-prática. Mas estas considerações de ordem histórica não devem, contudo, sobrepor-se ao lastro teórico que o primeiro formalismo deixou, e uma das ideias que lhe subjaz é precisamente a ideia de que a linguagem quotidiana e a linguagem literária obedecem a diferentes funcionalidades, sendo por isso diferentes tanto na sua natureza quanto nos seus usos.

Em "O que é a Poesia?", Jakobson abstém-se de tratar explicitamente a diferença, embora se torne claro que a sua defesa de uma aproximação fenomenológica à poesia acomoda um acréscimo de percepção que excede a linguagem comum.[41] Alguns anos antes de "O que é a Poesia?", já Eichenbaum, recorrendo a um dos mais notáveis precursores do formalismo russo, havia delineado fronteiras precisas para o problema da linguagem. Citando Jakubinsky, Eichenbaum formula a diferença entre linguagem quotidiana e linguagem literária do seguinte modo:

> O fenómeno da linguagem deve ser classificado do ponto de vista do propósito específico do falante, enquanto ele forma o seu padrão linguístico. Se o padrão é formado para o propósito puramente prático da comunicação, estamos a lidar com um sistema de *linguagem prática* (a linguagem do pensamento) no qual os padrões linguísticos (sons, aspectos morfológicos, etc.) não têm valor independente e são meramente um *meio* de comunicação. Mas outros sistemas linguísticos, sistemas nos quais o propósito prático se encontra num plano anterior, são concebíveis; eles existem, e os seus padrões linguísticos adquirem um *valor independente*. (Eichenbaum, 1926-27:108; itálicos no original)

Formalist Criticism – Four Essays [Lee T. Lemon & Marion J. Reis, trad. e intro.]. Lincoln: University of Nebraska Press, 1965 [pp. 99–139]). A propósito da progressiva rarefacção de um tom eminentemente legislativo nas teses formalistas, cf. Erlich (1955), parte 1.

[41] Isto porque o sujeito que se habilita a sentir poesia é aquele que consegue distinguir a linguagem poética da linguagem quotidiana, que é descrita nesta versão pelo lado dos seus usos e finalidades. Não que a linguagem poética não tenha também ela usos e finalidades determinadas: a questão é que, enquanto se pode, pelo menos indicativamente, localizar a função de comunicação numa intenção e num declarante, a função poética é não-intencional e auto-contida, podendo ser descrita como um fim em si mesma. A dificuldade em explicar este tipo de uso é, de resto, um dos problemas com que tipicamente se debate esta família de explicações.

Este argumento recupera a distinção entre aquilo a que se poderia chamar a "linguagem do pensamento" (racional) e a "linguagem da emoção" (poética) – e que é, paradoxalmente, um *tropo* romântico.[42] Embora a noção de "padrão" não seja completamente transparente, compreende-se a ambição arquitectónica do projecto formalista, que passa por lidar indistintamente com blocos sistemáticos massivos, tratados como entidades funcionais. Eichenbaum contraria, de certo modo, a compulsão anti-intencional quer dos seus pares quer dos seus sucessores, apesar de ser claro que a admissão do carácter intencional de todas as trocas simbólicas não passa de uma função sistemática: é a intenção do falante que valida tanto o sistema como as replicações particulares de aspectos desse mesmo sistema (o seu argumento pode ser considerado, num primeiro momento, como intencionalista moderado). Mas Eichenbaum concorda com Jakobson em duas ideias importantes: a de que existem sistemas simbólicos que extrapolam a intelectualidade da linguagem prática (uma vez que esta é a "linguagem do pensamento"); e a de que este processo de extrapolação depende de uma *aquisição* – neste caso, de uma coisa chamada "valor independente". Neste ponto, Eichenbaum subscreve uma posição anti-intencionalista, a partir da noção de que existem formas de linguagem que valem por si, independentemente da deliberação que lhes subjaz – tal como Hirsch viria a fazer (cf. capítulo II).

O argumento é muito parecido com o de Jakobson e, embora nem sempre seja claro o que se quer dizer quando se fala em "valor independente", tanto Eichenbaum como Jakobson aspiram a isolar a poesia de outras formas de discurso (ou, pelo menos, a isolá-la naquilo que nela parece haver de comparativamente distinto).[43] Mas o "valor independente"

---

[42] Como se sugeriu no capítulo II, é consensualmente tido que a crítica imanentista do século XX parece ter partido, em mais do que um sentido, de uma reacção contra o Romantismo. É, pois, paradoxal que tanto o seu argumento anti-intencional como a separação entre pensamento e sentimento sigam de pressupostos que se encontram precisamente em teorias românticas acerca da intenção e da linguagem.

[43] Valor independente parece ser usado, neste contexto, como contraparte de valor relacional e, nesse sentido, a linguagem poética diferencia-se dos sistemas discursivos em que a linguagem depende de algo que está fora dela como, por exemplo, a *intenção de comunicar* – não a intenção prévia (que é comum aos vários usos da linguagem), mas uma acção intencional que se verifica no próprio acto de comunicar (neste sentido, Jakobson

das ocorrências linguísticas tem que ser medido *contra* qualquer coisa que não ele mesmo; por outro lado, torna-se claro que, à luz desta descrição simplificada, o processo de aquisição desse valor, tal como proposto, não é suficientemente robusto. No contexto destas dificuldades, levantadas por Jakubinsky e replicadas no argumento de Eichenbaum, Jakobson vai elevar o método a um outro nível, dotando-o de uma operacionalidade particular e tentando fazer sentido da expressão segundo a qual "os padrões linguísticos adquirem *valor independente*". Isto acontece mais de 30 anos depois do texto de Eichenbaum.

Em 1960, Jakobson publica o importante "Linguística e Poética", cujo título mostra, desde logo, o propósito de reabilitar a linguagem como aspecto central de uma teoria geral da poesia.[44] Jakobson retoma o tópico da literatura como uma forma especial de linguagem, e isto autoriza, na sua tese, uma série de conclusões importantes. A sua ambição parece ser a de recuperar argumentos antecedentes para, à luz das suas actualizações recentes, caucionar intuições antigas. Assim,

> A poética lida primordialmente com a questão "O que é que torna uma mensagem verbal numa obra de arte?". Uma vez que o tópico da poética é a *differentia specifica* da arte verbal em relação com as outras artes e outros tipos de comportamento verbal, a poética habilita-se a um lugar de liderança nos estudos literários. A poética lida com problemas de estrutura verbal, tal como a análise da pintura se ocupa da estrutura pictórica. Uma vez que a linguística é a ciência geral das estruturas verbais, a poética pode ser vista como parte integrante da linguística.
> (Jakobson, 1960:63; itálico no original)

---

está próximo de Austin e Searle, que consideram a comunicação como produto de "actos discursivos").

[44] Jakobson (1960), in Pomorska & Rudy, 1988:62–94. O artigo é publicado em *Style in Language*, a partir de uma conferência proferida por Jakobson em 1958. Uso aqui o conceito de reabilitação num sentido fraco, apenas para dar a entender que há uma diferença de grau substancial entre a linguagem (descrita pelo lado da percepção), do primeiro argumento de Jakobson, e a linguagem (descrita como repositório de propriedades linguísticas) de "Linguística e Poética". Para além disto, há também uma notória diferença de complexidade entre os argumentos linguísticos do primeiro formalismo e o argumento geral de Jakobson em 1958.

O critério fenomenológico de 1933, que Jakobson havia utilizado a fim de suprir a lacuna criada pelo movimento de transição da linguagem comum para a linguagem literária, parece, neste ponto, bastante diminuído. A fase inicial do argumento (que nos interessa mais, por agora, do que a arquitectura hierárquica que lhe sucede), permite inferir com clareza que o que Jakobson procura realmente é um critério robusto para explicar de que modo podemos sentir palavras como arte, ou, de outro modo, "palavras como palavras". Isto faz sentido se, e só se, imaginarmos que existem diferenças substantivas entre linguagem quotidiana e linguagem poética. A *"differentia specifica"* da arte verbal, que está inscrita na sua natureza, tem, por seu lado, muito a ver com a já mencionada desproporção de princípio entre descrever e interpretar. Descrições e linguagem comum estão, de acordo com este argumento, ao alcance de todos, enquanto interpretações complexas sobre a arte verbal só estão ao alcance de um grupo muito restrito – o dos praticantes da linguística e da poética.

Para Jakobson, a epistemologia da literatura assenta numa série de diferenças que operam em vários planos, desde o ontológico ao temporal, passando pelo fenomenológico e o analítico. Para além disso, Jakobson argumenta tipicamente através de um duplo movimento, que consiste numa inflação deliberada e prospectiva a que se segue o retorno a uma imanência teleológica (ou ao lugar exacto onde se encontram as causas para os efeitos descritos).[45] Isto é visível, por exemplo, na explicação que ele propõe para o fenómeno do comportamento verbal: "De facto, qualquer comportamento verbal é dirigido para uma finalidade [goal-directed], mas os objectivos são diferentes e a conformidade dos meios usados com o efeito pretendido é um problema que cada vez mais preocupa os investigadores dos diversos tipos de comunicação verbal" (Jakobson, 1960:64). Ou seja, todo o comportamento verbal depende de usos (e, portanto, de uma deliberação particular) – *movimento de expansão*; por outro

---

[45] Jakobson começa normalmente por fazer um ponto geral que, à primeira vista, sugere uma aplicação geral de largo curso (o tal momento de inflação), para logo de seguida conformar esse ponto geral ao texto, concebido como auto-suficiente. Ou seja, o primeiro momento passa por enunciar um ponto que, à primeira vista, seria aplicável numa série de contextos mas que, afinal, existe nos textos literários de forma exemplar e auto-confirmadora.

lado, todavia, é a conformidade da função com os efeitos que garante a especificidade e o sucesso do acto verbal. Considerado pelo lado dos efeitos, o comportamento verbal sofre então uma série de restrições que apontam "para dentro" (ou para a materialidade da linguagem). Deste modo, o comportamento verbal torna-se num constructo cuja lógica é discernida apenas por um grupo restrito de "especialistas" – *movimento de retorno*.[46] Jakobson reclama para este grupo (no qual obviamente se inclui) um campo de estudos particular: os "estudos literários", diz, não podem ser confundidos com a "crítica". Descrição e apreciação são, para todos os efeitos práticos, diferentes de uma interpretação complexa de fenómenos igualmente complexos.

O que torna os estudos literários num amplo campo de investigação é uma simbiose entre sincronia e diacronia, noções que Jakobson importa da linguística para uma explicação funcional da literatura. Segundo ele, "Qualquer estádio contemporâneo é experienciado na sua dinâmica temporal e, por outro lado, a aproximação linguística, tanto na poética como na linguística, preocupa-se não só com mudanças mas também com factores contínuos, perduráveis e estáticos. Uma poética histórica, ou uma história da linguagem compreensiva é uma superestrutura a ser construída sobre uma série de descrições sincrónicas sucessivas" (Jakobson, 1960:65).[47]

---

[46] Construções teóricas são geralmente dirigidas a "especialistas" – aliás, esse é o propósito delas. No entanto, o argumento de Jakobson inviabiliza, no limite, que "não especialistas" reconheçam e interpretem adequadamente actos verbais de natureza poética. O seu argumento geral, de que a poesia é a melhor linguagem possível e que, por isso, é diferente de todas as outras formas de discurso, sugere que a linguagem ideal da poesia restringe antecipadamente o acesso hermenêutico.

[47] Sincronia e diacronia são expressões cunhadas por Saussure para designar, respectivamente, factos ou fenómenos simultâneos de uma língua – o "estado da língua" –, e factos ou fenómenos linguísticos que mudaram ou se alteraram através do tempo. A perspectiva sincrónica tem a ver sobretudo com um conjunto de factos linguísticos coexistentes que, num dado momento, formam um sistema, e preocupa-se tipicamente em descrever as relações estruturantes e funcionais que unem um dado conjunto de factos sob o mesmo edifício sistemático. A perspectiva diacrónica lida primordialmente com factos linguísticos que pertencem a momentos diferentes numa ou em várias línguas, estudando-se as modificações, substituições e derivações numa perspectiva de sucessão histórica. A metáfora saussureiana em que assenta este argumento compara a língua com um jogo de xadrez: para Saussure, não é necessário acompanhar-se o movimento das peças para descrever a sua posição no tabuleiro, do mesmo modo que se podem conhecer estruturas linguísticas determinadas sem que se tenha tido acesso ao estado de organização dos seus elementos em estruturas anteriores.

A dependência entre linguística e literatura é justificada por Jakobson, em momento posterior, pela descrição do sistema conceptual da comunicação. A sugestão volta a ser a de que a literatura é feita de linguagem e, mais, de uma linguagem específica cuja natureza possui uma função poética. A diferença, como se constatará adiante, é que a poeticidade não é já função da percepção ou dos efeitos, mas antes de uma particular relação funcional com conceitos que fazem parte, de modo inevitável, de todas as relações de comunicação. Deste modo,

> A linguagem deve ser investigada em toda a variedade das suas funções. Antes de discutirmos a função poética temos que definir o seu lugar entre as outras funções da linguagem. Um esboço destas funções requer uma inspecção concisa dos factores constitutivos em qualquer acontecimento discursivo, em todo o acto de comunicação verbal. O EMISSOR [addresser] envia uma MENSAGEM ao DESTINATÁRIO. Para ser operativa, a mensagem requer um CONTEXTO a que se refere ... compreensível pelo destinatário, e, ou verbal, ou capaz de ser verbalizado; um CÓDIGO, total ou, pelo menos, parcialmente comum ao falante e ao destinatário (noutras palavras, o codificador e o descodificador da mensagem); e, finalmente, o CONTACTO, um canal físico e uma conexão psicológica entre falante e destinatário, que permite a ambos entrarem e manterem-se na comunicação. (Jakobson, 1960:66)

Esta descrição da relação típica de comunicação reclama uma correspondência funcional, em que a função emotiva se refere ao falante, a função referencial ao contexto, a função conativa ao destinatário, a função fática ao contacto, a função metalinguística ao código e, por fim, a função poética à mensagem. A lógica desta caracterização obedece a uma discriminação de princípio, que valida não só o sistema mas igualmente todas as ocorrências futuras da comunicação. Essa discriminação é dupla, e adensa o argumento de modo a transferir a determinação da poeticidade do receptor para a mensagem: em primeiro lugar, a estrutura verbal da mensagem depende, de modo adventício, da função predominante;

em segundo lugar, a função poética deixa de ser a única função da arte verbal para passar a ser a função "dominante" ou determinativa. A conclusão é a de que, na linguagem poética, é a função poética que se intensifica a ponto de ser tida como primordial, ao passo que, nos outros tipos de actividade verbal, ela é apenas subsidiária ou acessória. A justificação é tautológica: a poeticidade é discernível porque em certos bocados de linguagem pode intuir-se como dominante a "função poética" da própria linguagem; e é esta mesma função que determina o seu carácter poético. Este argumento, tal como descrito, parece obstar, no limite, à consideração de uma funcionalidade relacional em poesia – o que serve para confirmar a macro-teoria da interpretação de Jakobson e, em geral, de quase todas as versões da crítica de tipo imanentista. O acréscimo de complexidade do argumento faz com que se torne aparente uma reversão: o ponto de vista dos efeitos, robustecido pelo critério fenomenológico, é gradualmente substituído por uma compreensão funcional da mensagem. Com efeito, de uma relação fenomenológica simples (falante > mensagem > receptor, com ênfase para este último), passamos a ter uma relação complexa, em que a mensagem coopta uma série de referentes que influenciam de modo decisivo a sua operacionalidade. Mas, apesar desta inflação do escopo e implicações da mensagem, a pergunta a que Jakobson procura responder é a mesma do artigo de 1933/34: "Como sabemos que um complexo linguístico passou a ser um exemplo de arte verbal?".

A resposta a esta indagação é muito importante para Jakobson, e o modo como ela é construída demonstra uma vez mais, a lógica que tipicamente subjaz aos seus argumentos: desde logo, corresponde a um momento de retracção, imediatamente posterior a um movimento inicial de expansão (que é, neste caso, o macro-sistema das relações de comunicação); por outro lado, simboliza uma espécie de mistura entre argumentos analíticos e considerações empíricas (como já havia acontecido no argumento fenomenológico). O equilíbrio nem sempre é preciso, e as conclusões são unidireccionais, ainda que o ónus da prova assente em descrições que não poderiam ser obtidas senão por seriação empírica. O argumento é o seguinte:

Qual é o critério linguístico empírico da função poética? Em particular, qual é o aspecto indispensável inerente a qualquer pedaço de poesia? Para responder a esta questão temos que recuperar os dois modos básicos de disposição usados no comportamento verbal, *selecção* e *combinação* ... A selecção é produzida com base na equivalência, similaridade e dissemelhança, sinonímia e antonímia, enquanto a combinação, a construção da sequência, é baseada na contiguidade. *A função poética projecta o princípio da equivalência do eixo da selecção para o eixo da combinação.* A equivalência é promovida a expediente constitutivo da sequência. Em poesia, uma sílaba é igualada a qualquer outra sílaba na mesma sequência; presume-se que a acentuação de palavras corresponde a acentuação de palavras, tal como a não acentuação equivale a não acentuação; a prosódica longa é combinada com a longa, e a curta com a curta; fronteira da palavra corresponde a fronteira da palavra, ausência de fronteira corresponde a ausência de fronteira; pausa sintáctica corresponde a pausa sintáctica, ausência de pausa corresponde a ausência de pausa. As sílabas são convertidas em unidades de medida... (Jakobson, 1960:71; itálicos no original)

O critério fenomenológico de "O que é a Poesia?" é, aqui, completamente substituído por um critério linguístico, em que a linguagem é um mosaico de correspondências necessárias, cuja *poeticidade* pode ser inferida mediante uma análise simultâneamente empírica e imanente. O problema é que muitas das estipulações contidas na citação acima parecem ser arbitrárias. É verdade que, em muitos poemas, a um pentâmetro jâmbico se segue um pentâmetro jâmbico, mas bastaria que, num só poema, a um pentâmetro jâmbico se seguisse um troqueu para que o argumento de Jakobson sofresse uma severa limitação. Sendo uma grelha de previsões de aplicação indiscriminada, construída sobre constatações cuja prova não depende de uma anterioridade exemplificativa, mas antes de um futuro imprevisível, a tese de Jakobson é vazia de um ponto de vista analítico – as teorias, é sabido, aparecem sempre depois das ocorrências, e não o contrário.

O retorno à linguagem, no entanto, não se confina à poesia *stricto sensu*, mesmo que poemas passem a ser entidades cuja funcionalidade é, de muitas maneiras, especial. Reiterando a aplicação do aparato funcional sobre todas as ocorrências comunicativas, Jakobson defende a ideia de que existem vários níveis de discurso para justificar a sua descrição: "A poética, no sentido mais lato da palavra, lida com a função poética, onde essa função é sobre-imposta às outras funções da linguagem, mas também externamente à poesia, quando uma outra função é sobre-imposta à função poética" (Jakobson, 1960:73). A linguagem quotidiana é, então, uma instância onde qualquer coisa como uma intenção prática se impõe à poeticidade inerente à linguagem, num peculiar "braço-de-ferro". Aparentemente, esta constatação empírica parte do pressuposto de que a linguagem se estabelece sobre princípios de equivalência que operam ao nível da frase ou, no caso da poesia, do verso. Mas o verso, cuja natureza implica de modo necessário uma "função poética", distingue-se da linguagem comum de duas formas cruciais: desde logo, porque é o local onde se infere uma projecção do princípio de equivalência, de consequências precisas para o conceito de linguagem;[48] e, num segundo momento porque, em poesia, o aspecto fonético possui uma transcendência que é inacessível a outras formas de discurso – repetições de sons parecidos têm, no limite, implicações diferentes em discursos de natureza diferente.[49] Jakobson defende que o verso não é apenas uma questão de fonética, uma vez que a repetição de sons idênticos implica *de modo necessário* uma relação de contiguidade semântica entre dois bocados de linguagem

---

[48] "A sobre-indução do princípio de equivalência na sequência de palavras ou, noutros termos, a elevação [mounting] da forma métrica sobre as formas usuais de discurso, confere necessariamente a experiência de uma dupla e ambígua forma a qualquer pessoa que esteja familiarizada com a linguagem dada e com o verso. Tanto as convergências como as divergências entre as duas formas, tanto as expectativas garantidas como as expectativas frustradas, alimentam [supply] esta experiência" (Jakobson, 1960:80).

[49] A ideia é a de que a rima, enquanto repetição de sons parecidos em determinadas sílabas, é intencional em poesia, e tem implicações deliberadas (Jakobson, 1960:81): "Não há dúvida de que o verso é primordialmente uma «forma de som» recorrente. Primordialmente, sempre, mas nunca unicamente. Qualquer tentativa para confinar ao nível do som convenções poéticas como a métrica, a acentuação, a aliteração ou a rima não passam de argumentos especulativos sem qualquer justificação empírica ... Apesar de a rima ser, por definição, baseada numa recorrência regular de fonemas, ou grupos de fonemas, equivalentes, tratar a rima meramente do ponto de vista do som seria uma simplificação irrazoável [unsound oversimplification]. A rima envolve necessariamente uma relação semântica entre unidades que rimam umas com as outras".

que rimam. Ou seja, a rima permite-nos fazer equivaler semanticamente sequências verbais intermutáveis ao nível do som ou, de outro modo, que são parecidas a ponto de poderem trocar-se na sequência de um poema. A relação fonética não pode já ser vista como um ornamento, ou uma coincidência subsidiária de padrões fónicos: o correlato necessário do som é uma relação semântica particular.

Jakobson sugere que a sons parecidos correspondem (ou equivalem) significados parecidos, naquilo que parece ser a sobre-indução de um princípio da equivalência sonora das palavras. A repetição de uma característica fonética passa, na sua teoria, a ser indutora de sentido – uma sequência verbal *a* tem um significado *x*, e uma sequência verbal *b* tem o mesmo sentido *x* se as duas rimarem uma com a outra. Rimas são, então, semanticamente constitutivas independentemente da percepção. Ora, se em Eichenbaum já se tinha visto que o "valor independente" da linguagem poética a exime de uma intenção, em Jakobson certos aspectos da linguagem poética representam dados e relações semânticas que *não dependem* de uma percepção. Este isolamento de características linguísticas parece sugerir que quer a linguagem como, de modo especial, a linguagem poética, possuem propriedades intrínsecas que são imunes a acções de interpretação ou de tradução: estão contidas no objecto de uma forma robusta, tal como a *cor* de uma nuvem ou a *rugosidade* de uma parede. O argumento é o de que a poesia é um *valor em si*, cuja origem e efeitos são minimizados a um ponto de não interferência – poemas possuem características fonéticas determinadas que propiciam relações semânticas precisas, que se verificam independentemente do contexto.

Se existem estruturas linguísticas que contêm potencialmente relações semânticas de natureza poética, existem, por extensão, certas línguas cujas propriedades indiciam valores semânticos que participam dessa natureza. Jakobson parece sugerir que, em rigor, existem línguas cujo património fonético propicia um âmbito maior em termos de potencial poético: no limite, o português pode ser mais poético do que o espanhol e menos do que o francês, pelo facto de possuir mais ou menos possibilidades rimáticas. A língua, do ponto de vista do seu valor semântico, passa a acomodar a possibilidade de inclusão de *valores* nas suas estruturas linguísticas. Uma estrutura dentro da qual o valor já esteja pré-determinado nas ocorrências (reais ou potenciais) deflaciona fatalmente o papel da apreensão – se, de uma rima de "cão" com "mão" num poema, seguem de modo necessário determinadas relações semânticas a-contextuais, isso significa que a minha experiência de ler poesia, ou de "sentir palavras como palavras", não serve realmente para muita coisa.

O que torna um bocado de linguagem num poema já está, fatalmente, inscrito nesse mesmo bocado de linguagem. Esta possibilidade potencial opõe-se ao argumento fenomenológico de "O que é a Poesia?", embora pelo menos uma consequência seja parecida: a arrumação particular do ícone poético contra um elenco de relações contíguas que não pode deixar de fazer parte da sua natureza, como a intenção, o contexto ou as suas possibilidades intertextuais. Mas o sentido da poesia pode não depender, necessária e exclusivamente, nem de pessoas especiais que sentem palavras especiais como sendo especiais, nem de repetições de sons especiais que querem dizer alguma coisa por serem repetidos. As relações semânticas propiciadoras de sentido não acontecem somente por repetição, mas por uma série alargada de conexões que dependem de muitos factores – este ponto será desenvolvido no capítulo V, onde se proporá uma versão de linguagem poética bastante menos honorífica e, talvez por isso, menos dependente de propriedades intrínsecas, funções ou truques linguísticos cuja validade hermenêutica parece ser bastante limitada.

Apesar disto, contudo, Jakobson continua a defender um princípio linguístico que permita elevar a poesia acima de todos os registos discursivos possíveis. A linguagem da poesia é o receptáculo da ocorrência de fenómenos significantes de natureza particular. Uma das consequências é que

> a equivalência do som, projectada na sequência como seu princípio constitutivo, envolve inevitavelmente uma equivalência semântica e, ao nível linguístico, qualquer constituinte dessa sequência instiga uma das duas experiências correlativas que Hopkins define como "comparação por motivo da semelhança" e "comparação por motivo da dissemelhança".
> (Jakobson, 1960:83)

A sugestão é a de que a poeticidade induz sobre a linguagem poética aspectos que a fazem ser percepcionada com estranheza por parte dos seus receptores. Esta estranheza mede-se contra a linguagem quotidiana ou prática, que é (de modo comum) tida como *orientada* para o sentido. A poesia é, assim, uma espécie de sentido em segundo grau, uma vez que, para além do discernimento das qualidades literais da linguagem, ao receptor é pedido que confronte essas mesmas qualidades no contexto de uma linguagem que lhe é familiar e de outra que não é tanto assim. Jakobson defende que esse estranhamento é função de repetições sonoras indutoras de sentido. Dentro da sua tese, provavelmente, o famoso exemplo "the cat is on the mat" não contaria como um exemplo de linguagem quotidiana, devido ao facto de "cat" rimar com "mat".[50]

A contenção de Jakobson valida a ideia de que o que é constitutivo na linguagem é, afinal, a possibilidade de a *reiteração* de padrões linguísticos particulares – os tais "padrões" que adquirem "valor independente" na tese de Eichenbaum – propiciar *equivalências* semânticas. Para além disso, a possibilidade de repetição de padrões de valor independente remete para uma dupla noção: a de que os universais linguísticos existem e podem ser apreendidos por uma perspectiva sincrónica da linguagem; e a de que, em consequência, existem semelhanças inter e intra-linguísticas de aplicação geral e indiscriminada. Isto parece contraditório, uma vez que, por definição (aristotélica) um universal é um termo que pode ser predicado de diferentes sujeitos, aplicando-se a propriedades ou a relações. O que acontece é que, geralmente, são as propriedades que instauram as relações, e não o contrário: na tese de Jakobson, ao invés, é a relação entre a repetição de sons e suas respectivas equivalências semânticas que confere propriedades particulares à linguagem.[51]

---

[50] Jakobson usa este curioso exemplo (que remete para Tarski e Russell) em "Two Aspects of Language and Two Types of Aphasic Disturbances" (1956).

[51] A análise sintagmática é, em termos semióticos, uma descrição da sintaxe que ocorre na estrutura de superfície da linguagem, e é diferente da análise paradigmática, que se detém nos paradigmas "embutidos" no texto, usando muitas vezes testes de substituição para avaliar as variáveis ao nível da conotação. Jakobson aspira a fazer uma leitura paradigmática da poesia, em que determinadas coincidências sintagmáticas são descritas como paradigmas. Deste modo, repetições de sons, cujo valor sintagmático é contextual, passam

Apesar desta restrição, e porque a poesia é feita de uma linguagem especial, ou "a melhor de todas as linguagens possíveis" (a expressão é de Miguel Tamen, em *Maneiras da Interpretação*), a linguística deve estudar a poesia: esta é a conclusão metodológica geral a que Jakobson chega a partir do seu elenco de premissas. A poesia é, deste modo, uma "província" da linguagem, mas uma "província" de natureza peculiar, cujo lado técnico e arquitectónico tem reflexos surpreendentes. As virtualidades da construção poética permitem a extrapolação do verso para um paradigma particular de análise. Isto acontece, para Jakobson, porque

> Em poesia, não só a sequência fonológica mas, do mesmo modo, qualquer sequência de unidades semânticas aspiram [strive] a construir uma equação. A similaridade sobre-induzida na contiguidade concede à poesia a sua completa essência simbólica, múltipla e polissemântica ... Dito de modo mais técnico, qualquer coisa que se segue a outra é um símile. Em poesia, onde a similaridade é sobre-induzida na contiguidade, qualquer metonímia é ligeiramente metafórica e qualquer metáfora possui uma tonalidade metonímica. (Jakobson, 1960:85)

Padrões linguísticos (e, tipicamente, padrões de som) semelhantes são, assim, dispostos numa contiguidade sintagmática, de modo a que, na sobreposição virtual do eixo paradigmático com o eixo sintagmático, o primeiro seja mais operativo do que o segundo – o sintagma passa a valer, sobretudo, como paradigma. Ou seja, se criássemos um quadro em

---

a adquirir um valor paradigmático de aplicação universal, o que tem, obviamente, consequências sintácticas importantes. Mais, Jakobson propõe que os universais linguísticos – declarações que são verdadeiras em todas as linguagens naturais – sejam uma extensão daqueles paradigmas. Deste modo, a sua descrição sistemática da linguagem poética adquire um valor de exemplo: sentido, em poesia, depende não da sintaxe superficial mas de um conjunto de paradigmas que, repetidos, instauram relações semânticas particulares e replicáveis; a um outro nível, esses paradigmas, quando hipostasiados em universais linguísticos (válidos em todas as línguas naturais), tornam a análise poética possível, ao abrigo deste método, em todas as línguas. A semântica deixa de depender de propriedades relacionais para passar a depender de paradigmas que são indiferentes às particularidades da língua. O método de Jakobson, que instaura uma leitura paradigmática de toda a poesia, ambiciona descrever poemas, poemas de uma língua e poemas em todas as línguas – sob uma noção inflacionada das possibilidades combinatórias da linguagem.

que esses dois eixos aparecessem sobrepostos, a leitura de um poema far-se-ia com ênfase sobre o eixo paradigmático. A poesia deve, para Jakobson, ser lida de modo paradigmático, e por isso conta mais o facto de "cat" rimar com "mat" do que a sequência "the cat is on the mat" poder ser lida como um sintagma.

Isto acontece porque qualquer sequência sintagmática aspira a construir um nexo de equivalência: num sentido importante, sugere-se que está inscrito na natureza de cada sequência que, mais cedo ou mais tarde, esta vai equivaler a outra. Uma sequência leva inexoravelmente a uma equivalência e, por isso, Jakobson consegue prever que sequência se vai seguir a "the cat is on the mat", tal como havia previsto que a "the cat" se seguiria certamente "is on the mat": "Em poesia, qualquer similaridade conspícua entre sons é avaliada com respeito à similaridade e/ou dissemelhança de sentido" (Jakobson, 1960:87). Esta ênfase na previsibilidade é crucial para as aspirações de Jakobson. O que ele pretende realmente com a inscrição de um critério linguístico de aferição da natureza da poesia é, no fundo, tentar justificar a aplicação de um *método de cálculo* ao estudo da literatura. A ciência da literatura, que para Jakobson tem a ver com uma ciência da linguagem, assenta numa espécie de linguística trans-frásica, em que o nível meramente fonético passa para um segundo plano, e todas as ocorrências remetem para relações de correspondência entre os registos fonológico e semântico.

Jakobson aspira a aplicar à literatura as mesmas grelhas de análise que fazem parte do método da linguística: o seu objectivo é o de tentar prever que sequência linguística se seguirá a uma sequência linguística prévia, tal como parece poder prever que "cat" rimará inexoravelmente com "mat". Isto acontece porque se podem determinar que continuações são possíveis, legítimas e gramaticais, no sentido que Jakobson lhes dá. O problema é que, em literatura, a análise não é uma análise meramente atómica dos constituintes, e este é talvez o ponto geral de maior discordância entre o argumento geral deste ensaio e o de Jakobson: textos literários, como quaisquer outros textos, são muito mais do que a soma das suas partes, e pressupõem efeitos que extrapolam grandemente a materialidade da linguagem. Poemas são, no fim de contas, objectos referenciais e transitivos.

Para além disto, a linguagem *desobrigada* da poesia parece perturbar algumas das afirmações mais veementes do argumento de Jakobson.[52] Na tentativa de explicar potenciais focos de perplexidade na análise da linguagem poética, é proposto que "A ambiguidade é uma característica intrínseca e inabalável de toda a mensagem auto-contida [self-focused], resumidamente, um aspecto corolário da poesia" (Jakobson, 1960:85). Esta tese, usada para explicar zonas obscuras do sentido poético, incompatibiliza de modo retrospectivo a correspondência entre teorias da *associação* e da *equivalência*. Construídas para robustecer o lado analítico do argumento, as teorias da associação e da equivalência (que, em conjunto, justificam a relação sequência verbal *a* sentido *x* [1] – sequência verbal *b*, porque semelhante, então sentido *x* [2]) eliminam, em princípio, a possibilidade de haver ambiguidades. No entanto, são incapazes de explicar tudo, ou de explicar porque a uma sequência verbal *a* podem corresponder de igual modo os sentidos *x*, *y* ou *z*. Se tudo o que fosse associável encerrasse de modo necessário uma e só uma correspondência de sentido, tal significaria que as ambiguidades seriam dispensadas da linguagem da poesia. Ao considerar que a ambiguidade faz parte da natureza da poesia, Jakobson suspende um ponto fundamental do sistema que defende num primeiro momento do artigo. O ponto de vista paradigmático de Jakobson parece, no limite, incapaz de incluir todas as ocorrências semânticas potenciais.

Em "A Poesia da Gramática e a Gramática da Poesia", Jakobson fornece uma série de justificações adicionais para a sua descrição linguística de literatura.[53] O seu anterior conceito de linguagem é expandido de modo a acomodar um sentido particular de ficcionalidade, mediante recurso à

---

[52] Desobrigada do ponto de vista de que o seu sentido não depende das suas propriedades, de repetições ou de sons, mas antes de uma intenção que lhe preside – é, por isso, muito mais parecida com a linguagem quotidiana do que Jakobson, por exemplo, pensa. Se aceitarmos o argumento, defendido no capítulo II, de que não existe sentido sem intenção, torna-se muito difícil (se não impossível) prever o que se segue a um determinado verso ou frase de romance. Neste sentido, a literatura é irredutivelmente imprevisível. Este capítulo pretende retratar um modo sincrónico e paradigmático de ler poesia (que defende ser possível prever o futuro), a que se opõe um modo contextual, relacional e intencional (que será descrito em pormenor no último capítulo, e que se opõe a essa versão "meteorológica" da literatura).

[53] Publicado em 1968 a partir de um texto de 1960, ano da primeira publicação de "Linguística e Poética"; Jakobson (1968), in Pomorska & Rudy, 1988:121–144.

teoria das ficções de Bentham. Segundo este, entidades ficcionais devem a sua existência à linguagem, e não devem ser tomadas por, ou confundidas com, a realidade. Trata-se de uma ideia que assenta na desiderabilidade ou *necessidade* de certas ficções, e levanta o problema do equilíbrio entre exposição e aceitação. Ou seja, o que sobra realmente no momento em que se *recebe* um enunciado que sabemos ou intuímos ser ficcional? A descrição, comum a Bentham e a Jakobson, é a descrição dos efeitos da poeticidade enquanto função, ou, de outro modo, a teoria de que lidamos com ficções com base numa forma de *sacrificium intellectus* (este problema será discutido adiante, no capítulo IV). Ao defender que "Os sistemas de paralelismo na arte verbal nos oferecem um ponto de vista [insight] directo sobre a concepção das equivalências gramaticais do falante" (Jakobson, 1968:125), Jakobson está realmente a dizer que quanto mais soubermos acerca de certas estruturas de uma língua, mais facilmente saberemos que alguém nos está a tentar enganar.[54]

Mas, e mais importante, Jakobson apresenta neste artigo duas teorias gerais decisivas para a sua concepção de literatura. A primeira, a que se poderia chamar *teoria da associação*, reafirma a tese de que similaridade entre sons equivale a similaridade de sentido; a segunda, que é uma teoria que poderíamos descrever como *simbólica*, leva a primeira a um nível extremo de dependência entre as suas respectivas variáveis. Jakobson explica a teoria da associação do seguinte modo:

---

[54] A complexa descrição filológica que precede esta conclusão representa, de certo modo, uma versão enfraquecida da teoria segundo a qual relações fonéticas propiciam relações semânticas. Socorrendo-se de exemplos de literaturas menores e de línguas remotas, Jakobson serve-se de uma série de constatações empíricas *ad hoc* para tentar demonstrar a importância significativa dos paralelismos – um tópico fundacional do seu argumento. No entanto, a descrição cede a um certo tom idiossincrático, que arrasta o argumento para uma forma de impressionismo crítico – uma vez que se supõe que certas teorias podem referir-se a um só autor ou a um só poema. Neste caso, a tarefa da análise passa a ser meramente reconstrutiva, uma vez que o atomismo de Jakobson perturba o seu caminho de uma teoria geral para teorias particulares. Procurando aplicar uma espécie de lógica inferencial a blocos poéticos particulares (ou a ocorrências cujo valor de exemplo é arbitrário) Jakobson reduz o conceito de inferência à mínima espécie. A teoria semântica de Jakobson acaba por redundar numa teoria incremental em que à acumulação se seguem necessariamente efeitos. No entanto, as relações necessárias que descobre entre som e sentido são mais do que duvidosas. Para além disto, a grelha de restrições que é instituída por este argumento é de um pessimismo resoluto quanto à própria noção de criatividade – uma vez que torna praticamente impossível interpretar à luz deste colete-de-forças estabelecido *a priori*.

Pode afirmar-se que, em poesia, a similaridade é sobre-induzida na contiguidade, e deste modo "a equivalência é promovida a expediente constitutivo da sequência". Aqui, qualquer reiteração palpável [noticeable] do mesmo conceito gramatical torna-se num expediente poético efectivo. (Jakobson, 1968:127)

A "figura de gramática" (que é, no fundo, o padrão recorrente que garante o valor independente) é densificada a um ponto que potencia a transmutação do som, mediante um processo de repetição ou associação, para a esfera do sentido. O sentido, em poesia, passa a depender da repetição de padrões fónicos, e este movimento supõe uma implicação decisiva: uma vez que, em princípio, não há bocados de linguagem que não se possam repetir ou associar de uma maneira ou de outra, não existem, em consequência, estruturas linguísticas *sem significado*.

A poeticidade, que repousava na faculdade de sentir palavras como palavras, é agora função da repetição ou associação de sons. Este argumento é, de certo modo, arbitrário e unilateral, embora a conclusão de que não existe linguagem desprovida de sentido seja optimista, num sentido hermenêutico importante. No entanto, não há nada que nos garanta à partida nem, por um lado, que todos os lugares poéticos onde coisas não se repitam ou se associem de modo não linear não sejam poesia; e, por outro, que a linguagem quotidiana não seja ela mesma feita, muitas vezes, de repetições e de associações que, por uma questão de hábito, não tratamos como poéticas.

A segunda teoria geral de Jakobson tem a ver com o aspecto simbólico do processo de associação, e apresenta dois aspectos: em primeiro lugar **(i)**, um sentido restrito (e tautológico), em que o som simboliza o significado na medida em que o significado é simbolizado pelo seu som (que supõe, uma vez mais, a relação necessária entre som e sentido, e a replicação a um nível superior da combinação de padrões linguísticos); e, em segundo lugar **(ii)**, um sentido alargado em que Jakobson compara a estrutura prosódica dos poemas hussitas com a estrutura das catedrais góticas. Ao comparar estruturas linguísticas e estruturas arquitectónicas de um mesmo período, Jakobson apela a uma sincronicidade histórica que parece seguir de uma concepção atómica da própria história: a presunção é a de que se podem isolar factos históricos ao ponto de se estabelecerem nexos entre eles (isolados da sua origem e contexto históricos, tanto poemas hussitas como catedrais góticas podem ser comparados com, e associados a, uma série de outras coisas).

Para além das óbvias dificuldades de demonstração, esta teoria sofre ainda uma segunda ordem de limitações: não é possível, para efeitos práticos, desligar da origem blocos históricos massivos para comparar entre si ocorrências que acontecem incidentalmente no seu interior. Dizer que poemas hussitas reflectem o estilo gótico autoriza que se compare quase tudo com quase tudo.[55] O problema é que a perspectiva sincrónica (que funciona até certo ponto no campo da linguística), não tem qualquer aplicação ao estudo da literatura, nem tão pouco à evolução histórica: tanto a primeira como a segunda dependem de uma sequência, de pessoas e de um contexto particular que impende sobre a natureza das suas ocorrências. História e literatura têm uma anterioridade, um presente, e uma posteridade que são cruciais para o entendimento de qualquer das suas ocorrências – podem isolar-se sequências gramaticais de uma maneira que é difícil de aplicar a obras literárias ou a períodos históricos.

As teorias da equivalência, da associação e do simbolismo são, no fundo, descrições *a posteriori* de certas relações incidentais de vizinhança ou proximidade. Para além de representarem uma descrença no acaso e no futuro (dois dos aspectos mais importantes, embora negligenciados, quando se fala de interpretação), as teses de Jakobson fazem radicar a

---

[55] Os poemas hussitas falam de heróis e mártires do movimento reformista religioso de Jan Hus, que teve lugar na Boémia na primeira metade do séc. XV. É provável que Jakobson tenha alguma razão ao afirmar que tanto os poemas como as catedrais góticas simbolizam uma ideia parecida de ascese, em consequência do pensamento hussita. A questão é que, ao nível do argumento, é muito mais fácil demonstrar a relação entre dois versos, linguisticamente considerados, do que entre um poema e uma igreja – associar estruturas linguísticas é, neste contexto, muito diferente de comparar literatura e arquitectura. De acordo com Jakobson, os poemas hussitas exprimem uma transição pronunciada, em que os primeiros versos, espirituais, dão lugar a versos que exprimem beligerância e acção – e isto deve-se à herança do lastro gótico que é incorporada nos poemas. Este processo segue das "intrincadas correspondências entre as funções gramaticais em poesia e a geometria relacional em pintura" ("Poesia da Gramática e Gramática da Poesia":135). A ideia é a de que existe um nexo compositivo particular entre artes verbais e artes da representação.

análise da literatura num repositório de proezas técnicas, cujo ponto de partida é o facto de se reconhecerem certas coisas como sendo idênticas. Estas conclusões só são possíveis se imaginarmos que a linguagem literária é ontologicamente diferente da linguagem quotidiana; e, mais importante, se acreditarmos que: num primeiro momento, descrições acerca de poemas têm um valor epistemológico reduzido, apesar de acessíveis a muita gente (e, por isso, são diferentes da interpretação, cujo escopo é limitado a um número igualmente limitado de *cientistas* da palavra); e que, num segundo momento, é preciso *algo mais* do que a linguagem do dia-a-dia para lidar com poemas ou trechos de literatura.

Um dos argumentos cruciais do presente ensaio é o de que a diferença entre linguagem literária e quotidiana, bem como a diferença entre descrever e interpretar são, no fundo, função de um hábito que devemos entender como uma coincidência histórica (ou seja, *há* uma diferença, a *razão* da diferença é que *difere*; se quisermos, existem determinados hábitos culturais e de espécie que influenciam grandemente as nossas ideias sobre literatura). Por outro lado, devemos resistir à tentação de tomar *comportamentos típicos* por *comportamentos universais* – uma mania que, apesar das suas boas intenções e das suas grandiloquentes conclusões, fez mais mal do que bem ao estudo da literatura. Mais, as coincidências históricas que fazem parte da nossa biografia intelectual não devem ser tomadas como indutoras de *diferenças de espécie* apenas com base num critério empírico, baseado na complexidade ou no refinamento das explicações: as diferenças podem, afinal, ser meramente de *grau*. No fim de contas, a linguagem literária não é como é por ser como é, mas apenas e só porque certas pessoas se habituaram a encontrá-la em certos sítios e têm a esperança de a poderem descrever.

Aparentemente imune a estas considerações, Jakobson reitera o seu argumento meta-poético em referência a um poema particular, "Les Chats" de Baudelaire, levando a cabo o *estudo de caso* reclamado pelas suas teorias gerais.[56] Num primeiro movimento, Jakobson procede a uma cuidadosa

---

[56] O artigo, "Baudelaire's «Les Chats»", é escrito em parceria com Claude Lévi-Strauss e publicado em 1962 (in Pomorska & Rudy, 1988:181-197). Reza a lenda que o artigo foi

análise de constituintes do poema, dividindo-o e categorizando-o com recurso ao léxico técnico da análise poética.[57] É justamente sobre este modo de análise que se vão constituir os nexos de causalidade autorizados pela hierarquia modal que está inscrita na natureza do poema. Quando se diz que "O soneto demonstra uma pronunciada tendência para fornecer a cada verbo e a cada substantivo um modificador. Cada forma verbal é acompanhada de um modificador orientado [governed] (substantivo, pronome, infinitivo) ou por um adjectivo predicativo. Todos os verbos transitivos dirigem apenas substantivos" (Jakobson, 1962:185), criam-se nexos de causalidade estrutural que são cruciais para a análise. O problema é que estas conclusões derivam de um processo em que se tomam por naturais coisas que realmente repousam em nexos artificiais.

Conclusões significativas, como a de que "A aglomeração de /r/'s ecoa de modo eloquente a associação ilusória dos gatos com Erebus, a que se segue a antitética elevação dos felinos empíricos às suas miraculosas transfigurações" (Jakobson, 1962:187) dependem, afinal, da tendência para se imaginar que poemas, e palavras em poemas, são coisas naturais.[58]

---

escrito numa viagem de barco, transatlântica e cujo destino era Nova Iorque, em que os dois se encontraram.

[57] Jakobson, 1962:185: "Como vimos, nem a repartição dicotómica do soneto nem a sua divisão em três estrofes resulta num equilíbrio dos constituintes isométricos. Mas se fôssemos dividir os catorze versos em duas partes iguais, o sétimo verso terminaria a primeira metade do poema, e o oitavo verso marcaria o início da segunda metade. Deste modo, é significativo que só estes dois versos médios se destaquem de modo mais óbvio, na sua caracterização gramatical, do resto do poema. De facto, em mais do que um sentido, o poema divide-se [the poem falls into] em três partes: neste caso, num par médio de versos e em dois grupos isométricos, o que vale por dizer os seis versos que precedem este par e os seis que lhe seguem. Deste modo emerge uma copla entre dois sextetos". O uso deste vocabulário lógico específico e distributivo parece convencer Jakobson do seu distanciamento crítico, o que tantas vezes acontece quando se fala de literatura. A ânsia do essencialismo interpretativo em colocar-se numa posição de neutralidade descritiva assenta muitas vezes no uso de um léxico particular, cuja apetência distributiva cria muitas vezes a ilusão de uma supra-instância hermenêutica, neutral quer em relação ao objecto quer em relação à idiossincrasia do crítico. Implicações formais ou materiais necessárias, obtidas a partir deste pressuposto, validam conclusões como, por exemplo, a de que "Esta divisão ternária do soneto implica uma antinomia tanto entre versos de duas rimas e o verso final de três rimas" (Jakobson, 1962:182).

[58] Como já se referiu no capítulo anterior, sentido depende de uma intenção, e por isso repetições em poemas devem ser descritas tendo em conta a deliberação que lhes presidiu. No exemplo de Jakobson, a aglomeração de um dado som tem, em si mesma, sentido, o que, por sua vez, implica relações posteriores entre os gatos e o filho do deus Caos. Estas relações, no entanto, são exemplificativas de um modo intencional, e não natural –

A repetição do som 'r' reforça, nesta tese, descrições semânticas (ou seja, supõe-se que a aglomeração de sons provoca relações particulares de causalidade que constroem o sentido do poema). Existe, no entanto, uma diferença muito importante entre perceber coisas contiguamente (ou por associação), e unir coisas mediante a estipulação de nexos de causalidade. Estruturas operativas como "tendências pronunciadas" em poemas são um correlato desta consideração imanente da poesia. O facto de poemas terem *tendências* depende de um movimento de animização da linguagem, que é indiscernível da atribuição de propriedades e potencialidades à linguagem poética.

O argumento é simples, e replicado sob diversas maneiras, na obra teórica de Jakobson: desde logo **(i)**, a linguagem poética, a melhor de todas as linguagens, tem características morfológicas, fonéticas e semânticas que a tornam *estranha*, do ponto de vista da recepção, em relação à *linguagem comum*; em segundo lugar **(ii)**, essas diferenças podem ser analisadas à luz de possibilidades potenciais inscritas na natureza da linguagem; e, por fim **(iii)**, essas possibilidades dependem não das pessoas que as analisam ou descrevem, mas de um constructo arbitrário a que se poderia chamar de "tendências da linguagem" (apesar disto, a sugestão tácita do argumento é a de que uma análise deste género está limitada a um número reduzido de exegetas bem treinados). Procurando validar este meta-argumento, Jakobson acaba por levar a cabo, de forma repetitiva, uma descrição de propriedades intrínsecas que dependem de atribuições, tendências e relações unívocas de causalidade. O correlato óbvio desta descrição é a identificação artificial de uma *sub-estrutura mecânica* à qual é atribuída uma importância subsequente especial. Mas o que é, afinal, dizer que poemas têm tendências? No sentido jakobsoniano, isso significa dizer que certas propriedades semânticas, quando combinadas de determinada forma, implicam sentidos. Se aceitarmos, contudo, a sugestão do capítulo anterior (segundo a qual sentidos dependem de intenções), as tendências em poemas deixam de ser coincidências linguísticas para passarem a ser

---

dependem de uma intenção, e não de propriedades linguísticas que instauram relações semânticas de natureza particular.

coincidências deliberadas e intencionais – e isto tem consequências profundas para a actividade hermenêutica.

Para além disso, e a outro nível, uma descrição inclui sempre uma interpretação e um juízo, que por sua vez dependem de uma série de restrições que são pré-existentes quer à pessoa que descreve quer à própria descrição. Essas restrições não devem, no entanto, ser tomadas como prova da existência de propriedades intrínsecas, quer estejamos a falar de coisas, de linguagem, ou de poemas. Quando descrevo um poema como obscuro, por exemplo, o termo "obscuro" é, desde logo, uma escolha entre várias descrições admissíveis, contra uma série de descrições não admissíveis. Mas tal não quer dizer, necessariamente, que a qualidade que denota o termo "obscuro" esteja inscrita na natureza do poema. Não existem motivos fortes para se defender de modo tão enfático que descrições e interpretações estão "lógica e psicologicamente separadas" (como defende, por exemplo, Hirsch) – e que só os linguistas estão capacitados para interpretar correctamente. A conclusão que se tira é a de que muitas das análises técnicas que Jakobson leva a cabo são, no fundo, tentativas performativas para defender o terreno da interpretação (aqui no sentido de *apreciação*). Neste argumento, esse âmbito da interpretação é tido como o *habitat* natural dos linguistas, e os seus exercícios filológicos passam a ser tipicamente medidos contra uma série de outras leituras possíveis, tidas como insuficientes ou superficiais.

De acordo com o argumento de Jakobson, o soneto de Baudelaire dá origem a um conjunto de associações que remetem para transformações efectivas no mundo real, induzidas pela linguagem poética. Jakobson parece acreditar que alterações no mundo afectam palavras, e vice-versa, e os gatos de Baudelaire deixam de ser gatos no poema para passarem a ser gatos a sério, cujas possibilidades de trans-substanciação estão inscritas numa relação sonora particular. Os gatos densificam-se ao ponto de se identificarem com a "grande esfinge", e isto acontece porque "Uma cadeia de paronomásias, ligada a estas palavras-chave e combinando vogais nasaladas com consoantes contínuas dentais e labiais, reforça a metamorfose" (Jakobson, 1962:190). A paronomásia (reiteração de sons parecidos) sobre-induz na linguagem um conjunto de modificações efectivas:

a repetição de certos sons altera inequivocamente as propriedades semânticas do discurso.[59] A conclusão é a de que

> A qualidade miraculosa dos gatos atravessa os dois tercetos. A metamorfose revela-se até ao fim do soneto. No primeiro terceto, a imagem das esfinges estendidas no deserto vacila desde logo entre a criatura e o seu simulacro, e no terceto seguinte os seres animados desaparecem por detrás de partículas de matéria. A sinédoque substitui nos gatos-esfinges várias partes dos seus corpos ... No terceto final, o sujeito implícito dos versos interiores torna-se numa parte acessória da frase ... Deste modo, os gatos parecem estar ligados ao objecto do verbo transitivo na última parte da oração do soneto e ao sujeito na penúltima, a que a antecede, estabelecendo assim a dupla correspondência, por um lado com os gatos enquanto objecto directo na primeira oração do soneto e, por outro lado, com os gatos enquanto sujeito da sua segunda oração.
> (Jakobson, 1962:191)

Jakobson usa indistintamente, do ponto de vista da análise textual, os gatos e a expressão "os gatos", confundindo uso e menção. Procura, em grande medida, infundir um animismo particular aos "gatos", enquanto menção poética, de modo a poder transformá-los num uso – procedendo assim a uma extrapolação de qualidades. É a indistinção entre uso e menção que cauciona o percurso da poesia em direcção à realidade. Este movimento segue da concepção de ficção (sendo que ficção envolve, para Jakobson e Bentham, menções que se podem caracterizar como

---

[59] Esta questão remete para as teorias performativas da linguagem de J.L. Austin, que defende que o pronunciamento de um performativo constitui em parte o *fazer* uma acção. A frase performativa não possui valor de verdade ou falsidade, sendo antes feliz ou infeliz, sincera ou insincera, autêntica ou inautêntica, bem ou mal invocada. Jakobson parece, até certo ponto, considerar poemas como performativos, o que perturba a sua "colagem" à distinção saussureiana entre *sincronia* e *diacronia*, com ênfase sobre a primeira. Isto porque poemas, enquanto actos ou coisas que são feitas, inviabilizam de algum modo análises sincrónicas – coisas são, tipicamente, feitas ou produzidas com um propósito. Ao procurar justificar a ideia de que o poema "Les Chats" produz efeitos no mundo pelo facto de ter certas características, Jakobson está, na realidade, a abrir uma fenda no seu argumento. Para uma compreensão mais pormenorizada das teses de Austin, cf. o seu influente *How To Do Things With Words*. Oxford, New York: Oxford University Press, 1962; sobretudo os capítulos I, II, V e XI.

híbridas)[60] – entendida como mal menor, que engana *mas só até certo ponto*. Uma noção estrita de menção inutilizaria por completo o argumento de Jakobson, cujo percurso é circular: som induz sentido, sentido envolve menção, menção é uso e uso constitui sentido.

A menção equivale ao uso da mesma forma que o som equivale ao sentido, ou seja, pela coincidência de uma repetição ou pela liberalidade de usufruto. As conclusões de Jakobson seguem de uma replicação de causalidades não necessárias que, por sua vez, instaura um procedimento unificado e reprodutível de amplificação. Como tal, "*La maison*, que circunscreve os gatos na primeira quadra, é abolida no primeiro terceto com o seu reino de solidão desértica, a verdadeira casa revelada dos gatos-esfinges. Por sua vez, esta «não-casa» outorga a inumerabilidade cósmica dos gatos (estes, como todas as *personae* do soneto, são tratados como *pluralia tantum*). Eles tornam-se, por assim dizer, na casa da não-casa, uma vez que dentro das íris dos seus olhos eles encerram a areia dos desertos e a luz das estrelas" (Jakobson, 1962:192; itálicos no original). Esta série de saltos conceptuais (e lógicos) permite a Jakobson demonstrar, na conclusão do artigo, uma ambiguidade peculiar, que segue de uma relação determinada entre *rimas* e *substantivos* – uma espécie de dicotomia entre masculino e feminino, que repousa numa forma particular de paradoxalidade genérica. Como em muitos outros pontos da sua tese, o argumento dissolve-se nas consequências. A conclusão é a de que

> Esta mesma ambiguidade é enfatizada através de todo o soneto pela escolha paradoxal de substantivos femininos para as assim chamadas rimas masculinas. Os gatos, pela sua mediação, permitem a remoção da

---

[60] "Poesia da Gramática e Gramática da Poesia" (Jakobson, 1968:123): "Jeremy Bentham, que foi talvez o primeiro a revelar as diversas «ficções linguísticas» que subjazem à estrutura gramatical, e que são usadas em todos os campos da linguagem como um «recurso necessário», chegou, na sua *Teoria das Ficções* a uma conclusão provocadora ... Ficções linguísticas não devem ser «tomadas por realidades» nem imputadas aos caprichos criativos dos linguistas". A conclusão é a de que as ficções linguísticas, tal como as repetições e associações de sons semelhantes, estão inscritas na natureza da linguagem (são autónomas), e devem por isso merecer um tratamento paradigmático. O hibridismo da menção jakobsoniana tem precisamente a ver com isto: os "gatos" são, ao mesmo tempo, uma menção e um uso – têm a capacidade de serem simultâneamente usados e referidos.

mulher da assembleia inicial formada por soldados e eruditos. "Le poète des chats", libertado do amor, "bien petit, bien restreint", encontra-se face a face e talvez mesmo se mescle com o universo, libertado da austeridade do erudito. (Jakobson, 1962:197)

O regresso ao critério linguístico, e a nexos de causalidade necessária entre som e sentido, parecem conduzir fatalmente a conclusões deste tipo. A circularidade dos argumentos jakobsonianos, bem como a sua dificuldade para explicar a necessidade de certos nexos causais, suscitam problemas em muitas das suas teses. Para além disto, existem focos particulares de fricção, em que a dificuldade para sanar conflitos analíticos leva a que premissas iniciais sejam substituídas por outro tipo de critérios.[61]

Não sabemos, realmente, o que se segue a uma palavra ou a uma frase, porque o futuro, do ponto de vista de qualquer das linguagens possíveis, é imprevisível. Ao procurar aplicar um modelo linguístico ao estudo da literatura, Jakobson está a pressupor uma concepção estrita de linguagem. Para além disto, o seu modelo de análise da literatura tem uma relação forte com o axioma formalista segundo o qual existem "tipos de linguagem", para defender que a linguagem que estuda é a mais

---

[61] Quando diz, por exemplo, que "Até este ponto, o poema parece consistir em sistemas de equivalências que se acomodam umas dentro das outras e que oferecem, na sua totalidade, a aparência de um sistema fechado. Há, no entanto, uma outra forma adicional de olhar para isso, na qual o poema toma a aparência de um sistema aberto em progressão dinâmica desde o princípio ao fim" (Jakobson, 1962:195). Neste momento, as descrições relacionais – e extensionais – são substituídas por uma descrição cumulativa e progressiva que desautoriza a primeira parte da explicação. Jakobson substitui com frequência critérios iniciais de ordem linguística e estrutural por critérios empíricos. Num importante e influente ensaio de 1966, Michael Riffaterre critica a posição textualista radical de Jakobson e Lévi-Strauss, deflacionando a linguística como método de análise e propondo outros critérios como a resposta do leitor, para a interpretação de "Les Chats". Riffaterre é um estruturalista, e a sua crítica parece sugerir uma espécie de dissensão dentro do campo imanentista (ou, pelo menos, uma abertura de princípio ao acolhimento de outro tipo de critérios). O uso radical do método linguístico de Jakobson e Lévi-Strauss é posto em perspectiva no artigo de Riffaterre, cujo objectivo parece ser o de retirar validade universal àquele critério. Cf. "Describing Poetic Structures: Two Approaches to Baudelaire's «Les Chats»", in Michael Riffaterre (1971), *Essais de Stylistique Structurale* (tradução francesa de Daniel Delas). Paris: Flammarion (pp. 307–364), em que se pergunta, por exemplo, "a linguística estrutural tal como ela é, sem modificações, será suficiente para a análise da poesia?" (310). O argumento de Riffaterre é o de que a descrição de estruturas linguísticas em poemas não é suficiente para determinar aquilo a que chama "estruturas literariamente activas" ou "estruturas exclusivamente poéticas".

honrosa. Será proposto mais à frente (no capítulo V, e noutros termos) que não existe uma diferença ontológica entre a linguagem do dia-a-dia e a linguagem poética, e que muito menos existe modo de prever o que se segue seja em que linguagem for.

O que importa reter por agora é o esforço que Jakobson e seus pares fizeram para isolar a linguagem poética como categoria operativa, encerrada tanto numa fenomenologia particular como numa sobre-indução sistemática de qualidades. O problema da poeticidade é, aparentemente, um problema de linguagem e, por isso, tornou-se necessário para um grande número de críticos criar um sistema de pressupostos para acomodar e justificar a existência de uma linguagem a que chamamos *poética*. Um contra-argumento extremo, sob o qual a poesia é meramente o hábito de encontrarmos coisas a que chamamos poemas em certos sítios e não noutros, tornaria por certo infrutíferos estes esforços. No entanto, e para quem acha que existem linguagens especiais, abdicar da noção de poesia como uma *linguagem de tipo especial* não parece ser uma opção.

A história desta noção é, contudo, muito anterior a Jakobson, cujo mérito principal é o de circunscrever descrições avulsas da função poética, dotando o estudo da poesia de um sistema complexo e operativo. Esta sistematicidade é original, e concentra uma série de adágios a favor do carácter auto-télico da linguagem poética que começam a manifestar-se, sobretudo, no período pós-romântico. Como se viu atrás, associa-se tipicamente ao Romantismo a inflação da personalidade e o excesso do sentimento que subjugam a linguagem como ferramenta ao serviço do génio. O simbolismo que lhe sucedeu contribuiu ainda mais para promover usos não literais da linguagem poética – usos que parecem levar a mimese clássica a um ponto de semi-dissolução. O simbolismo é, para além disso, o terreno estético em que se instauram uma série de relações e de potencialidades semióticas até então apenas afloradas em contexto poético. Numa palavra, os usos eminentemente simbólicos da linguagem poética deturpam de modo inaceitável (para quem subscreve uma versão estrita de sentido) as correspondências originais que informam uma noção idealizada de poesia: em consequência disso, a adopção de um critério de natureza especial para a linguagem poética começa a ser defendido logo nos meados do séc. XIX. Este tipo de posicionamento meta-poético é posto em movimento por intelectuais, filósofos e praticantes que desempenham simultaneamente as actividades crítica e artística.

Ralph Waldo Emerson, por exemplo, descreve os termos do problema quando avisa, em "The Poet", que a "Linguagem é poesia fossilizada".[62] Mas, e ao contrário de Jakobson, Emerson acredita que é a poesia que precede a linguagem, e não o oposto. O argumento fenomenológico do primeiro Jakobson – em que poeticidade é linguagem *mais* sensação –, é aqui invertido por uma substituição recíproca das variáveis: linguagem é poesia mais qualquer coisa. Esta "qualquer coisa" que se acrescenta à linguagem pode ser, afinal, aquilo que justifica uma leitura sincrónica tal como defendida por Saussure, primeiro, e Jakobson, depois. Privada da sua dinâmica histórica, a linguagem poética pode ser isolada nos seus constituintes a fim de incrementar a nossa compreensão da linguagem quotidiana. Este isolamento surge como função de uma necessidade filológica, mas pode, noutro sentido, ser uma exigência crítica geral, como defende Arnold em "The Function of Criticism at the Present Time".[63] A atenção ao particular linguístico reclama um posicionamento crítico cuja premissa fundamental é a de que poesia e linguagem não são, afinal, a mesma coisa. Recupera-se o verso wordsworthiano ("we murder to dissect"), no sentido de isolar, de modo sincrónico, os particulares que exemplificam a originalidade da linguagem poética: a crítica prática disseca o seu objecto a fim de tornar discernível a linguagem de que

---

[62] Emerson (1844), "The Poet", in *Essays – First and Second Series*. Mount Vernon: The Peter Pauper Press, s/d (pp. 187–206 [196]). Em sentido análogo ao de Jakobson, Emerson afirma que "As palavras são sinais de factos naturais" (em "Nature", in *The Complete Essays and Other Writings of Ralph Waldo Emerson* [Brooks Atkinson ed.]. New York: Random House, 1940; pp. 3–44 [14]).

[63] Conferência de Matthew Arnold proferida em 1864 e publicada em 1875, in Arnold, *Essays in Criticism* [G.K. Chesterton intr.]. London: J.M. Dent & Sons, 1969 (pp. 9–34). Uma das ideias centrais do texto de Arnold é que o discernimento de certas características do objecto de estudo envolve uma atenção aos particulares, às suas relações recíprocas e aos seus efeitos enquanto princípios estruturantes. As implicações da noção de "crítica prática" de Arnold têm muito a ver com a particularização do saber por oposição à suposta não-sequencialidade do pensamento especulativo. Trata-se de um meta-argumento que antecipa muito do que foi dito depois, por parte das teorias imanentistas, formalistas e estruturalistas do século XX, que insistiram muito em especializar a actividade hermenêutica em contexto literário.

todas descendem ou, por outro lado, a linguagem de que todas as outras descenderão. A linguagem poética é, por isso, auto-suficiente, orgânica e autotélica. Segundo Mallarmé,[64]

> A obra de arte pura implica o desaparecimento ilocutório do poeta, que cede a iniciativa às palavras, postas em movimento pelo choque das suas dissemelhanças; elas iluminam-se umas às outras com luzes recíprocas, como um trilho virtual de fogo sobre pedras preciosas, substituindo o sopro perceptível da velha lírica ou a direcção entusiástica individual da frase. (Mallarmé, 1896:252)

A dinâmica de semelhança e dissemelhança de que fala Mallarmé é muito parecida com a usada por Jakobson para validar o seu argumento isométrico sobre poesia e, tanto no primeiro como no segundo, funciona em dois níveis diferentes: em primeiro lugar **(i)**, propicia diferenças de som e de sentido entre constituintes linguísticos de poemas; e, em segundo lugar **(ii)**, valida a diferença entre linguagem poética e linguagem comum, através de processos de *estranhamento* e de *des-familiarização*.[65]

Este elenco de argumentos liga-se a um processo de progressiva autonomização dos estudos literários em contexto académico. O movimento exigiu, numa primeira fase, tanto um refinamento metodológico como a criação de um léxico particular, e neste processo os formalistas russos tiveram um papel central. Mas o sistema formalista excedeu em muito as fronteiras da Europa, e a sua versão russa foi adaptada no mundo anglo-saxónico, mantendo-se inalteradas muitas das suas teorias decisivas – o ponto de vista imanentista sobre a literatura dissemina-se a partir dos seus inícios em Moscovo, S. Petersburgo e Praga, até chegar à América dos anos 20, 30 e 40 do século XX. Dentro daquilo a que poderíamos chamar de "segunda

---

[64] Em "Crise de Vers" (1896), in Stéphane Mallarmé, *Divagations* [prefácio de E.M. Souffrin]. Paris: Fasquelle Éditeurs, 1943 (pp. 241–256).

[65] Estes dois conceitos, de que já se falou anteriormente, são particularmente operativos para as teses que defendem a cisão ontológica entre a linguagem da poesia e a linguagem prática. Para uma cartografia mais pormenorizada da génese e implicações dos dois conceitos, tipicamente formalistas, cf. Victor Erlich (1955), sobretudo onde se fala de Xlebnikov, Jakubinskij e Schlovsky.

geração crítica americana", os tropos e tópicos formalistas a propósito da linguagem literária revestem-se de uma tonalidade idiossincrática particular. Apesar disto, porém, conservam muitos dos seus princípios fundamentais, ligados sobretudo à ênfase linguística dos formalistas do leste europeu e ao conceito de "close reading" cunhado por I.A. Richards.

Uma das ideias centrais do formalismo, a de que a linguagem literária possui, na sua natureza, qualidades que a distinguem de outros tipos possíveis de linguagem, é recuperada pelo New Criticism americano com o propósito particular de reabilitar a poesia enquanto ícone material e dissecável:[66]

> Deste modo, quando estes críticos defenderam que o texto literário era "*icónico*", eles não queriam dizer que este simplesmente se assemelhava àquilo a que se referia, mas que apresentava "um objecto circular [in the round], uma figura tridimensional, por assim dizer; em linguagem técnica um objecto singular e individual". [Nota: a citação é de um texto de John Crowe Ransom de 1939] ... É a forma do texto que fornece este sentido de complexidade e individualidade, e como resultado o texto é icónico exactamente porque *é* aquilo que representa ... (Jancovich, 2000:207; itálicos no original)

Este argumento é da mesma família de explicações que o de Jakobson e Lévi-Strauss em "Baudelaire's «Les Chats»": o ícone verbal, considerado à luz de uma grelha particular de associações, repetições e qualidades potenciais, encerra em si mesmo a possibilidade de mimetizar o seu objecto. Deste modo, a relação entre poesia e realidade passa a ter um sentido unívoco, e centrípeto: poemas já não são modos de represen-

---

[66] Alguns dos críticos de que aqui se fala constituem o grupo dos New Critics cuja base de operações era o sul da América, embora haja outras figuras e outros grupos formalistas. O grupo sulista incluiu Ransom, Allen Tate e Robert Penn Warren numa primeira fase e, mais tarde, William K. Wimsatt e Cleanth Brooks, e formou-se em torno da revista de poesia e crítica *The Fugitive*, publicada entre 1922 e 1925. Cf., a propósito da doutrina e das origens sociais e académicas do grupo, Mark Jancovich, "The Southern New Critics", in A. Walton Litz, Louis Menand & Lawrence Rainey (2000) [eds.], *The Cambridge History of Literary Criticism – Volume VII – Modernism and New Criticism*. Cambridge: Cambridge University Press (pp. 200–218).

tar coisas, mas representações auto-referentes. A poesia deixa de ter usos, ou teleologias particulares, para passar a concentrar-se na sua própria natureza, que inclui tanto uma componente linguística como uma componente de identificação com objectos do mundo real. Estas considerações caucionam duas ideias fundamentais, a saber: a de que a obra de arte poética tem um estatuto ontológico especial; e, por consequência, a de que a linguagem poética constitui um afastamento dos usos comuns da linguagem. O macro-argumento formalista fecha-se, pois, sobre si mesmo.

As ideias centrais desta família de argumentos são recuperadas numa das obras maiores do New Criticism americano, *Theory of Literature*, de René Wellek e Austin Warren, publicada como súmula sistemática das teses imanentistas em 1949.[67] Parece existir uma justificação tautológica para as considerações de Wellek e Warren: a linguagem poética é especial porque a poesia tem um estatuto igualmente especial; e, por outro lado, essa ontologia específica é função da própria linguagem poética – no sentido em que esta é *diferente* de todos os outros tipos de linguagem (um ponto muito semelhante a argumentos já descritos de Jakobson). Deste ponto seguem consequências quer ao nível da análise prática da literatura, quer ainda a um nível teórico mais geral: a consideração da linguagem poética como um "idioma"[68] contribui para adensar a diferença de espécie entre descrever (ou comentar) e interpretar. Isto acontece, em primeira instância, porque se estipula ser impossível parafrasear uma

---

[67] René Wellek & Austin Warren (1949), *Theory of Literature*. London: Peregrine Books, 1963. A posição dos autores sobre a natureza da poesia é paradigmática: "A obra de arte, então, aparece como um objecto de conhecimento *sui generis* que tem um estatuto ontológico especial. Não é nem real (físico, como uma estátua) nem mental (psicológico, como uma experiência de luz ou de dor) nem ideal (como um triângulo). É um sistema de normas de conceitos ideais que são intersubjectivos" (156). Apesar de ser uma versão enfraquecida da consideração de poemas como ícones cuja materialidade é operativa, este argumento coopta a noção de poesia como um sistema particular de regras associativas de carácter linguístico. Quanto ao conceito de literariedade, que é função desta ontologia, o argumento de Wellek e Warren é ainda mais nítido: "É, assim, quantitativamente que a linguagem literária deve em primeiro lugar ser distinguida dos variados usos do dia-a-dia. [em poesia] Os recursos da linguagem são explorados de modo muito mais deliberado e sistemático" (24).

[68] A expressão é de Blackmur, citado por Michael Wood, em "R.P. Blackmur", *in* Litz, Menand & Rainey, 2000:235–247 (238).

linguagem cujas qualidades a tornam tão honorífica. Cleanth Brooks vai ao ponto de afirmar que,[69]

> Se nos permitirmos a nós mesmos sermos iludidos pela heresia da paráfrase, corremos o risco de fazer ainda mais violência sobre a ordem interna do poema em si. Tomando a paráfrase como ponto de vista [point of stance], concebemos de modo errado a função da metáfora e da métrica. Reclamamos coerências lógicas onde elas são por vezes irrelevantes, e não conseguimos frequentemente vislumbrar coerências imaginativas nos níveis em que elas são altamente relevantes. Algumas das implicações da heresia parafrásica são tão obstinadas e tão complicadas que não tentarei aqui nenhum tratamento específico das mesmas. (Brooks, 1947:165)

A noção de poesia de Brooks assenta na consideração de uma linguagem poética monolítica, agregada a uma rede de relações estruturais que reverte para o interior do poema: poemas possuem um "âmago" ["inner core of the poem"], que não é passível de ser comentado mediante o uso de uma paráfrase.[70] A ideia serve o argumento geral de que uma descrição ou um comentário não equivalem a uma interpretação: limitando-se a parafrasear, uma descrição não alcança o âmago interior do poema, que só está ao alcance do especialista, cujo léxico e modo de operar determinam as condições da interpretação. Enquanto a paráfrase é uma espécie de replicação no sentido exterior, a interpretação é uma decisão centrípeta. No entanto, parece claro que a paráfrase tem virtualidades que

---

[69] Cleanth Brooks (1947), *The Well Wrought Urn*. London: Dennis Dobson, 1968; capítulo 11, "The Heresy of Paraphrase", pp. 157–175.

[70] Cf. Brooks, 1947:166: "A estrutura essencial de um poema (que se distingue da estrutura racional ou lógica da «declaração» que dele abstraímos) parece-se com a estrutura da arquitectura ou da pintura: é um padrão de tensões resolvidas [resolved stresses]. Ou, movendo-nos mais ainda de encontro à poesia considerando as artes temporais, a estrutura de um poema assemelha-se à de um ballet ou de uma composição musical. É um padrão de resoluções e equilíbrios e harmonizações, desenvolvido através de um esquema temporal". A *ekfrasis* é, neste argumento, perturbadora da semiologia geral que tipicamente se associa às teses imanentistas. No entanto, o ponto importante a ressalvar é a compulsão estrutural de Brooks, que serve para elevar, de novo, poemas à condição de uma iconografia auto-referente.

invalidam as descrições de Brooks: se um termo pode ser definido ou parafraseado de muitas maneiras diferentes e, sobretudo, incompatíveis, isso só pode querer dizer que termos (ou padrões recorrentes de valor independente) não têm propriedades intrínsecas, mas antes propriedades relacionais que dependem de modos hermenêuticos e estratégias de decisão. A sua adequação não é estipulativa, mas dinâmica e levada a cabo por aproximação. No fundo, o argumento de Brooks é a favor da natureza especial da linguagem poética, e as suas consequências são bastante parecidas com as de alguns argumentos de Jakobson.

A noção de "inner core of the poem itself" é uma recuperação de argumentos de Jakobson e de Richards acerca das qualidades residuais da linguagem. Estas podem ser discernidas de modo sincrónico contra a relativa liberalidade contextual dos seus usos discursivos: existe, para os dois, uma espécie de substrato inalterado que é constitutivo da linguagem, e que justifica a consideração desta como uma entidade de natureza particular. Para Richards, no entanto, o que Jakobson vê como função – a poeticidade, que transforma uma sequência linguística numa sequência poética – é um acrescento emotivo que se aduz a certas sequências linguísticas. Trata-se de qualquer coisa que se acrescenta ou associa a determinadas sequências, que não são necessárias mas apenas contíguas. Na tese de Richards, então, não há uma relação necessária entre sequências linguísticas e associações.[71] A poesia é, para ele, o uso emotivo da linguagem, cujo correlato quotidiano consiste nos usos simbólicos dessa mesma linguagem.[72] Apesar de todas as diferenças posteriores que os

---

[71] "Associações" é um termo usado aqui de duas maneiras: para Richards, as associações entre sons e sentido e entre sequências verbais parecidas (nucleares no argumento de Jakobson) não são necessárias; o nível de associação que ele admite tem a ver com a associação de conteúdos emotivos – ponto de vista da recepção – à leitura de sequências verbais de natureza poética. Enquanto para Jakobson as associações se manifestam a um nível intra-sistemático (com particular ênfase nas possibilidades combinatórias), para Richards elas existem entre o poema e o leitor, ou entre o verso e o conteúdo emotivo que este suscita no acto de percepção (num certo sentido, esta ideia é semelhante ao argumento fenomenológico do primeiro Jakobson, embora uma certa tonalidade psicologista torne o argumento de Richards mais complexo).

[72] A noção de que a linguagem não significa e apenas exprime é subsidiária de Wittgenstein, e proposta por C.K. Ogden e I.A. Richards (1923) em *The Meaning of Meaning*. London: Routledge & Kegan Paul, 1969. Cf., por exemplo, a declaração da p. 149: "No

separam, Jakobson e Richards têm várias coisas em comum: desde logo, ambos se interessam pela frase (cuja natureza é sintáctica) como unidade mínima da poesia; em segundo lugar, existe, para ambos, um substrato inalterável (e prévio), cujo carácter imperturbável sobrevive a todas as ocorrências da linguagem. De uma maneira ou de outra, tanto o primeiro Jakobson como Richards acreditam num resíduo sincrónico subjacente a toda a linguagem, que para o primeiro se reflecte na leitura de palavras como palavras e para o segundo numa reacção emotiva a uma expressão. O argumento de Jakobson segue, a partir desse ponto, um caminho de retrocesso, apontando para as qualidades da linguagem que tornam uma mensagem numa mensagem poética; o de Richards, ao invés, aponta para o reordenamento psíquico que se verifica no contexto da recepção da expressão poética.[73] Mas apesar de seguirem caminhos e conclusões distintas, os dois concordam, entre si e com Brooks, que poemas têm um âmago – um "inner core" – que resiste a todas as suas replicações

---

discurso comum do dia a dia, cada frase não tem uma, mas várias funções ... neste ponto uma dupla divisão é mais conveniente, a divisão entre o uso *simbólico* das palavras e o seu uso *emotivo*. O uso simbólico das palavras é *declaração*; o registo, o apoio, a organização e a comunicação das referências. O uso emotivo das palavras é um assunto mais simples, é o uso das palavras para exprimir ou instigar sentimentos e atitudes. É provavelmente mais primitivo" (itálicos no original). Richards tende a percepcionar poesia quase exclusivamente pelo lado dos efeitos, e a sua crença na psicologia da resposta dá origem a consequências importantes. O uso emotivo da linguagem é, no fundo, um uso puramente expressivo, que depende de respostas ou reacções particulares a sequências cujo valor semântico não é imanente. Apesar de anteceder em mais de dez anos o artigo de Jakobson de 1933/34, o argumento de Richards pode ser visto como uma teoria alternativa à daquele. Num primeiro momento, porém, as parecenças entre as suas teses são evidentes: poesia é qualquer coisa que sofre um acrescento, sob forma de uma resposta particular a um bocado de linguagem.

[73] É curioso verificar que, apesar de partirem de paradigmas diferentes, Richards e Jakobson cheguem a conclusões metodológicas parecidas. Por exemplo, Ogden e Richards criticam amplamente Saussure – e aquilo a que chamam "tirania da linguagem", ou um movimento geral de primazia da linguística na análise literária, e no qual se incluiria decerto Jakobson (cf. Ogden & Richards, 1923:4-6). Esta crítica tem implicações quer no contexto da expressão quer no contexto da interpretação, embora, e como já se viu, redunde num terceiro momento numa aproximação a Jakobson. Numa palavra, Jakobson e Richards concordam que: (i) a poesia é uma linguagem especial (para o primeiro através de uma função e para o segundo através de um uso); (ii) a linguagem especial da poesia contém em todas as circunstâncias um lastro imperturbável que se pode discernir; e discordam em (iii) acerca das consequências de (i) e (ii): para o primeiro, é necessário regressar ao poema em si para analisar os mecanismos linguísticos potenciadores de sentido; para o segundo, é preciso procurar no acto de recepção os processos expressivos que fazem de um uso linguístico um uso poético.

contextuais como uma fundação linguística residual, que garante o sistema contra todas as leituras idiossincráticas.[74]

Este conjunto de teorias não é, apesar da sua sofisticação, completamente original. Mesmo tendo em conta o seu aspecto sistémico, que é produto do modernismo, a ideia da linguagem como resíduo tem uma genealogia muito anterior. Poderíamos inclusivamente sugerir que muita da ciência da linguagem que se fez no século XX depende de ideias defendidas muito antes por Santo Agostinho. Na sua teoria da interpretação das escrituras, em *Sobre a Doutrina Cristã* (c. 395), Agostinho propõe um entendimento particular da linguagem que antecipa argumentos posteriores de Jakobson.[75] A ideia é a de que a linguagem tem usos comuns e usos simbólicos, sendo que os últimos convocam decisões hermenêuticas decisivas. Assim,

> Há duas razões pelas quais as coisas escritas não são compreendidas: elas são obscurecidas ou por signos desconhecidos ou por signos ambíguos. Porque os signos são ou literais ou figurativos. São chamados literais quando usados para designar aquelas coisas a partir das quais foram instituídos; Os signos figurativos ocorrem quando a coisa que designamos por um signo literal é usada para significar outra coisa; deste modo dizemos "boi", e por essa sílaba entendemos o animal que é vulgarmente designado por essa palavra, mas além disso, por esse animal entendemos um evangelista, como significado na Escritura, de acordo com a interpretação do Apóstolo. (Santo Agostinho, 395:37–38)

Descrições literais podem, assim, ser perturbadas por um acrescento simbólico que depende de uma interpretação. Existe, pois, uma linguagem que se pode chamar residual, e que é a soma de todos os sentidos literais de termos, e qualquer coisa que se acrescenta em função de uma interpretação.

---

[74] Este ponto faz lembrar a distinção entre "meaning" (sentido imanente) e "significance" (o que se altera historicamente no texto), de Hirsch (em "Objective Interpretation"; cf. capítulo II).

[75] Santo Agostinho, *On Christian Teaching* [trad. R.P.H. Green]. Oxford: Oxford University Press, 1997.

No primeiro Jakobson, trata-se de uma sensação e, no segundo, de propriedades artificiais da linguagem, como associações e equivalências. Em Santo Agostinho, trata-se da simbologia cristã, que assenta num paradigma hermenêutico: esta ideia parece supor a existência do hiato atrás referido entre linguagem comum (associada à literalidade) e linguagem literária (associada à plurissignificação). Mas a ideia de linguagem de Santo Agostinho traduz uma concepção holista que os formalistas nunca foram capazes de sugerir. Assim,

> O discurso vulgar estende-se mesmo àqueles tropos, que são ainda mais notáveis porque eles implicam o oposto daquilo que é dito, como aquilo a que chamamos metáfora ou antífrase. Ora, a ironia indica por inflexão o que tenciona que seja entendido, como quando dizemos a um homem que está a fazer o mal, "Estás a proceder bem". A antífrase, contudo, não repousa na inflexão de que possa significar o contrário ... ou indica que uma coisa é assim quando quer implicar o contrário, como quando procuramos discernir aquilo que não está presente mas que nos é dito. (Santo Agostinho, 395:88)

O argumento é, no fundo, o de que a linguagem comum se serve de dispositivos particulares exactamente na mesma medida que a linguagem literária o faz, remetendo-se para usos e finalidades que são propriedade comum de toda a linguagem – e isto demonstra o holismo robusto do argumento. Apesar de defender que a posteridade do sentido depende de algo mais do que simples impressões, Santo Agostinho parece bastante avesso a subscrever a compulsão formalista para categorizar tipos de linguagem de diferente valor cognitivo.[76] O uso da linguagem parece depender de uma interpretação, interpretação essa que em Agostinho traduz paradigmas cristãos: ou seja, o modo de interpretar correctamente está incluído numa espécie de teoria geral da interpretação de aspecto

---

[76] Aproximando-se, por isso, do segundo Jakobson e contrariando por completo Richards (cf. Santo Agostinho, 395:30): "Um signo é uma coisa que nos leva a pensar em alguma coisa para além da impressão que a coisa em si deixa nos nossos sentidos".

cristão. Santo Agostinho *interpreta interpretações*, verificando a conformidade das interpretações adventícias das escrituras com o complexo moral e religioso que defende (e por isso a "interpretação do Apóstolo" é tão importante). O ponto de vista segundo o qual interpretação envolve necessariamente preconceitos – tão amplamente debatido no século XX –, dispensa em Agostinho uma discussão profunda das implicações de certas divisões artificiais.

Apesar disto, e mais de vinte anos depois, no capítulo 10 do Décimo Quinto Livro de *A Trindade* (416 d.c.)[77], Santo Agostinho enuncia um princípio da linguagem que se parece um pouco com certas teorias formalistas:

> Aquele que, então, conseguir entender a palavra, não apenas antes de esta soar, mas antes mesmo de as imagens do seu som serem contempladas em pensamento – tal palavra não pertence a nenhuma linguagem ... – aquele que, repito, conseguir compreender isto, pode ver desde logo através deste espelho e neste enigma alguma parecença daquela palavra da qual foi dito: "No princípio era o Verbo, e o Verbo estava com Deus; e o Verbo era Deus". (Santo Agostinho, 416:469)

Esta remissão da linguagem para uma primordialidade auto-evidente autoriza a noção de linguagem de Jakobson e dos imanentistas, e também de Richards, embora num sentido mais restrito. Apesar de criarem uma linguagem sem Deus, os formalistas, os New Critics e, posteriormente, os estruturalistas, defenderam a ideia de que existe uma supra-linguagem da qual a linguagem literária seria a corruptela mais aproximada e representativa. Deste tipo de argumentos seguem conclusões importantes, que muitas vezes incluíram a incisão de categorias e compartimentos, para além de limitações às possibilidades filológicas. As restrições antecipadas que argumentos deste tipo criam à interpretação são de utilidade duvidosa, e serão tratadas de modo específico no capítulo V. O que importa reter por agora é que, apesar de partirem de uma mesma ideia comum – a da

---

[77] *La Trinité - Livres VIII – XV* (traduzidos a partir da edição beneditina por J. Agaësse; notas de J. Moingt). Paris: Desclée de Brouwer, 1955.

existência de propriedades intrínsecas, ainda que residuais, da linguagem –, Santo Agostinho, Jakobson, Richards e os New Critics chegam, na maioria das vezes, a conclusões diferentes, e até incompatíveis entre si.

Jakobson representa, em vários sentidos, um esforço persistente – que, como se viu, não é nem exclusivamente seu nem completamente original – para associar a noção de "linguagem poética" à noção de "características especiais". Seria possível, e talvez até desejável, descrever os argumentos de Jakobson à luz de um ponto de vista histórico e diacrónico, em que se percebesse não só a sua importância mas igualmente uma série de esforços paralelos que foram feitos no mesmo sentido. O que Jakobson tem de particular, e é nisto que reside a sua singularidade, é que os seus argumentos demonstram uma evolução (de um argumento fenomenológico para uma série de argumentos linguísticos); que a complexidade do seu sistema é talvez inigualável; e que esse mesmo sistema foi determinante para uma noção particular de literatura. Este *sistema* é subsidiário da ideia de que a literatura é feita de uma linguagem especial, que difere dos outros tipos possíveis de linguagem pela natureza peculiar da sua função, a função poética ou *poeticidade*, cuja intenção está inscrita nas propriedades da linguagem que utiliza. A base do esquema funcional da linguagem de Jakobson é a noção de que toda a comunicação é orientada para uma finalidade, e depende do "propósito específico do falante". A linguagem poética é, para ele, um caso especial de comunicação, em que aquele "propósito específico" é deflacionado em favor da mensagem.

O sentido, na poesia, passa a depender de uma série de propriedades linguísticas que são, a um mesmo tempo, independentes das intenções do falante e exemplificativas do predomínio da função poética sobre todas as outras. A consideração de uma função poética exclui, por natureza, considerações de ordem intencional, o que torna ociosa a referência tanto a uma génese quanto a um contexto. Deste modo, e pela sua complexidade, a poesia ganha (segundo Jakobson) em ser descrita de modo sincrónico e paradigmático. A forma correcta de analisar poemas é, então, a de utilizar um método linguístico que permita isolar os componentes que, pela sua dinâmica de repetição e associação (pelas suas potencialidades combinatórias), sugerem semelhanças ao nível do sentido. A ordem familiar de explicação do sentido é invertida, uma vez que é uma leitura sincrónica e paradigmática que autoriza a construção de sentido – vulgarmente, é a partir de uma leitura semântica que se intuem e explicam, em momento posterior, estruturas e componentes que se repetem ou associam de modo particular. O modelo de Jakobson aspira a resolver problemas hermenêuticos *por antecipação*, e a interpretar todos os poemas de uma língua e todos os poemas em todas as línguas possíveis – uma vez que a função poética depende menos de *propósitos específicos* de falantes do que de um conjunto de propriedades que estão inscritas na natureza da linguagem, e que dependem de universais linguísticos.

O pressuposto é o de que a linguagem poética possui qualidades específicas que a tornam diferente dos usos comuns da linguagem e que, por isso, leituras subsequentes de ocorrências poéticas dependem de um lastro de operações técnicas que não está ao alcance de todos. Descrever poemas ao nível da superfície sintagmática é, para Jakobson, diferente de interpretar poemas a um nível sincrónico e paradigmático, e é por isso que o método da linguística é o mais habilitado para lidar com a função poética da linguagem. Os argumentos do segundo Jakobson representam, muitas vezes, tentativas tecnicamente complexas para exemplificar na prática preceitos teóricos (sugeridos sobretudo pelo seu conceito de linguagem e respectivas funções). O isolamento de constituintes paradigmáticos, que exige do praticante uma atenção especial a repetições, associações e combinatórias, é o momento em que uma descrição passa a ser uma interpretação – o momento em que se diminuem quer a intenção quer o contexto dos poemas, e em que a semântica troca de posição com o paradigma.

Quando predominante, a função poética é usada de um modo que é diferente de todas as outras funções da linguagem, uma vez que a poeticidade depende de uma substituição do *locus* funcional do declarante pela mensagem. Por isso, a teoria das funções da linguagem de Jakobson contém, também, um argumento não-intencionalista, que pressupõe que o sentido não depende de uma intenção (ao contrário do que acontece, no seu sistema, com a linguagem quotidiana, em que a predominância funcional está no lado do falante). Depende, sim, de características de uma linguagem que possui qualidades e propriedades que a distinguem de todos os outros usos possíveis. O argumento é circular: a função poética é especial porque tem características funcionais especiais (depende da mensagem e da sua respectiva linguagem); e é o facto de a linguagem poética ser especial (pela sua complexidade paradigmática ao nível das repetições, associações e variáveis combinatórias) que torna a poesia diferente de todos os registos de comunicação.

Em consequência do que foi dito até aqui, a sugestão do capítulo II, segundo a qual não há sentido sem intenção, apresenta uma reserva importante à noção de função poética de Jakobson (na qual a determinação do sentido impende sobre a mensagem, concebida como linguisticamente peculiar). O meu argumento é o de que é vantajoso, do ponto de vista epistemológico, aproveitar apenas a primeira parte da explicação – a concepção do acto de comunicação como orientado para uma finalidade –, e a sua descrição funcional da linguagem de modo horizontal – eximindo diferenças de espécie entre as várias funções. A literatura tem usos e finalidades como qualquer outra forma de comunicação, e a sua singularidade tem a ver não com propriedades que são constitutivas da linguagem poética mas antes com propriedades relacionais, que são constitutivas de usos intencionais da linguagem. Sob um ponto de vista horizontal, em que não existam diferenças de espécie entre os vários modos de comunicação, a linguagem poética e a linguagem quotidiana possuem um estatuto idêntico: subsidiárias de uma intenção, elas apenas podem ser descritas na perspectiva de um futuro, e não sob qualquer caução metodológica antecipada. Um dos pontos importantes do argumento geral de Jakobson tem a ver com as possibilidades que certas relações combinatórias têm de produzir sentido. Como se viu, a sua tese repousa no âmbito específico da poesia, e numa dinâmica de selecção e associação que parece encontrar um acolhimento de espécie particular em poemas. A poesia, para Jakobson, não é um sub-produto ou uma entidade genérica, mas antes o conjunto de ocorrências que validam e exemplificam as suas teses. É na poesia que as potencialidades combinatórias da linguagem são, talvez, mais visíveis, e Jakobson trata associações e correspondências poéticas de modo especial – como se poemas fossem as ocorrências em que certos tropos linguisticamente relevantes se manifestam de maneira exemplar. O ponto de vista de Jakobson sobre a linguagem é, no limite, resultado da constatação de que coisas como rimas ou aliterações parecem ocorrer mais frequentemente em poemas do que noutras formas de discurso, o que valida, retrospectivamente, a sua tentativa de elevar a linguagem poética à condição de forma especial de linguagem.[78]

Esta tentativa é, também, fruto de um posicionamento específico em relação aos termos do debate sobre a natureza e os usos da linguagem – um problema sobretudo filosófico que foi cooptado pelos estudos literários. É tida como importante, quando se justifica uma interpretação, uma posição clara em relação ao estatuto da linguagem literária e, normalmente, existem duas grandes famílias de explicações para o tópico: uma explicação de tipo linguístico (cuja tradição foi já enumerada), segundo a qual a linguagem poética é tratada como sendo singular, autotélica e dependente de propriedades intrínsecas; e uma explicação segundo a qual linguagem depende de usos, não havendo, por isso, diferenças de espécie

---

[78] Este movimento pode, no entanto, ser questionado quer ao nível das suas premissas quer, e mais importante, ao nível das suas consequências. Segundo Bakhtin, "A ideia de uma linguagem da poesia especial, unitária e singular é um típico filosofema utópico do discurso poético: é escorada nas condições reais e nas exigências do estilo poético, que é sempre um estilo utilizado adequadamente por uma linguagem directa e intencional, de cujo ponto de vista outras linguagens (conversas, linguagem de negócios e prosa, entre outras) são entendidas como não sendo de modo algum iguais a ela. A ideia de uma «linguagem poética» é mais uma expressão da mesma concepção Ptolomaica do mundo linguístico e estilístico. A linguagem – como o ambiente vivo e concreto no qual a consciência do artista verbal vive – nunca é unitária" (Mikhail Bakhtin [1934-35], "O Discurso no Romance", traduzido por Caryl Emerson e Michael Holquist como "Discourse in the Novel", in Bakhtin, *The Dialogic Imagination – Four Essays* [Michael Holquist ed.]. Austin: University of Texas Press, 1981 [pp. 259–422]). A ideia é a de que, no fim de contas, a noção de poeticidade de Jakobson é função de um sistema arbitrário cujo centro era, afinal, uma instância relacional como muitas outras – o que é bem diferente de um ponto arquimediano. O posicionamento da "linguagem poética" no centro do estudo da literatura promove automaticamente relações hierárquicas que Bakhtin dissolve, testando a operatividade do argumento através de uma perturbação das variáveis. Não há, em resumo, um critério estritamente linguístico para avaliar literatura: o que Bakhtin diz é que a ênfase linguística no estudo da arte literária (implicada por uma teoria vertical acerca das formas de discurso) não leva a nenhum lado. Isto acontece porque a linguística é um critério arbitrário no meio de tantos outros: a sua invocação é, pois, estipulativa e não fundacional, como Jakobson e muitos formalistas parecem ter acreditado.

mas apenas de grau entre tipos de discurso disponíveis.⁷⁹ De acordo com o primeiro tipo de explicação, a linguagem literária bastar-se-ia a si mesma, ainda que a sua correcta interpretação necessite de complexos processos técnicos (sendo um fim em si mesma, dispensa intenções ou

---

⁷⁹ William Empson, por exemplo, oferece tanto uma crítica a posições de Jakobson e de Richards (a propósito do carácter auto-remissivo da linguagem poética), como um modelo para descrever a linguagem literária, em *The Structure of Complex Words* (Cambridge, Massachussetts: Harvard University Press, 1989 [1951], sobretudo nos capítulos I ["Feelings in Words", pp. 1–38] e II ["Statements in Words"], pp. 39–83). O seu projecto passa muito por tentar circundar dois dos pressupostos comuns a Jakobson e Richards, a saber: 1) o interesse pela sequência como unidade mínima da linguagem poética – e ao qual sobrepõe um interesse por palavras; 2) a ideia de que existe um substrato independente de funções (na tese de Jakobson) e de usos (na de Richards) – que Empson substitui por uma noção de linguagem como uma série de palavras que já incluem tanto funções quanto usos. Empson defende que as funções de Jakobson e as reacções de Richards já se encontram implicadas qualitativamente no item lexical – isto porque a cada item corresponde um número de possíveis significados. Deste modo, uma palavra passa a ser uma colecção das suas funções e dos seus usos particulares, e deixa de existir uma distinção clara entre aquilo que um item linguístico é e o modo como um item linguístico é usado – o que o aproxima de Wittgenstein. O modelo de Empson é o do dicionário, em que a cada entrada corresponde um conjunto finito de sentidos possíveis. A ideia de que uma ontologia é indistinta de um uso tem repercussões decisivas para o conceito de linguagem, uma vez que o substrato sincrónico desaparece a favor de uma diacronia particular. Esta idiossincrasia utilitária não é, contudo, anárquica, uma vez que existe em cada termo uma potencialidade inferencial que remete para usos tanto antecedentes como futuros. Na tese de Jakobson, existe primeiro uma coisa a que chamamos linguagem, a que depois se aduzem funções, e na de Richards uma linguagem à qual se acrescentam usos ou reacções. No caso de Empson, a ideia de que existe um resíduo prévio a funções e usos é descabida: só existe léxico, e este léxico não inclui uma noção de linguagem – ou seja, escolhermos o sentido mais apropriado, num dado contexto, de uma entrada do dicionário, não inclui necessariamente uma teoria geral acerca da linguagem. Não precisamos de imaginar uma base rarefeita e inalterável que funciona como condição de possibilidade para funções e usos. Trata-se, obviamente, de uma tese invulgar, e os problemas específicos que levanta não serão, por uma questão de economia, aqui analisados. O que importa reter é que, na tese de Empson, para falarmos de poesia não precisamos de falar de linguagem e podemos simplesmente falar de termos, termos esses que aparecem em certos sítios a que nos habituámos a chamar poemas. Empson, contra Jakobson e Richards, acredita que linguagem literária *qua* linguagem literária não existe, resolvendo numa forma extrema de monismo as perplexidades que o dualismo daqueles instanciam. O critério para a avaliação da linguagem passa a ser um critério pragmático e holista que impende sobre ocorrências particulares de termos, considerados como itens lexicais únicos. O problema da fundação residual do sentido dissolve-se na crença democrática de que a potencialidade universal do uso oferece a cada item e, por consequência, a cada possível associação de itens, uma dimensão espectral. Deste modo, as palavras são usadas para serem compreendidas, dispensando-se por isso da aura trans-substancial que lhes é exigida pelas teses "residuais". Usos têm implicações profundas ao nível do sentido, e este universalismo cognitivo dissolve todo o tipo de categorizações universais acerca da linguagem. Assim, "O *uso* das palavras, de facto, resume a vossa própria atitude para com as questões práticas que aquelas levantam, e é sua obrigação [it is their business] serem fluidas no seu significado, de modo a que uma grande variedade de pessoas as possa usar" (Empson, 1951:30; itálico no original).

contextos que não sejam discerníveis por análises linguísticas). Ou seja, a linguagem literária é vista como um monólogo auto-suficiente: cabe ao intérprete não só manter o texto na sua iconicidade irredutível, como interpretar sobre dados obtidos através da leitura paradigmática de textos cuja linguagem tem uma natureza particular. No esquema funcional da linguagem de Jakobson, o que diferencia a primeira das segundas é o facto de ela dispensar, à primeira vista, as considerações e descrições extra-linguísticas que fazem parte de todas as relações de comunicação. A negociação epistemológica, no caso da linguagem literária, só tem um sentido, o do interior do texto, e a exegese é limitada a uma indagação arqueológica: textos literários são, em suma, ícones inamovíveis que contêm, de muitas maneiras, a sua própria explicação.

A literatura é um modo de comunicação que, apesar de orientado para um fim (como todos os outros), possui em si mesma características que a elevam a uma condição ontológica especial. Ela pode, por isso, ser descrita de forma não-intencional e a-contextual, em que a função poética da linguagem é tida como preponderante em relação a todas as outras funções. Em consequência, o percurso hermenêutico que os textos literários exigem deve fazer-se no sentido do interior do texto, estabelecendo-se fronteiras precisas entre o que é literário e o que não é. Um dos aspectos do sistema de Jakobson tem a ver justamente com a delimitação de critérios, de condições de acessibilidade e de fronteiras entre o que conta como (e pode ser descrito como) literatura, e o que não se qualifica como tal. Um dos primeiros movimentos desse sistema consiste no apelo aos conceitos de "estranhamento" e "des-familiarização". A porosidade de fronteiras que acontece de modo natural na literatura é considerada como um não-acontecimento para Jakobson, sobretudo num momento inicial que valida todo o método posterior.[80] Aliás, o movimento

---

[80] Em sentido contrário, John R. Searle resolve o problema da delimitação de modo sintético (apesar de estipulativo) quando afirma que "o literário é contínuo com o não literário. Não só não existe uma fronteira decisiva [sharp], como não há de todo uma fronteira" (Searle, 1979, "The Logical Status of Fictional Discourse", in *Expression and Meaning – Studies in the Theory of Speech Acts*. Cambridge: Cambridge University Press, p. 59). De um modo mais elaborado, e no contexto de uma discussão acerca de ficções literárias, Michael Riffaterre faz um ponto semelhante, numa importante obra de que se

geral do sistema de Jakobson (e, notoriamente, a substituição do argumento fenomenológico inicial pelos segundos argumentos de carácter linguístico) pode não ter sido suscitado apenas por uma dificuldade em manter um critério baseado na *percepção*. De um certo ponto de vista, é possível ler o argumento fenomenológico do primeiro Jakobson como o preâmbulo que cauciona os desenvolvimentos posteriores da sua teoria: a poesia é estranha e não familiar porque há pessoas que têm a capacidade de sentir palavras como palavras, sem a perturbação de variáveis intencionais ou contextuais. Ou seja, muitas das fronteiras sugeridas pelas teorias de Jakobson são validadas não só pela ideia de que a poesia é feita de uma linguagem estranha como, em consequência, pela ideia de que pessoas sentem linguagens estranhas de modo diferente.

Esta primeira restrição da acessibilidade à linguagem da poesia leva a uma segunda ordem de restrições, em que critérios técnicos complexos (suscitados pelo carácter auto-remissivo da linguagem poética) ajudam a limitar a análise a um grupo reduzido de especialistas. A manutenção, e o constante aperfeiçoamento, de uma análise estritamente linguística do fenómeno literário parecem ser o garante desse *statu quo* hermenêutico – e por isso Jakobson investe tanto no aspecto *técnico* das suas descrições. Embora tal critério tenha necessariamente que ser tido em conta, a verdade é que, no sistema de Jakobson, ele é predominante em relação a todos os outros. Se **(i)** a função poética aponta para a mensagem em prejuízo do falante, e se **(ii)** apenas algumas pessoas conseguem sentir palavras como palavras, tal significa que **(iii)** essas palavras fazem parte de uma linguagem especial e, por isso, **(iv)** o método linguístico de análise textual é o mais habilitado para lidar com os fenómenos poéticos.

Jakobson tem a vantagem (económica para os propósitos deste capítulo) de ter sistematizado um conjunto de argumentos que favorecem uma noção particular de literatura – descrita como uma linguagem, e

---

voltará a falar no próximo capítulo: "representações verbais no texto referem-se a dados verbais emprestados do sociolecto, e esses dados estão realmente presentes no texto" (Riffaterre [1990], *Fictional Truth*. Baltimore and London: The Johns Hopkins University Press, 1993, p. 3).

uma linguagem de tipo especial, cujo estatuto é ontologicamente distinto de outras formas de linguagem, discurso e comunicação. As suas teses repousam num conjunto de pressuposições que condensa um ponto de vista particular, e hegemónico, em que a crítica literária de grande parte do século XX se apoiou. Representam, de muitas maneiras, o esforço que foi feito para dotar a linguagem literária de propriedades e aspectos singulares e, mais do que isso, autónomos.[81] Parecem seguir duas consequências importantes da noção de que literatura é uma linguagem especial: desenvolver teorias complexas acerca de linguagens especiais; e desenvolver teorias acerca de métodos especiais destinados a lidar com aquelas. Existe uma relação próxima entre dizer-se que a literatura é feita de uma linguagem especial e imaginar-se que há um método especial para se lidar com coisas que são, aparentemente, feitas de linguagem. Este ponto de vista acomoda-se, de resto, ao âmbito das teorias dualistas da cognição, que sugerem a existência de métodos diferentes para conhecer coisas diferentes – e que, por conseguinte, existe um módico de dispersão epistemológica (e, logo, metodológica) em todo o exercício hermenêutico. Esta tese, no entanto, pode não sobreviver ao contra-argumento segundo o qual as diferenças epistemológicas não são de espécie mas simplesmente de grau – uma ideia que será proposta e debatida no capítulo V. De resto, é intuitivamente possível imaginarem-se as mais variadas descrições nos mais variados contextos: descrições são, neste sentido, dependentes de hábitos e de sítios onde as costumamos encontrar, e não de propriedades intrínsecas ou potenciais dos objectos – outra ideia da qual se dará conta em pormenor no capítulo final.

---

[81] Para uma síntese crítica das posições de Jakobson, cf. Vítor Manuel de Aguiar e Silva, *Teoria da Literatura*. Coimbra: Livraria Almedina, 2007, cap. 2 (pp. 43-74). Para um argumento contra a possibilidade de o sentido ser determinado sem recurso a um contexto – e não só no que diz respeito à literatura, cf. John R. Searle, "Literal Meaning" (Searle, 1979:117-136), em que se diz, por exemplo, que "Estritamente falando, a expressão «literal» na frase «sentido literal da frase» é pleonástico uma vez que todas essas outras espécies de sentido – sentido irónico, sentido metafórico, discurso indirecto e implicações conversacionais – não são de todo propriedades das frases, mas dos falantes, pronunciamentos de frases" (118).

O argumento, central para Jakobson, de que a linguagem literária é diferente de (e a melhor de todas as) linguagens possíveis, assenta na consideração de que a linguagem literária tem propriedades distintivas que instanciam diferenças de espécie entre tipos de linguagem. É sobre esta ideia que Jakobson ancora o seu sistema linguístico de análise textual. Ou, como resume Eichenbaum em "A Teoria do «Método Formal»", um dos textos seminais do formalismo,

> A linguagem poética distingue-se da linguagem prática pela percepção da sua estrutura. Os aspectos acústicos, articulatórios e semânticos da linguagem poética podem ser sentidos. Por vezes sente-se a estrutura verbal, a disposição das palavras, mais do que a sua textura. A imagem poética é um dos meios, mas apenas um dos meios, de se criar uma estrutura perceptível, projectada para ser experienciada dentro da sua própria estrutura ... A criação de uma poética científica deve começar indutivamente com uma hipótese construída sobre uma acumulação de evidências. Essa hipótese é a de que as linguagens poética e prosaica existem, que as leis que as distinguem existem e que, finalmente, estas diferenças devem ser analisadas. (Eichenbaum, 1926-27:114)

Por tudo o que foi dito até aqui, parece-me ser bastante difícil fazer valer um argumento robusto e inequívoco acerca do que torna uma mensagem linguística numa mensagem poética. Poeticidade, literariedade e outros conceitos afins são sugeridos por um sistema complexo, que procura elevar a literatura a um estatuto ontológico especial. O problema é que este percurso depende, em primeira mão, de uma série de considerações empíricas (e institucionais), descritas sob a forma de considerações essencialistas (cuja operatividade é reduzida). Confundir estipulações com argumentos fundacionais, e tomar por argumentos fundacionais colecções de inferências empíricas, pode ser enganador.

O argumento-chave deste capítulo foi o de que não é vantajoso tratar a literatura como um monólogo de tipo arqueológico, em que há apenas uma resposta pré-determinada perante factos ou propriedades que se encontram num lugar preciso, e cuja peculiaridade exige métodos complexos de interpretação.[82] Creio ser mais útil aproveitar-se a descrição de Jakobson acerca das relações de comunicação sem que para isso se instituam, de modo necessário, relações funcionais. Em muitos sentidos, qualquer instância da linguagem pode conter potencialmente todas ou, pelo menos, algumas funções: e, neste caso, a interpretação ganha em ser moderadamente céptica. Para além disso, creio ser mais acertado descrever as funções da linguagem de um modo horizontal, sem que haja diferenças de espécie mas apenas de grau entre si (esta perspectiva é uma função do cepticismo de que se falou atrás). Não parecem existir, no fundo, linguagens especiais, e o propósito deste capítulo foi o de tentar demonstrar as implicações que a consideração da linguagem literária sob este ponto de vista tem para o modo como se constroem argumentos e justificações.

Em conclusão, a ideia de tomar literatura como uma linguagem especial é uma ideia disfuncional, apesar de muitos críticos se terem esforçado por torná-la operativa. A ideia concentra a noção (de forma explícita ou, na maioria das vezes, implícita) de que uma descrição de um bocado de linguagem especial é epistemologicamente inferior a uma interpretação desse mesmo bocado de linguagem. Isto supõe duas coisas: em primeiro lugar, a de que a decisão sobre o que torna *linguagem* em *poesia* está inscrita antecipadamente na própria linguagem, e que é auto-evidente; em segundo lugar, a de que a interpretação é posterior à descrição, sendo por isso um constructo complexo que só está ao alcance de uma elite de

---

[82] O argumento geral de Jakobson acerca da natureza da linguagem poética reduz a interpretação (que é, na minha opinião, um processo evolutivo, dinâmico e relacional para lidar com indecisões, confusões e zonas menos claras em termos hermenêuticos) à mínima espécie – uma vez que, se se aplicar o método correcto, muitos dos problemas suscitados pelo texto serão resolvidos de modo pacífico e, aparentemente, definitivo. Isto acontece porque a linguagem poética é descrita *a priori*, juntamente com os seus critérios de definição e condições de acessibilidade, e de modo especial, como se viu. Um ponto de vista holista da linguagem, como percurso dinâmico (contra o monismo não-relacional de Jakobson e de muitos formalistas), é oferecido por Heidegger (Martin Heidegger, em "Die Sprache" [1950], traduzido como "Language" por A. Hofstadter, in *Poetry, Language, Thought*. New York: Harper & Row, 1999 [pp. 187-210]), que afirma: "Os mortais falam respondendo à linguagem de forma dupla, recebendo e replicando. A palavra mortal fala correspondendo num sentido múltiplo" (209). Se quiséssemos levar este argumento um pouco mais além, concluiríamos provavelmente que, no limite, a literatura (que não tem capacidade nem de ouvir nem de responder) não é, afinal, feita de linguagem.

exegetas especialmente habilitados. Não há, no entanto, nenhuma garantia metafísica que nos permita antecipadamente decidir que objectos são literatura e que objectos não são. Descrever objectos depende sempre de considerações relacionais, e de um posicionamento específico quer do intérprete quer dos objectos entre si – e isto vale de igual forma para interpretar, uma vez que entre uma descrição e uma interpretação não existem diferenças de espécie.

O que acontece é que, simplesmente, nos habituámos a tomar por interpretações explicações complexas, cujas justificações são de determinada natureza. Mas nem mesmo este critério de complexidade nos autoriza a aceitar de maneira irrevogável que uma descrição de um poema *não é bem* uma interpretação do poema. O argumento central deste ensaio, que será amplificado no capítulo V, é que conhecimento, interpretação e literatura ganham em serem descritos como uma estrada de dois sentidos. O próprio conceito de "texto literário" é função muitas vezes, de relações de vizinhança, de hábitos ou mesmo de acasos, que se transformam em opiniões. Este carácter relacional do conhecimento é crucial para entender a interpretação literária, e o modo como usamos argumentos para justificar essas mesmas opiniões. Um modo alternativo de lidar com estas questões será proposto também no capítulo V, onde se tornará claro não só que descrições *são* interpretações, que é impossível manter um critério estritamente linguístico para a correcta análise da literatura e que, em suma, a literatura ganha em ser descrita num sentido alargado (embora não anárquico, como algumas persuasões críticas pretendem) de interpretação. O argumento – crucial para este ensaio – é o de que literatura envolve *necessariamente* conhecimento, e um conceito alargado de interpretação que transcende o escopo limitado que lhe foi imposto pelas teses textualistas. Ou, como resume Margolis,[83]

> Dizer que compreender um romance envolve a imaginação não é falar de algo estranho a uma leitura adequada de um trecho de literatura.

---

[83] Joseph Margolis (2007), "Literature and make-believe", in John Gibson, Wolfgang Huemer and Luca Pocci (eds.), *A Sense of the World – Essays on Fiction, Narrative and Knowledge*. New York and London: Routledge (pp. 293–307).

É, ao invés, dizer que o sentido do que *é* linguístico *é* desde logo inerentemente lingual – mesmo em contextos do mundo real. Pensem em compreender um insulto público ou uma declaração de lealdade política. Estes espécimes funcionam essencialmente da mesma maneira que um conto literário – requerem um esforço da imaginação, que reclama a direcção do nosso reservatório de experiências socialmente partilhadas e do nosso conhecimento. O "puramente" verbal não consegue capturar esta dimensão do próprio sentido verbal. A razão é clara: o que deve ser "acrescentado" não é o sentido profundo determ*inado* das palavras isoladas; é a profunda implicação determ*inável* de vida cultural em si mesma que, através de uma improvisação interpretativa, ousamos acrescentar às palavras isoladas que lemos ... O "Verbalismo", como podemos baptizar o erro indicado, é uma teoria completamente implausível da linguagem natural como discurso: perceber linguagem, afinal, é um labor construtivo, uma actividade *sui generis* na qual descrição e interpretação não podem ser lexicalmente separadas, nem se lhes pode atribuir uma ordem sequencial fixa. (Margolis, 2007:304, itálicos no original)

IV
JOGAR AO FAZ DE CONTA

Quando, em 1817, Coleridge cunhou a expressão "suspensão voluntária da descrença" para descrever a reacção que preside ao nosso contacto com obras de arte – e, mais especificamente, com obras de arte literárias –, ficaram determinados, em grande medida, os termos do debate moderno sobre o estatuto da ficção.[84] Quando confrontados com personagens ficcionais (porque sobrenaturais e/ou românticas – e talvez por isso excêntricas), reagimos tipicamente através de uma suspensão deliberada da constatação de que as entidades de que a ficção se serve não são completamente verosímeis. Para Coleridge, a "suspensão da descrença" não é função do facto de a arte não corresponder exactamente à realidade, mas antes do acrescento de verosimilhança que torna as personagens ficcionais, paradoxalmente, mais fidedignas. A exigência epistemológica de uma conexão entre o *sobrenatural* e o *humano* repousa, no argumento de Coleridge, sobre o destinatário da ficção, que decide, num movimento racional (e semi-instantâneo), não fazer caso, até que a fruição estética acabe, de coisas que sabe serem falsas. Este retrato da nossa relação com obras ficcionais convoca desde logo três pressupostos controversos: em

---

[84] Samuel Taylor Coleridge (1817), *Biographia Literaria* (citado por Harold Bloom e Lionel Trilling, *Romantic Poetry and Prose*. New York, London, Toronto: Oxford University Press, 1973; pp. 634–654), cap. XIV: "Esta ideia deu origem ao plano das *Lyrical Ballads*; nas quais, foi combinado, que as minhas buscas deviam ser dirigidas a pessoas e personagens sobrenaturais, ou pelo menos românticas; ainda assim de modo a transferir da nossa natureza interior um interesse humano e um arremedo [semblance] de verdade suficientes para instigar para com essas sombras da imaginação aquela suspensão voluntária e momentânea da descrença, que constitui a fé poética" (p. 645).

primeiro lugar **(i)**, o de que enunciados ficcionais são auto-evidentes quanto ao seu estatuto e natureza (e, por isso, beneficiam de uma espécie de reconhecimento antecipado); em segundo lugar **(ii)**, o de que a ficção tem uma relação necessária, imediata e *a priori* com a verdade (o que exige igualmente formas particulares de reconhecimento); e, finalmente **(iii)**, o de que obras de arte ficcionais reclamam dos seus destinatários um posicionamento hermenêutico que não é exigido por outras formas de arte ou, no caso da literatura, de discurso. Apenas este último ponto me parece plausível e, ainda assim, com algumas reservas.

O propósito deste capítulo é o de fazer uma descrição do debate moderno sobre o estatuto da ficção, e em particular das ficções literárias – a bem do argumento, tomar-se-á por certo, num momento inicial, que existem diferenças entre os dois tipos (ficções e ficções literárias). Aliás, e como se tornará claro na exposição, o tratamento dado à ficção varia consoante o ponto de vista: filósofos e críticos literários lidam com ficções de modo diverso, e parece não haver um, mas vários sentidos de "ficção", que são função daqueles pontos de vista. Não interessa, para os objectivos deste capítulo, tomar uma posição clara sobre a genealogia do debate, embora seja importante atribuir uma relevância pioneira à já citada expressão de Coleridge. É discutível, embora defensável, que um longo debate posterior sobre ficção seja subsidiário da descrição dos efeitos das suas personagens "sobrenaturais".

Escolhi a expressão de Coleridge porque a tal diferença de tratamento entre ficções literárias e ficções concebidas de um modo geral (filosófico e/ou referencial) me parece muito nítida. Existem, em consequência desta constatação, **(i)** duas famílias de explicações acerca do *estatuto da ficção*: a primeira – a que poderíamos chamar filosófica (e que inclui, para os propósitos deste capítulo, argumentos de Currie, Walton, Searle e Rorty) – procura uma definição geral para o conceito "ficção"; a segunda, mais preocupada com uma fenomenologia ficcional (e especificamente literária), do que com uma ontologia ficcional, procura definir "ficção" no âmbito da suas ocorrências literárias (esta família de explicações será representada por Booth, Kermode e Iser); e **(ii)** duas *versões híbridas* que aspiram – embora vinculadas à noção de que existe uma diferença de espécie entre ficções *stricto sensu* e ficções literariamente concebidas – a uma síntese entre aquelas duas posições (e em que se incluem Lamarque e Olsen, e Riffaterre, embora, no caso dos primeiros, essa diferença não constitua um problema, uma vez que a definição de "ficção literária" tem a ver, no seu argumento, com o *valor* da literatura, e não propriamente com considerações sobre a *verdade* na literatura). Não parece importante, neste contexto, discutir a precedência de discursos sobre ficções ou, de outro modo, se foi a filosofia que sentiu necessidade de tratar o tópico pela incidência deste na literatura ou se, ao contrário, foram os estudos literários que cooptaram a discussão a partir de um tratamento filosófico. Importa perceber por agora que: em primeiro lugar **(i)**, existem diferenças funcionais e conceptuais quando se procura descrever ficção do lado da filosofia e do lado dos estudos literários; em segundo lugar **(ii)**, que a noção de ficção tem, em consequência desse primeiro ponto, sentidos diferentes; em terceiro lugar **(iii)**, que a descrição de ficção dos estudos literários deve muito (e gira muitas vezes à volta de) à expressão de Coleridge; e, por fim **(iv)**, que a descrição filosófica do conceito de ficção é subsidiária dos contributos sobretudo de Bentham e de Vaihinger, cujas teses parecem incontornáveis para o debate moderno sobre o tópico.[85]

---

[85] Jeremy Bentham (1748-1832), filósofo utilitarista inglês, formulou uma "teoria das ficções" (compilada criticamente já no século XX [1932] por C.K. Ogden – de quem se falou nos capítulos anteriores – em *Bentham's Theory of Fictions*), cujo pressuposto era o de que as ficções devem a sua existência (impossível, segundo ele, mas indispensável) às palavras e à linguagem. A expressão "teoria das ficções" nunca é mencionada por Bentham na sua obra *Of Ontology* (escrita entre 1813 e, sobretudo, 1814), que é dedicada a uma descrição da natureza da ficção – a atribuição é de Ogden. A questão ficcional é, segundo Bentham, um problema de filosofia da linguagem, ao qual ele aplica um princípio de relativismo: o que é tido por real e o que é tido por fictício não são separáveis de modo definitivo. Na sua tese, a realidade é ligada ao sentido, e aos modos de "querer dizer" (cf. *Of Ontology*, edição bilingue em inglês e francês [texto em inglês estabelecido por Philip Schofield], com introdução e comentários de Jean-Pierre Cléro e Christian Laval. Paris: Éditions du Seuil, 1997; sobretudo pp. 78–84). Hans Vaihinger (filósofo alemão, 1852-1933) retoma, em *Die Philosophie Des Als Ob* (1911) uma noção funcional de "ficção", baseada na noção de "ficções úteis" (coisas que sabemos serem falsas mas das quais nos servimos quotidianamente), e na ideia de que não é possível conhecer-se a realidade das coisas: comportamo-nos, segundo a sua teoria, "como se" a realidade correspondesse aos nossos modelos ou sistemas de pensamento. Vaihinger defende que só se pode fazer sentido da expressão "como se" tomando-a como um problema de linguagem, e enumera dez tipos diferentes de ficções: estéticas ou artísticas, abstractas, esquemáticas ou paradigmáticas, simbólicas ou analógicas, jurídicas, personificativas, gerais ou universais, heurísticas, práticas ou éticas e matemáticas (cf. *Die Philosophie des Als Ob* [editado por Müller e von Krosigk]. VDM: Saarbrücken, 2007; trata-se de uma reimpressão

Existe uma forma particular de permeabilidade entre aqueles dois modos de explicação. Muitas vezes, ficções literárias são descritas à luz de Bentham e Vaihinger, e ficções *stricto sensu* sob argumentos que replicam questões suscitadas pela expressão de Coleridge (para além disto, descrições filosóficas do tópico incluem amiúde exemplos retirados da literatura): este facto cria a ilusão de que as duas ordens de explicações estão *realmente* a falar da mesma coisa, o que nem sempre é verdade. Muitas vezes, também, e apesar de subscreverem acepções diferentes de ficção, quer as explicações "filosóficas" quer as explicações literárias parecem supor que a noção de "ficcionalidade" (o carácter daquilo que é ficcional) ganha em ser descrita como uma propriedade da linguagem ou dos discursos (à semelhança da "literariedade" formalista de que se falou no capítulo III); e/ou através da sua relação com as noções de "verdade" e de "referência".

Este capítulo desenvolver-se-á em três sentidos diferentes: *em primeiro lugar*, descrever-se-ão as diferenças entre um tratamento filosófico do conceito de ficção e um tratamento literário; *em segundo lugar*, tentar-se-á isolar, dentro das teses descritas, aquelas que partem do pressuposto de que qualquer análise do conceito de ficção apela necessariamente a uma ontologia; *por fim*, defender-se-á que: (i) não existem diferenças de espécie entre os vários tipos de ficção; (ii) as ficções dependem sempre de uma interpretação; (iii) a ficção envolve reconhecimento mas também conhecimento, e a opacidade das diferenças entre *reconhecer* e *conhecer* é justamente uma parte importante dos argumentos que usamos para justificar interpretações particulares. A ideia que subjaz a este capítulo é que as ficções não dependem de relações de correspondência com a realidade e não são, necessariamente, jogos de faz de conta a que cada um reage de modo indulgente. Para além disto, sugerir-se-á que o modo menos incorrecto de lidar com o conceito de "ficção" passa por um conjunto de descrições relacionais dependentes de usos particulares.

---

da terceira edição, de 1918 – a primeira é de 1911, e foi originada por uma comunicação apresentada ao IV Congresso Internacional de Filosofia, que teve lugar entre 6 e 11 de Abril desse mesmo ano em Bolonha).

O apelo a um posicionamento desta natureza tem a ver com as dificuldades que parecem seguir de uma definição antecipada do que conta ou não como ficção. Em *The Nature of Fiction*, Gregory Currie define as questões prévias do debate do seguinte modo:[86]

> O que torna um bocado de escrita ou de discurso ficcional? Apesar da aparente facilidade com que julgamos que isto é ficcional e aquilo não é, e apesar do significado que juízos deste tipo têm para a nossa experiência subsequente das obras, muitos de nós não se encontram numa boa posição para responderem à pergunta. Ficção é um daqueles conceitos como bondade, cor, número, e que levam a que tenhamos pouca dificuldade em aplicá-lo mas uma grande dificuldade em explicá-lo. Compreensivelmente, nenhuma descrição geral do que é ficção pode ser dada. Ficção pode ser um conceito tão básico que qualquer tentativa para o explicar será circular, ou o conceito poderá dissolver-se, sob uma inspecção mais minuciosa, numa variedade de sub-casos com pouco mais em comum do que o nome. Nenhuma possibilidade pode ser excluída a priori. Mas a melhor resposta aos que pensam que qualquer uma daquelas é uma opção plausível, é simplesmente a de *dar* uma descrição geral do que é a ficção em termos que não pressuponham uma compreensão da ficção ela-mesma. (Currie, 1990:1; itálico no original)

A indagação inicial de Currie é muito parecida com a de Jakobson, quando este perguntava "O que é que torna uma mensagem verbal numa obra de arte?" – embora Currie faça seguir da questão possibilidades diferentes. Os pressupostos são, no entanto, os mesmos: que critérios e que estratégias de reconhecimento permitem o isolamento inequívoco de um texto como sendo ficcional? Que fronteiras há a estabelecer (e como) entre textos que são ficcionais e textos que não o são? Percebe-se com clareza que, para Currie, estas questões funcionam meramente como expedientes retóricos, e não como *terminus a quo* do seu argumento: não há maneira de atribuir ao conceito de ficção uma definição fundacional

---

[86] Gregory Currie (1990), *The Nature of Fiction*. Cambridge: Cambridge University Press.

e, por isso, a solução passa por uma descrição pragmática desse mesmo conceito. A "melhor resposta" é, então, oferecer uma descrição geral de ficção sem que para tal se convoque uma compreensão da mesma – o que parece contraditório face ao desejo inaugural de descrever a *natureza* de um fenómeno particular. A suposição de que descrever não envolve necessariamente compreender é axiomática neste pronunciamento inicial de Currie, e seria admissível pensar-se que as suas intenções passam por estabelecer diferenças de princípio entre uma definição *a priori* e uma descrição ou colecção de ocorrências. Tal, no entanto, não se verifica, e demonstrar esta inabilidade é um dos propósitos centrais deste capítulo.

O argumento geral de Currie recupera ideias de Vaihinger sobre a existência de vários níveis fenomenológicos: desde logo, uma realidade cuja essência é impossível de ser conhecida; em seguida, uma verdade que, enquanto conceito, corresponde a sistemas de pensamento; e, por fim, um nível ficcional em que ficções são tratadas como expedientes úteis desses mesmos sistemas. Referindo-se a exemplos anteriores (que incluem Defoe, Cervantes e Borges-Menard, entre outros), Currie conclui que "todos os casos explorados nesta secção são casos de narrativas que são verdade, mas *verdadeiras não apenas por acidente*. São, de diferentes modos, *baseados* na verdade" (Currie, 1990:45; itálicos no original). Narrativas ficcionais são, então, dependentes do conceito de verdade, o que impõe uma ordem de restrições importante no argumento de Currie – a verdade, enquanto conceito, é semelhante à ficção: é como "bondade, cor ou número", e tão fácil de aplicar e difícil de explicar como aquele. Como tal, supor que ficções têm necessariamente um vínculo com a verdade implica uma relação desigual entre dois conceitos de natureza parecida, uma vez que um desses conceitos é *baseado* no outro.

Para além disso, acreditar que a ficção (e instâncias ficcionais) só pode ser descrita *contra* a verdade (e coisas que julgamos serem verdadeiras), pressupõe uma série de operações cujo modo de funcionamento não é imediatamente claro. À luz desta proposta, teríamos que decidir, antecipadamente, o que é a verdade, qual é a natureza da verdade, o que é que conta como verdade, o que é verdadeiro para mim, o que não é verdadeiro para mim; e, dentro daquilo que não é verdadeiro para mim, o que é que se qualifica como ficção e o que não se qualifica como tal. Um dos argumentos deste capítulo é, justamente, o de que operações deste tipo – embora admissíveis – não são nem constitutivas da nossa relação com textos de ficção nem sequer muito importantes para a determinação daquilo que a ficção realmente é. A fim de defender o vínculo entre ficção e verdade, no entanto, Currie defende que qualquer ligação entre o que chama "dois conceitos imprecisos" apenas é possível se o conceito de verdade for descrito sob uma forma particular de *monismo*: não há graus de verdade (embora pareça claro que há graus de ficção) e, por isso, Sherlock Holmes, a Ponderosa e o insecto Samsa são delimitados *por oposição* a um conceito preciso. A consequência deste movimento é a de criar um segundo nível de desigualdade entre os conceitos de ficção e verdade:

> Discutivelmente, a imprecisão ["vagueness"] da verdade na ficção não a distingue da verdade. Se as fronteiras entre conceitos são vagas, as verdades geradas pela aplicação desses conceitos transformam-se em falsidades, com uma área cinzenta entre eles. Mas, apesar de a verdade poder ser vaga, não existem graus de verdade. O que repousa na área cinzenta não é verdadeiro (ou falso) até certo ponto. E a verosimilhança não é um grau da verdade: é a distância entre uma proposição falsa e a verdade. (Currie, 1990:90)

Ora, se ficção é, como na descrição inicial, um conceito como "bondade, cor, número" (e, como tal, um conceito que beneficia de um sentido amplamente prático), seria natural que a sua filiação recíproca no conceito de verdade eximisse considerações ontológicas. Mas para Currie, pelo contrário, verdade é uma noção cuja aplicabilidade não reverte para usos, mas antes para considerações prévias e residuais que não admitem diferenças de grau. Deste modo, as ficções são sub-produtos de um conceito de verdade que pode ser rigorosamente discernível – apesar de a sua natureza indicar justamente o contrário. Qualquer tentativa de descrever "ficção" por oposição a "verdade" parece ter este tipo de consequências: ficções são, no fundo, construções falsas, porque contrapostas a uma noção fundacional de verdade. É esta tipologia de argumentos que autoriza a que se considere a ficção como "faz de conta" – comum a Currie e a Walton, como se verá já à seguir.

"Ser ficcional não é a mesma coisa que ser verdadeiro, mas, tal como a verdade, é ser uma propriedade de proposições" (Currie, 1990:57): as ficções são, para Currie, instâncias proposicionais que reclamam, porque diferentes de um conceito de verdade concebido de modo atómico, um *outro* nível de verosimilhança – aquilo a que chama "verdade na ficção". Esta expressão condensa uma série de suposições que contribuem para aumentar as dificuldades da posição, aparentemente conciliatória, de Currie:[87] desde logo, a ficção tem um sentido externo e um sentido interno; em segundo lugar, a determinação da verdade na ficção é feita com base em correspondências; e, por último, proposições verdadeiras em contextos ficcionais são considerações evidenciais contra questões arbitrárias aduzidas de modo estipulativo. A determinação da "verdade na ficção" passa, assim, por decidir, com base na evidência textual, se, por exemplo, Sherlock Holmes fumava cachimbo ou se Sherlock Holmes fumava cigarros – o que não contribui realmente para uma *ontologia* da ficção baseada numa distinção transparente entre ficção e verdade.

Se "os limites da inferência razoável são os limites da verdade ficcional" (Currie, 1990:109), tal significa que decisões hermenêuticas acerca de ficções literárias se resumem a uma eliminação progressiva de proposições que não podem deixar de ser falsas. Este tipo de procedimento, para além de redundante, assenta num atomismo de princípio que não

---

[87] O autor admite, em vários momentos, que explicações sobre ficção dependem sempre de uma ontologia, embora pareça consciente de que se torna difícil escorar de modo inequívoco verdade e ficção – que são, nas suas palavras, "conceitos imprecisos". Por isso, o movimento típico do seu argumento é quase sempre o de conciliar ontologia e os "conceitos imprecisos" numa espécie de ontologia em segundo grau, mais rarefeita e menos vinculativa. Nem sempre tal opção é acertada, e uma das ideias deste capítulo é precisamente a de que é mais útil tratar ficções literárias como "conceitos imprecisos" – partindo do pressuposto de que não é possível discernir ficções por recurso a uma ontologia. Um dos pontos em que Currie propõe primeiro uma ontologia e depois uma ontologia em segundo grau é, por exemplo, a sua discussão a propósito dos "mundos ficcionais" (Currie, 1990:53-56): "Se continuarmos a persistir na nossa conversa sobre mundos ficcionais, temos que os acrescentar à nossa ontologia. Mas tal extensão parece indesejável" (55). O que se segue a estes movimentos de retracção é, normalmente, a descrição de uma teoria.

ajuda a explicar, por exemplo, sentidos não literais, metáforas, ironias e pronunciamentos nos quais a evidência de sentido é incompleta ou duvidosa. No entanto, estabelece antecipadamente a relação de segundo grau entre ficção e verdade (concebida internamente e dependente de evidências proposicionais), de que Currie necessita para fazer valer o seu argumento geral do "faz de conta" ("make-believe"):

> O leitor de ficção é convidado pelo autor a participar num jogo de faz de conta, sendo que a estrutura desse jogo é ditada em parte pelo texto da obra do autor. O que é dito no texto, juntamente com certas pressuposições prévias, gera um conjunto de verdades ficcionais: as coisas que são verdade na ficção. O que quer que seja verdadeiro na ficção está disponível para que o leitor faça de conta. Uma grande parte daquilo que é jogar um jogo de faz de conta ficcional consiste em compreender o que é verdade na ficção e, desse modo, o que é apropriado para o faz de conta. (Currie, 1990:70–71)

Fazer de conta é, então, um jogo que é reclamado quer pela intenção do autor, quer pelo texto quer, ainda, pela reacção tácita do leitor – e este é um ponto com o qual é difícil não concordar. O problema é que, à falta de melhores regras (ou de um conjunto de normas de aplicação universal que permitissem, pelo menos, uma decisão antecipada acerca do que é ou não ficção numa obra literária), a sugestão que se deixa ao leitor é simplesmente a de tentar compreender aquilo que é verdade na história que está a ler. Ou seja, exige-se ao leitor que o faz de conta que joga com ficções literárias passe muito por determinar se Sherlock Holmes fumava cachimbo ou cigarros. No jogo de Currie, a regra – reduzida à mínima espécie – não supõe a possibilidade de desvios, ao contrário de outros jogos, em que a robustez das regras autoriza que um não seguimento estrito das mesmas possa garantir um eventual sucesso.[88] Todos

---

[88] Talvez a regras de Currie não sejam, neste ponto, exactamente *regras*, mas suposições que fazem as vezes de regras. No entanto, são, em grande medida, as únicas indicações para se discernir o conceito central do argumento de Currie, o de "verdade na ficção", e por isso o seu peso específico as torne parecidas com as regras de outros jogos.

os jogos são casos de interpretação, neste sentido. Todavia, a analogia não funciona no caso de Currie: não há norma sem desvio, e o faz de conta não pode ser apenas um processo atómico de determinação do que é verdade na história (e, por isso, ficção). Jogar ao faz de conta pode supor, por exemplo, que certas coisas na história sejam consideradas como não verdadeiras, apesar da evidência, e que, mesmo assim, o jogo continue: assim, o jogo de Currie ou não é realmente um jogo ou é um jogo de natureza especial. Partindo das suas premissas, segundo as quais o faz de conta depende da determinação da "verdade na ficção", é difícil, senão impossível, chegar à conclusão de que

> A fim de se jogar um jogo de ficção, os jogadores não precisam de entender em pormenor o que é verdade na história. Tipicamente, eles seleccionam para merecer atenção as coisas que são verdadeiras na história de modo mais óbvio ou saliente. Algumas pessoas são melhores nisso do que outras, e têm um alcance mais rápido e compreensivo do que é verdade na história. Como outros jogos, os jogos de faz de conta podem ser bem ou mal jogados, melhor ou pior jogados. (Currie, 1990:71–72)

Este argumento de senso comum é usado por Currie para compatibilizar a ideia de que a verdade não admite graus com a de que um conjunto de proposições ficcionais verdadeiras pode ser descrito de modo diferente por diferentes leitores. A conclusão é a de que o leitor que infere que "Sherlock Holmes fumava cachimbo" não é tão bom a jogar ao faz de conta como aquele que infere que "Sherlock Holmes fumava um cachimbo de cor castanha da marca x" – e que ambos são diferentes do leitor que se preocupa mais com o facto de, por exemplo, "Sherlock Holmes caminhar apoiado numa bengala" ou "gostar de ostras". Na tese de Currie, não existem graus de verdade, mas graus de objectividade e proficiência que seguem directamente do manejo mais ou menos apropriado da "verdade na ficção" em contexto prático. É esta objectividade que, juntamente com a consciência de que se está a jogar um jogo de faz de conta, estabelece os graus de relação entre ficção e verdade: num sentido importante, a verdade ficcional (interna e dependente quer da intenção do autor quer do texto e da história) impõe restrições sobre a relação entre ficção e a verdade externamente concebida – a realidade.

Este duplo sentido do conceito "verdade" tem duas consequências importantes: desde logo, transforma os sentimentos do leitor de ficção em sentimentos de segundo grau (ou "quase-emoções" [Currie, 1990:182--184]); e confere aos nomes próprios um estatuto meta-ficcional, uma vez que estes cumprem funções específicas dentro da narrativa e não possuem referentes externos contra os quais possa ser medida a sua verosimilhança (cf. Currie, 1990:146-159). Jogar ao faz de conta com verdades que só são verdade no contexto de uma história autoriza a que se possa dizer, como Currie exemplifica, que saber que uma pessoa está em perigo pode levar-nos a chamar a polícia, enquanto saber que uma personagem de ficção está em perigo não tem nenhuma consequência semelhante. Isto acontece porque a referencialidade exterior não existe, e os nossos sentimentos ficcionais são descritos como sub-segmentos menores de uma noção fundacional de "sentimentos". A tese de Currie é uma espécie de auto-imunização contra a consideração de que ficções, coisas verdadeiras, coisas falsas e sentimentos parecem ser descritas de modo mais proveitoso como entidades relacionais, cuja natureza é tanto transitória quanto ontologicamente indiscernível. Sentimentos não são bem sentimentos, como personagens de ficção não são bem pessoas: não é admissível, segundo o argumento de Currie, dizer que "Sherlock Holmes é arrogante", ao passo que dizer que "Sherlock Holmes é mais eficiente n' *O Cão dos Baskervilles* do que n' *O Signo dos Quatro*" é defensável (enquanto inferência), à luz de um conjunto de evidências que remetem para o contexto particular de um jogo de faz de conta.

Num certo sentido, é paradoxal que se consigam extrair verdades a partir de um jogo no qual se sabe antecipadamente que todas as coisas verdadeiras estão confinadas ao contexto desse mesmo jogo (e às suas respectivas regras e restrições). Procurar dotar enunciados ficcionais de uma natureza específica leva muitas vezes à consideração de que jogamos jogos de faz de conta ficcionais diferentes em contextos diferentes – o que nem sempre é verdade. E nem sempre é verdade porque podem não existir diferenças de espécie entre respostas a ficções: uma vez que depende do facto de todas as ficções terem uma natureza análoga, o jogo do "faz-de-conta" é, por isso, também ele análogo em várias circunstâncias diferentes. As dificuldades do argumento de Currie seguem, justamente, da necessidade de conferir um estatuto ontológico ao conceito de "ficção", uma vez que só deste modo parece ser possível descrever as diferenças entre chamar a polícia ou virar a página.

O problema é que Currie procura ler conceitos como "ficção", "emoção", "sentimento" e, claro, "verdade", como supra-instâncias que admitem instâncias menores – embora parecidas, coisas verdadeiras em literatura e coisas verdadeiras no mundo não são bem verdades do mesmo tipo.[89] Indiferente à possibilidade hermenêutica de se tratarem verdades, emoções e ficções de modo análogo, independentemente do contexto; e também ao facto aparentemente trivial de não haver nada que nos garanta à partida que choremos menos pelas angústias do jovem Werther do que, por exemplo, pela morte do nosso vizinho do lado, Currie está sempre disposto a admitir diferenças de espécie entre as instâncias que se esforça por descrever:

> Ainda existe outro, e talvez melhor, meio de indicar a solução: renunciemos completamente a usos inqualificados – e, como tal, tendenciosos – de "emoção", bem como a outros termos emotivos específicos e inqualificados como "medo" e "piedade", e usemos os qualificativos até ao fim. Existem "emoções em sentido alargado" ["broad-emotions"]: qualquer coisa que se enquadra em qualquer das metades do diagrama. Existem "emoções paradigmáticas": coisas que se enquadram na metade esquerda. Há "quase-emoções": coisas que se enquadram na direita. Deste modo, devo dizer, sempre que me perguntarem se tenho pena de Anna Karenina, que quase-tenho pena dela, e assim tenho pena dela de

---

[89] As verdades ficcionais são, na tese de Currie, "baseadas na verdade", o que permite, em grande medida, inferir uma relação *desigual* entre os dois conceitos de verdade. Para além de deter a precedência, a "verdade" tem outras vantagens adicionais em relação às verdades ficcionais – como o facto de estas serem "quase-verdades" e de suscitarem "quase--sentimentos" ou "quase-emoções".

modo alargado ["broad-pity her"], mas não tenho pena dela de modo paradigmático. (Currie, 1990:212-213)[90]

O problema é, então, não "o que torna um bocado de escrita ou de discurso ficcional?", mas antes que *tipo de resposta* conta como apropriada quando medimos o nosso contacto com literatura de ficção. Como jogo de faz de conta, em que alguns jogadores são melhores do que outros a inferir "verdades na ficção", parece óbvio que existem respostas cognitivas aceitáveis e inaceitáveis – tudo depende de um correcto tratamento das evidências. Mas quando se acrescenta a este conteúdo cognitivo uma dimensão emotiva, não existe um critério definido e invariável.[91] Apesar dos seus esforços para estabelecer as diferenças entre "sentir" e "quase-sentir", Currie conclui – de modo especialmente contraditório – que o leitor que responde apropriadamente às exigências da ficção é o leitor sensível e sofisticado, cujo refinamento interpretativo garante um tratamento correcto tanto da "verdade na ficção" como dos sentimentos admissíveis. Esta dependência de um *leitor ideal* decorre da constatação – contrária a todos os pronunciamentos de Currie sobre sentimentos e emoções – de que não há nada que garanta que o leitor, e mesmo no caso de ser refinado e sensível, ria, chore ou permaneça impassível perante a história que está a ler. O monismo ontológico da primeira fase do argumento dissolve-se numa forma de pluralismo, e as diferentes respostas que seguem de diferentes interpretações sugerem um resíduo

---

[90] Currie refere-se ao diagrama da p. 197, um esquema causal em que a metade esquerda liga "acreditar que" e "desejar que" a "sentir F", e a direita liga "fazer de conta que" e "desejar que" a "sentir F*", sendo que este último sentimento é diferente do primeiro pelo facto de ser consequência do faz de conta, sob o pressuposto de que "Ter uma emoção razoável consiste, em grande medida, em possuir evidências de que essa emoção é fundamentada, e convencemos outros a abdicarem das suas emoções mostrando-lhes que elas não são fundamentadas. Do mesmo modo, uma resposta à ficção é fundamentada se envolver um faz de conta que *é verdadeiro na história* (tal como é verdadeiro na história, mas não, obviamente, verdadeiro, que Anna se encontra numa situação desesperada)" (Currie, 1990:198; itálico no original).

[91] O argumento geral de Currie é coerente apenas até às conclusões, e é interessante que quase toda a sua teoria seja derrogada nas últimas 5 páginas de *The Nature of Fiction*. O esquema causal de crenças, sentimentos e desejos de que se fala na nota anterior, por exemplo (e que condensa muitos dos meta-pontos da tese de Currie), é perturbado fortemente pelas suas alegações finais.

de imprevisibilidade que não existe numa parte substancial da teoria de Currie. A ficção não depende então de verdade, mas de interpretações:

> O leitor sensível não é simplesmente aquele que chora perante retratos de sofrimento ou rejubila perante retratos de boa fortuna; é aquele cujas respostas são *apropriadas* num sentido que ainda está por ser analisado. (Currie, 1990:213; itálico no original)

Esse sentido por descobrir está algures numa classificação futura de leitores de ficção – e respectivas respostas – em "tipos psicológicos": uma forma de catalogar, a partir de diferentes níveis de relação ficcional, interpretações apropriadas e leitores refinados. A constatação de que há leitores melhores e piores, ou exegetas que constroem melhor ou pior a "verdade na ficção", não parece, deste modo, assentar numa ontologia – mesmo que esta seja constantemente deflacionada por Currie –, mas em considerações empíricas que não dizem realmente muito sobre a natureza da ficção. Ou dirão? Por agora, e a bem do argumento, presumir-se-á que é possível, e útil, alicerçar o conceito de ficção num elenco de características universais que permitam não só um reconhecimento antecipado, mas que estipulem igualmente determinações precisas para que se ajuízem certas interpretações como correctas.

Currie procura, na sua tese, acomodar uma série de pressupostos nem sempre compatíveis. Torna-se óbvio que o seu argumento recupera, noutros termos, ideias defendidas anteriormente quer por Bentham quer por Vaihinger, embora, para Currie, haja uma necessidade de diminuir considerações ontológicas robustas a propósito da noção de ficção. No limite, dizer-se que ficções devem a sua existência à linguagem (como para Bentham), e que vivemos num mundo do "como se" (na tese de Vaihinger), inviabilizaria o debate posterior – para além de não explicar aquilo que Currie quer realmente saber: "O que torna um bocado de escrita ou discurso ficcional?". O que torna uma coisa noutra coisa são características, delimitáveis e discerníveis, que constituem a natureza das coisas, lhes conferem um estatuto e se manifestam num conjunto de ocorrências. Ou seja, são as propriedades que potenciam ontologias.

A questão é que, para Currie, considerações essencialistas sobre ficção envolvem termos diferentes numa equação análoga à de outros autores – e, por isso, *verdade* e *referência* substituem a linguagem (de Bentham) e o mundo do "como se" (de Vaihinger). Mas como aqueles dois conceitos são, também eles, "conceitos imprecisos", Currie tem necessidade de se socorrer de uma ontologia moderada, de espécie particular, que permita ligar de modo causal instâncias cujas fronteiras são, no fim de contas, vagas e cinzentas:

> Se a ficcionalidade não reside no texto em si mesmo, deve ser uma propriedade relacional: alguma coisa possuída em virtude das relações do texto com outras coisas. Dentro das propriedades relacionais de um texto estarão as suas propriedades semânticas, tais como a referência e a verdade. (Currie, 1990:4)

É difícil não concordar com Currie neste ponto, embora sejam admissíveis algumas reservas. O seu equívoco parece residir não na consideração da ficcionalidade como propriedade relacional – este é, aliás, um dos pontos principais a demonstrar neste capítulo. Os problemas surgem realmente quando se inflaciona a semântica (uma reminiscência de Bentham?) e, dentro desta, os conceitos de "referência" e de "verdade". Trata-se de uma decisão estipulativa, que pressupõe relações desiguais quer ao nível do conjunto das propriedades relacionais de um texto, quer ao nível do conjunto das propriedades semânticas desse texto. As preocupações de Currie estão, deste modo, delimitadas por antecipação, o que autoriza o seu sistema posterior de descrição da ficcionalidade como dependente da "verdade na ficção". Outras questões adjacentes – como saber-se por que é que as propriedades semânticas são as mais importantes de entre as propriedades relacionais de um texto ou, por outro lado, se verdade e referência são as propriedades semânticas mais importantes para o conceito de "ficção" – são contornadas em favor de uma noção estrita quer de "propriedade", quer de "verdade", ou ainda de "referência".

Por agora, importa reter que a explicação de Currie (que incluirei na família de explicações "filosóficas" a propósito de ficção) é devedora tanto de Bentham como de Vaihinger mas ainda, e mais importante, de uma parte crucial da descrição de Coleridge: qualquer "arremedo de verdade" parece ser indispensável a uma delimitação criteriosa daquilo que conta como ficção. À primeira vista, uma parte substancial deste tipo de explicações é dedicada a explicar o que é a verdade, como é que esta se relaciona com a ficção e, em conclusão, por que é que ficções (e, em especial, ficções literárias) devem ser entendidas como um jogo de faz de conta. No caso de Currie, vimos como o conceito de verdade é duplo, e cooptado pela noção de *referência*: existe uma *verdade exterior* que não tem relação com as instâncias ficcionais (estas não possuem referentes reais); e, por outro lado, uma *verdade interna* que potencia relações unívocas entre verdades e "verdades na ficção". A inexistência de um vínculo da ficção com a realidade é, no fim de contas, o ponto arquimediano do argumento do "faz de conta", em que um certo tipo de verdade está arbitrariamente confinado a histórias ou narrativas.

Um argumento semelhante – embora distinto quer nas suas ambições quer no seu âmbito – é proposto por Walton (que, de resto, Currie cita abundantemente), em *Mimesis as Make-Believe*.[92] O faz de conta de Walton, no entanto, parte de um conjunto de teses que contrariam algumas das opções mais importantes da teoria de Currie. O que interessa a Walton é, acima de tudo, fazer uma descrição tão completa quanto possível do conceito de "representação" – o autor faz incidir sobre as artes, geralmente consideradas, um ponto de vista mais alargado e ambicioso do que o de Currie. Walton procura um denominador comum para a expressão artística e, para tal, faz valer um conceito alargado de arte como representação. Considerar manifestações artísticas como orientadas, de algum modo, para a representação de qualquer coisa que está fora dessas mesmas manifestações supõe, desde logo, precisões conceptuais que tornam o argumento de Walton diferente do de Currie:

---

[92] Kendall L. Walton (1990), *Mimesis as Make-Believe. On the Foundations of the Representational Arts*. Cambridge, Massachussetts & London, England: Harvard University Press.

Algumas representações contém declarações e asserções acerca de coisas reais, e isso requer referência a estas. A remissão não precisa de ser representação, como vimos. Mas pode ser, e representar é algumas vezes o método escolhido ... De facto, a declaração pode ser desnecessária; representações de objectos exigem que os imaginemos, mesmo que eles não devam ser compreendidos também como veículos de declaração ou de asserção. Este facto evidencia, incidentalmente, uma das falhas da prática em voga de olhar para as representações sob um ponto de vista quase-linguístico. Pronunciamentos linguísticos são informativos, tipicamente, porque são veículos de asserção. É porque, ao proferir certas palavras, um falante *assevera* ou *declara* que um edifício está em chamas ou que um comboio está para seguir viagem, que aprendemos das suas palavras que tal coisa é como é. Mas uma representação, ao induzir imaginações apropriadas, fornece a sua iluminação de modo bastante distinto deste papel comunicativo. (Walton, 1990:115; itálicos no original)

A distinção crucial parece ser entre comunicação e imaginação: representações possuem um correlato em verdades, ainda que o hiato epistemológico que existe entre a coisa representada e o modo da sua representação tenha, muitas vezes, que ser suprido por recurso à imaginação. Walton descreve a mimese num sentido alargado, que oferece possibilidades de análise mais promissoras do que a versão proposta por Currie, sobre ideias anteriores de Bentham. Evidentemente, e porque Walton se refere a todos os tipos de representação, é natural que o seu conceito de arte extrapole o sentido mais limitado – porque, também, mais "literário" – de Currie. Para além disto, e mais importante, Walton aplica sobre as suas teses (e, por consequência, sobre os modos de descrever a mimese) uma fenomenologia particular, uma vez que *todas* as representações – que não são, por natureza, observações directas sobre as coisas – necessitam de um suplemento imaginativo. Também por isto, o faz de conta de Walton é diferente do de Currie.

"Uma boneca torna ficcional, num jogo de crianças, que exista uma bebé loira" (Walton, 1990:38): representações são, assim, aderços ("props") que instanciam a possibilidade de se jogar um jogo de faz de conta – pinturas, esculturas e ficções literárias funcionam de modo análogo a bonecas, cavalos de madeira e carros de brincar em jogos infantis.[93] Apesar de estes jogos serem propiciados por objectos reais – os adereços –, eles são construídos sobre a capacidade que certos objectos têm para construir verdades ficcionais. Ao contrário de Currie, que havia evitado esta discussão, Walton subscreve, para justificar o seu sistema, uma crença na existência de mundos ficcionais. Ou seja, no caso de Currie, a verdade na ficção ocorre por referência a narrativas ou histórias, e à decisão sobre o que é ou não verdade nesse contexto particular. Para Walton, a *verdade na ficção* remete para a fabricação de jogos que, por sua vez, dependem de adereços e de princípios de geração que (tácita ou explicitamente) constroem mundos ficcionais. O que é comum a ambos é que existem critérios definidos que, antecipadamente, ajudam a distinguir o que é ficção e o que não é. Isto contribui para sublinhar que a ficção tem uma relação necessária – embora negativa – com a verdade. "A «verdade num mundo ficcional» deve ser distinguida da «verdade no mundo real». Mas a tentação de olhar para ambas como espécies de um género único é manifesta. Resisto. Aquilo a que chamamos verdade num mundo ficcional não é um tipo de verdade" (Walton, 1990:41). Ou seja, a verdade-verdade é uma coisa, e a ficção é outra bem diferente. A verdade tem a ver com

---

[93] Segundo Walton, a consideração de representações como adereços leva à inferência de que existem, associados a estes, aquilo a que chama "princípios de geração" (1990:38): "Os adereços geram verdades ficcionais independentemente daquilo que uma pessoa imagina ou não imagina. Mas não o fazem inteiramente por si mesmos, à parte de quaisquer imaginadores (reais ou potenciais). Os adereços funcionam apenas num contexto social ou, pelo menos, num contexto humano ... Eu não parto do princípio de que os princípios de geração são, em geral, ou mesmo normalmente, «convencionais» ou «arbitrários», nem que tenham que ser aprendidos. Contudo, que princípios de geração existem depende de quais as pessoas aceitem em vários contextos. Os princípios que vigoram são aqueles que se intui, pelo menos implicitamente, estarem em vigor". Os adereços possuem uma imanência teleológica que pode ser aproveitada para gerar determinadas verdades ficcionais em determinados contextos, mediante recurso à imaginação. Esta imaginação, no entanto, não é usada de forma completamente arbitrária, uma vez que existe (pelo menos tácita ou potencialmente) um princípio que determina o que conta como verdade ficcional num determinado contexto. A geração de jogos de faz de conta de Walton possui uma tonalidade convencional que parece não fazer justiça nem à imaginação, nem ao modo como usamos tipicamente representações e adereços: uma boneca pode ser usada tanto como bebé loira quanto como vítima de vudu, mas igualmente numa série de outros jogos.

o mundo real; a verdade ficcional com mundos ou universos ficcionais.[94] O sistema de Walton é, como o de Currie, instaurado sobre a noção de que a determinação da ficcionalidade é um correlato da relação entre ficção e verdade. Mas, enquanto o segundo fala em "verdade na ficção" (um conceito estrito), o primeiro descreve um sistema mais sofisticado:

> As *representações*, como eu disse, são coisas que possuem a função social de servirem como adereços em jogos de faz de conta, apesar de também instigarem imaginações e de, por vezes, serem também objecto destas. Um adereço é algo que, em virtude dos *princípios de geração* condicionais, força imaginações. As proposições cujas imaginações são forçadas deste modo são *ficcionais*, e o facto de uma dada proposição ser ficcional é uma *verdade ficcional*. *Mundos ficcionais* estão associados a colecções de verdades ficcionais; o que é ficcional é ficcional num dado mundo – o mundo de um jogo de faz de conta, por exemplo, ou o de uma obra de arte representativa. (Walton, 1990:69; itálicos no original)

Existem, assim, modos claros de distinguir entre ficções e verdades – aliás, e num sentido muito importante, o próprio conceito de "representação" implica que se apresente aos sentidos um objecto ou um acontecimento não presentes. O conceito denota uma forma indirecta de *apresentação* e, na tese de Walton em particular, a sugestão implícita de que é possível

---

[94] No limite, este tipo de argumentos derrogam não só as importantes descrições de Bentham e Vaihinger acerca da verdade como expressão linguística, mas também uma parte substancial da filosofia moderna – que mede a verdade, tipicamente, como uma qualidade proposicional. Parece haver, para além disto, uma filiação particular numa espécie de metafísica kantiana: os fenómenos são lidos como objectos e acontecimentos tal como aparecem na experiência, por oposição aos fenómenos tal como eles são (os "numena"), e isto cauciona as diferenças entre os mundos ficcionais – que aparecem deliberadamente e de modo especial à nossa consciência –, e o mundo real, onde fenómenos "são como são". A constante remissão de Walton para as qualidades de representação dos objectos parece baseada (ainda que tacitamente) numa desconfiança de princípio face a fenómenos não directamente observáveis. Um dos pontos principais deste capítulo é justamente o de que não existem diferenças entre ler uma história de ficção sobre personagens ficcionais e ouvir alguém a contar uma história sobre outrém que não conhecemos ou de quem nunca ouvimos falar: a relação com a verdade não é constitutiva da ficção, mas antes de modos hermenêuticos de lidar com coisas que não conhecemos ou não podemos observar.

uma *ontologia das coisas verdadeiras*.⁹⁵ Ao contrário de Vaihinger, para quem a realidade das coisas é indiscernível, o "faz de conta" de Walton parece indicar que: **(i)** é possível distinguir as "coisas como elas são"; **(ii)** essa distinção só é possível porque existem condições de verdade essenciais; **(iii)** a verdade liga-se à realidade, em que tais condições são possíveis; **(iv)** a ficção é um jogo em que se usam coisas verdadeiras (reais) para fazer jogos em que essas mesmas coisas simbolizam – ou "querem dizer", num sentido particular de "querer dizer" – outras coisas (normalmente análogas ou, pelo menos, parecidas, segundo as regras de geração que Walton utiliza); **(v)** estes jogos dependem de usos sociais em que se admite tacitamente que adereços ficcionais não se qualificam como coisas verdadeiras. Em conclusão, não há graus de verdade, e esta depende dos contextos em que os jogos são jogados. Se não é difícil concordar-se com a primeira parte desta explicação – comum, de resto, a Walton e a Currie –, é muito mais discutível a segunda parte (aliás, num certo sentido, a primeira parte invalida a segunda; mais à frente,

---

⁹⁵ Em relação às ficções literárias, no entanto, Walton contraria esta ideia familiar das limitações da representação, incluindo um novo nível na discussão – que lhe permite robustecer as conclusões do seu argumento (1990:125): "A noção do representativo é assim independente da noção de denotar. A denotação não é o «âmago da representação». O fracasso em reconhecer-se este ponto importante deve-se largamente, acredito, à confusão entre representar e fazer corresponder ["matching"]; logo que estas sejam apropriadamente separadas, deixa de haver desculpa para se supor que o representativo pressuponha ou dependa da possibilidade de representar, a possibilidade de denotar. Eu não defendi que as representações *literárias* são possíveis sem uma provisão para representar. Talvez as obras literárias consistam necessariamente de expressões linguísticas, algumas das quais são denotativas, e talvez isto signifique que as obras são, em si mesmas, denotativas. Mas, se as representações literárias são fundamentalmente denotativas, isso acontece porque elas são literárias, não porque são representações. A representação não pode ser explicada em termos da denotação. A noção de objectos de representação é inessencial para a noção de representação" (itálico no original). A possibilidade de ficções literárias denotarem por serem literárias, e não por serem representações, é interessante, mas apresenta alguns problemas. Com efeito, Walton subscreve um sentido de representação de tal modo alargado que considera obras de ficção diferentes de representações pelo facto de as primeiras serem artefactos humanos – e, por isso, beneficiarem de uma deliberação (intencionalidade) que não impende sobre todas as representações (cf. Walton, 1990:103–104). Assim, ficções literárias – porque sociais e intencionais – são diferentes de outros modos de representação, embora não seja fácil perceber de que se fala quando se fala de representações não intencionais. Ficções são ficções, justamente, porque dependem quer de uma deliberação intencional, quer de um modo de apresentação, quer ainda de uma interpretação. Para além disso, representações têm usos, e parece pacífico que se convoque um nexo de denotação sempre que se descrevem representações. A eliminação deste nexo é, contudo, crucial para a construção waltoniana do conceito de verdade.

tentar-se-á demonstrar que distinguir entre tipos ou graus de verdade é uma solução insuficiente para descrever ficção). Isto acontece, em parte, porque a não existência de graus de verdade inutiliza uma remissão para o contexto.

Mas se, por um lado, a distinção entre verdade e ficção é relativamente clara, a distinção entre ficção e não-ficção é muito mais ténue (obviamente, nem tudo o que é não-ficção é verdadeiro). Walton resolve este problema da determinação de modo muito parecido com Currie. No caso deste último, "verdade" e "ficção" (noções fáceis de aplicar mas difíceis de explicar) são dois "conceitos imprecisos", como se viu – e a solução é o acrescento do conceito de "verdade na ficção"; no caso de Walton – e porque acredita numa noção fundacional de "verdade", que a transforme num conceito preciso e delimitável –, os dois conceitos imprecisos não são "ficção" e "verdade", mas antes "ficção" e "não-ficção". Como tal, "Ficção e não-ficção diferem mais em contexto pragmático do que num contexto semântico" (Currie, 1990:76). Nesta constatação ressoa o pronunciamento de Searle acerca da continuidade do literário com o não-literário – "não só não há uma fronteira precisa, como não há de todo uma fronteira". À luz desta premissa, o apelo a usos, manejos e aplicações passa a manifestar-se sobretudo ao nível das ocorrências, e muito menos sobre os conceitos: segundo me parece, e também a Currie e Walton, é mais fácil descrever "ficcionalidade" do que "ficção". Um dos propósitos de Walton é justamente o de tornar esta tendência prática extensível à dicotomia "verdade"/"ficção", por recurso a um argumento conciliatório:

> não subscrevi nenhuma concepção específica sobre a natureza da realidade ou da verdade ou dos factos ... eu não parto do princípio de que a realidade é um reino de coisas-em-si-mesmas independentes de observadores sensíveis, nem de que ser verdadeiro é, de alguma forma, descrever ou espelhar esta realidade objectiva, correspondendo ao modo como as coisas "realmente" são. Pode haver um sentido importante em que factos não são encontrados, mas construídos, no qual a realidade é produto em vez de (simplesmente) alvo de pensamentos e palavras. O que é verdadeiro ou falso pode depender de, ou ser relativo a, ou

condicionado por, uma cultura, uma linguagem, uma moldura teórica ou pela constituição da mente humana. Pode fazer sentido perguntar como as coisas são apenas a partir do interior de um "jogo de linguagem" particular ou de uma "metáfora seminal" ou de um "paradigma" ou de uma "moldura teórica", ou meramente por referência a certas "formas de intuição e categorias do entendimento". Podemos permanecer neutrais em relação ao modo como a verdade e a realidade devem ser entendidas. Se o nosso objectivo fosse investigar "ficção" por oposição a verdade e realidade, teríamos que tomar partido. Mas não é, e não precisamos de o fazer. (Walton, 1990:99)

Este argumento é central para a tese de Walton, e condensa realmente tudo o que é possível dizer-se sobre a relação entre ficção e verdade. Mas, por outro lado, constatações deste tipo colidem fortemente com a ideia geral de que ficções instauram jogos de faz de conta – tal como, no caso de Currie, a bipartição do conceito de verdade em "verdade" e "verdade na ficção" colide com o facto de aquela noção ser "fácil de aplicar e difícil de explicar". O equívoco que subjaz às teorias de Currie e Walton parece ser o mesmo: pelo facto de não se subscreverem concepções (ou, de outro modo, de se subscreverem concepções deflacionadas) de verdade ou de realidade, tal não significa que não se possa descrever ficção por oposição a verdade – aliás, é precisamente isto que ambos fazem. Fazer de conta implica sempre uma oposição entre uma coisa que é o que é (ou como é) mas que, afinal, não é o que é – é usada para significar *outra coisa*, dentro de um jogo com regras específicas e com determinados objectivos. Tanto Currie como Walton parecem não se dar conta que defender a tese do "faz de conta" – um jogo de "fazer de conta que" – implica necessariamente uma noção forte de "verdade" ou, pelo menos, modos de delimitação de conjuntos de coisas verdadeiras. Por outro lado, jogos dessa natureza implicam que não se confunda "verdade" com "correspondência" (no sentido de "matching" que Walton lhe dá). Um dos equívocos principais desta família de explicações é justamente o de supor que ficções são ficções porque *não* "correspondem" a coisas verdadeiras – e dizer isto é admitir que existem os tais graus de verdade que Currie e Walton reputam de indesejáveis para uma correcta apreciação dos conteúdos ficcionais.

Currie e Walton defendem um macro-argumento semelhante, embora os passos que dão até chegarem a conclusões substanciais sejam bastante diferentes. A dificuldade maior de ambos é que, para fazer valer uma descrição de ficção como jogo de faz de conta, necessitam de responder a uma pergunta simples e trivial ("faz de conta *que quê?*") de uma maneira também ela simples e trivial: "faz de conta que uma coisa é outra coisa" – e isto implica saber exactamente o que é uma coisa e de que modos essa coisa pode ser descrita como outra. Ou seja, a determinação daquilo que certas coisas *são* torna imediatamente operacional uma noção de verdade, da qual seguem, em consequência, uma série de operações paralelas que nem Currie nem Walton estão dispostos a descrever. Para além disto, um jogo de faz de conta sugere uma precedência (ou uma sequência cronológica): primeiro, existem coisas; depois, alguém usa intencionalmente essas coisas – objectos, pessoas ou acontecimentos – para fazer de conta; e, por fim, alguém joga o jogo, tácita e contextualmente aceite dentro de uma prática social –, beneficiando de um livre arbítrio que o leva a decidir os seus respectivos graus e modos de participação. Em conclusão, a "verdade" (as coisas como elas são) é o primeiro passo de todo o jogo de faz de conta – e o que justifica todos os desenvolvimentos posteriores do jogo ficcional.

Seria ocioso (e, no limite, quase impossível) descrever as condições de verdade que presidem à consideração de certas coisas como adereços em jogos de faz de conta: isso equivaleria a dissecar um conjunto potencialmente infinito de relações e de propriedades. Tanto Currie como Walton procuram circundar este problema, quer propondo uma noção deflacionada de verdade – no primeiro caso –, quer proclamando a não necessidade de um posicionamento particular em relação a descrições conflituantes de verdade. Nas teses de Currie e Walton, jogar jogos de faz de conta parece implicar uma relação sequencial entre verdade, jogo e recepção – existe uma espécie de causalidade implícita entre coisas reais e "verdades ficcionais" ou "adereços". Interessantemente, nem um nem outro procuram descrever este vínculo, o que é surpreendente: se as ficções surgissem do nada, como os seus argumentos, no limite, sugerem, tanto a noção de *referência* como a noção de *verdade* seriam inúteis. Apesar disso, tanto Currie como Walton estão certos em muitas coisas. Descrever ficções depende de descrever intenções, jogos e as pessoas que os jogam e interpretam – como Currie, Walton dá muita atenção à recepção, ao envolvimento psicológico e afectivo e às condições de apreciação das quais nos servimos para nos relacionarmos com ficções (cf. Walton, 1990:291–382). O problema é que ler ficções como jogos de faz de conta implica questões de precedência e de arrumação que, na minha opinião, não são nem claras nem verificáveis; para além disso, a decisão sobre onde começou o quê não é constitutiva da nossa relação com entidades ficcionais (pelo menos antecipadamente e de modo universal) – como se tentará demonstrar mais à frente neste capítulo.

Tanto Currie como Walton procuram descrever ficções de um modo geral (embora o primeiro recorra abundantemente a exemplos da literatura, e o segundo dedique uma secção especificamente às "representações verbais"). Verdades ficcionais são diferentes de verdades *stricto sensu* e, talvez por isso, exista uma cadeia causal entre *tipos de verdade* sempre que o faz de conta é jogado. O argumento de Currie é devedor de ideias anteriores de Bentham e, em particular, da noção de que as ficções devem a sua existência à linguagem; Walton, por outro lado, desenvolve o seu argumento no sentido de uma descrição geral de arte como representação. Dentro desta família de explicações filosóficas sobre o conceito de ficção há, no entanto, autores que julgam mais proveitoso dar atenção a ficções enquanto formas de discurso – aproximando-se, por isso, mais de Currie do que de Walton. O vínculo entre ficcionalidade e qualidades linguísticas é uma ideia que Bentham (de modo explícito) e Vaihinger (sobre a noção de "sistemas de pensamento") defendem – resolvendo a questão da dependência num primeiro momento. O debate moderno sobre a natureza da ficção deve muito a esta ideia, e ao modo como a maior parte daqueles que procuram definir o conceito de ficção lida com o facto de as ficções serem, acima de tudo, linguísticas. Uma descrição dos termos deste debate – cujas consequências para a noção de "ficção" são tidas como importantes – ajudará, previsivelmente, a situar a discussão sobre a qual este capítulo tem sido conduzido.[96]

Um dos textos considerados centrais para este debate é o texto de Searle, "The Logical Status of Fictional Discourse".[97] O pronunciamento inaugural do artigo sugere, desde logo, que todas as linguagens possuem uma série de relações sistemáticas com atitudes que excedem essas mesmas linguagens – uma forma de argumento intencional que é crucial para a teoria de Searle. Linguagem não depende de propriedades, na sua tese, mas de um conjunto de relações que vinculam pronunciamentos linguísticos a intenções que lhes presidem e a manifestações que lhes são concomitantes:

> Acredito que falar ou escrever numa linguagem consiste em levar a cabo ["performing"] actos de fala de um tipo bastante específico chamados "actos ilocutórios". Estes incluem fazer declarações, dar ordens,

---

[96] Curiosamente, nem Currie nem Walton se referem explicitamente a Bentham ou a Vaihinger, embora me pareça que os seus argumentos contêm, de algum modo, replicações de algumas ideias expressas por aqueles. Bentham, por exemplo, afirma que "À linguagem, então – e só à linguagem – é que as entidades fictícias devem a sua existência – a sua existência impossível, ainda que indispensável" (Bentham, 1813-14:84), uma ideia que parece subjacente ao argumento de Currie. Vaihinger, por seu lado, atribui uma grande importância ao conceito de verdade (existem 51 ocorrências do termo em *Die Philosophie des Als Ob*). A sua tese de que as ficções são necessárias para suprir o vínculo entre a realidade e os nossos sistemas de pensamento (o processo do "como se") é acomodável, enquanto ponto de partida, ao argumento do "faz de conta" de Walton. Há, no entanto, um momento posterior em que os dois divergem, e esta divergência tem a ver com a necessidade de uma ontologia. Quando diz "Chamamos «verdade» às nossas concepções do mundo, quando elas nos permitem avaliar melhor a objectividade e agir sobre ela; assim, o chamado acordo com a realidade deixa de existir e é finalmente abandonado como critério" (1918:193) – um argumento parecido com um argumento de Davidson de que se dará conta no capítulo V –, Vaihinger recusa uma ontologia para o conceito de "verdade". Como se viu, embora em graus diferentes, tanto Currie como Walton parecem subscrever pacificamente a primeira parte da explicação de Vaihinger – o problema é que uma noção vaihingeriana de "ficções convenientes" parece exigir, nos argumentos de Currie e Walton, uma ontologia, ou uma rigidez de determinação que não existe na tese transcrita acima. Ou seja, tanto Currie como Walton concordam com a ênfase de Vaihinger na noção de "ficções úteis (ou convenientes)" e na sua relação com a verdade. E discordam com a ideia de que o nexo entre os nossos sistemas de pensamento e a realidade não inclui uma noção ontológica de "verdade".

[97] John R. Searle (1974), "The Logical Status of Fictional Discourse", in Searle (1979), *Expression and Meaning – Studies in the Theory of Speech Acts*. Cambridge, New York, London, Melbourne: Cambridge University Press, (pp. 58–75; o artigo foi publicado pela primeira vez na *New Literary History* 1974–75, vol. VI).

fazer promessas, desculpar-se, agradecer, e por aí fora. Acredito igualmente que existe um conjunto sistemático de relações entre os sentidos das palavras e das frases que pronunciamos e os actos ilocutórios que realizamos no pronunciamento dessas palavras e frases. (Searle, 1979:58)

De acordo com Searle, este ponto de vista sobre a linguagem levanta problemas quando aplicado ao discurso ficcional: como fazer sentido de que "vermelho", na história do "Capuchinho Vermelho", signifique ao mesmo tempo vermelho e elida as regras que co-relacionam "vermelho" e vermelho? Uma tentação fácil, segundo Searle, seria a de defender que os sentidos ficcionais são diferentes de sentidos não ficcionais, uma vez que estes dois tipos de sentido convocam dois tipos diferentes de actos ilocutórios – uma versão da tese segundo a qual significados em obras de ficção não são significados "normais".[98]

A convocação desta dificuldade inicial leva a que Searle tenha necessidade de precisar conceptualmente o que entende por literatura e o que entende por ficção. Esta precisão é construída sobre a ideia de que, enquanto a segunda é perfeitamente discernível e analisável, não é possível descrever-se a primeira de modo análogo. Na tese de Searle, isso acontece porque: **(i)** não existe um "traço ou conjunto de traços" comum a todas as obras literárias – não existindo, por isso, as condições necessárias e suficientes para que uma obra seja considerada literária à luz dessas mesmas qualidades; **(ii)** literatura é o nome de um elenco de atitudes que pessoas tomam em relação a bocados ou trechos de discurso particulares – não depende de propriedades internas do discurso;[99] e **(iii)**

---

[98] Searle repudia este tratamento da questão do seguinte modo (1979:64): "Esse ponto de vista é pelo menos *prima facie*, impossível, uma vez que, se fosse verdadeiro, seria impossível para alguém compreender uma obra de ficção sem ter de aprender um novo conjunto de sentidos para todas as palavras e outros elementos contidos na obra e, uma vez que qualquer frase pode ocorrer numa obra de ficção, de modo a ter a possibilidade de ler qualquer obra de ficção o falante da língua teria de aprender toda essa língua de novo, uma vez que qualquer frase nessa língua teria tanto um sentido ficcional como um sentido não-ficcional".

[99] Apesar disto, Searle ressalva que "embora o porquê de tomarmos as atitudes que tomamos será, claro, pelo menos em parte uma função das propriedades do discurso, e não completamente arbitrário". A conclusão é a de que "Falando aproximadamente, o ser ou não ser uma obra de literatura cabe aos leitores decidir, o ser ou não ser uma obra de

o literário é contínuo com o não-literário (não é possível demonstrar-se a existência de fronteiras entre estes dois modos de discurso). A conclusão é que não é possível descrever-se "ficção" (na sua dimensão de "discurso ficcional") por referência à noção de "literatura" – que aqui se assemelha muito à noção de "verdade" para o primeiro Currie: uma coisa que sabemos aplicar em contexto prático, mas muito difícil de descrever e delimitar. Por um lado, nem todas as ficções cabem na literatura, e nem tudo o que é não-ficcional é não-literário; por outro, e inversamente, as não-ficções não são exclusivas de discursos não-literários (Searle utiliza, para demonstrar este ponto, o exemplo do 'romance não-ficção" de Truman Capote *In Cold Blood*, de 1966); por fim, a distinção entre sentidos ficcionais e não-ficcionais não depende de actos ilocutórios homólogos de graus diferentes.

O que distingue então o discurso ficcional do discurso não-ficcional? Segundo Searle, numa explicação que encontra afinidades com Currie e Walton e, mais importante, com a descrição de Coleridge, a ficção consiste num acto de fingimento associado a um elenco de convenções. Assim,

> as pretensas ilocuções que constituem uma obra de ficção são tornadas possíveis pela existência de um conjunto de convenções que suspendem as operações normais das regras que relacionam actos ilocutórios com o mundo. Neste sentido, e para usar o jargão de Wittgenstein, contar histórias é mesmo um *jogo de linguagem* à parte; para ser jogado, requer um conjunto de convenções à parte, embora essas convenções não sejam regras de sentido, e o jogo de linguagem não esteja ao mesmo nível dos jogos de linguagem ilocutórios, mas seja parasitário sobre estes. (Searle, 1979:67; itálicos meus)

Não é, assim, o sentido que cauciona a descrição de ficção de Searle, mas as operações que vinculam actos ilocutórios a coisas que os excedem,

---

ficção cabe ao autor decidir" (1979:59). Este argumento é semelhante ao argumento de Currie, segundo o qual o leitor de ficção é convidado pelo autor a jogar um jogo de faz de conta – a diferença é, que, enquanto este defende que a intenção é apenas parte do processo, para Searle trata-se de uma decisão antecipada, que não admite outras interferências.

sendo certo que existe um resíduo de atitudes convencionais que impendem sobre essas mesmas operações.

Ou seja, para cada conjunto de atitudes existe um conjunto de convenções, e as regras que vigoram aquando da nossa recepção de actos ilocutórios normais são diferentes das que usamos quando se trata de actos ilocutórios "fingidos" – embora o ónus deste fingimento seja arrumado por Searle de modo pouco claro (na decisão intencional do autor, como se viu atrás). Actos ilocutórios fingidos não são actos ilocutórios de pleno direito – e por isso a sua natureza é estranha à discussão anterior acerca de actos ilocutórios e sentidos ficcionais. Não são actos do mesmo tipo – embora de graus distintos – que atribuem conteúdo substantivo ao discurso ficcional, mas actos sobre os quais impende uma diferença de espécie: um acto ilocutório "normal" é uma coisa; um acto ilocutório deliberada e conscientemente falso (que convoca, para além disso, um sistema convencional e uma tipologia de respostas) é outra bem diferente.

Actos ilocutórios ficcionais suspendem, por antecipação, a relação *normal* dos restantes actos ilocutórios com o *mundo* (que não é, neste argumento, o mesmo que "verdade"). Não nos relacionamos com ficções do mesmo modo que nos relacionamos com o mundo não porque as ficções sejam falsas, mas porque as regras do jogo são diferentes, uma vez que as regras "normais" ficam automaticamente suspensas. Esta tese de Searle é alicerçada na ideia de que a decisão de se aceitar um acto ilucutório fingido (uma obra de ficção) é automática, e depende da intenção do autor que, arbitrariamente, atribui a certos discursos um carácter ficcional.[100] A tese funciona (mesmo se apenas até certo ponto) se imaginarmos a nossa relação com obras de literatura – por exemplo, quando vemos escrita na capa de um livro a atribuição "Romance" ou "Ficção", é natural que nos preparemos para usar ferramentas convencionais particulares.[101] No argumento de Searle, ficção equivale a "contar histórias",

---

[100] Searle, 1979:66: "um autor de ficção *finge* levar a cabo actos ilocutórios que ele não está realmente a fazer" (itálico meu).

[101] Adiante tentar-se-á demonstrar que 1) não há garantias antecipadas que a resposta descrita seja dessa natureza; 2) as convenções são relacionais e, consequentemente, difíceis de determinar; 3) partes do conjunto de convenções são trocadas por outras durante

e histórias reclamam um posicionamento epistemológico particular, uma vez que são parasitárias face a todos os outros tipos de actos ilocutórios. Existe uma relação desigual, que encontra uma desigualdade adicional ao nível das convenções admitidas (cf. Searle, 1979:68) – no discurso "sério", o conjunto de convenções é vertical, enquanto na ficção essa relação é horizontal. O argumento é o de que, no primeiro, existe uma cadeia de convenções que parte de um resíduo de ocorrências paradigmáticas, constitutivas de uma "ordem maior ou mais complexa" (Searle, 1979:67); no discurso ficcional, pelo contrário, os elencos convencionais suscitados são da mesma natureza para todas as ocorrências.

Convenções são, então, modos de lidar com *histórias*, que por sua vez são discursos fingidos que dependem de atribuições intencionais anteriores. Há uma altura exacta (e determinável) em que alguém diz a outrem: eu estou a fingir enquanto te conto esta história e, por isso, cabe-te decidir que sistema convencional usar para lidar com isto – sendo certo de que tal discurso é, primeiro que tudo, parasitário em relação a discursos "sérios" e, depois, imune a considerações ontológicas. Apenas a aceitabilidade (e respectivas condições) parece desempenhar, neste sistema, um papel central:

> O autor vai estabelecer com o leitor uma plataforma de entendimento ["set of understandings"] acerca do ponto até onde as convenções horizontais da ficção quebram as conexões verticais do discurso sério. Na medida em que o autor é consistente com as convenções que ele próprio invocou ... ele permanecerá dentro dessas convenções. No que concerne a *possibilidade* de uma ontologia, vale tudo: o autor pode criar

---

a tarefa de interpretar; 4) nem sempre uma determinação antecipada (ou um rótulo, para usar linguagem comum) leva a uma resposta típica do género da descrita – não há um algoritmo que conecte ficções e respostas a ficções de modo inequívoco. Este argumento de Searle é apenas residualmente operativo (embora o senso comum diga o contrário): a minha admissão de que a tese funciona é meramente a bem do argumento, para explicar a descrição seguinte de Searle, em que "ficção" significa "contar histórias". Isto porque a maioria das histórias que lemos ou ouvimos não trazem consigo qualquer pronunciamento inicial do autor quanto à sua natureza ficcional: ou seja, se esta espécie de declaração funciona apenas vagamente quanto a obras literárias, ela não funciona de todo, segundo me parece, no contexto de "contar histórias".

tantos personagens e acontecimentos quantos queira. No que concerne a *aceitabilidade* de uma ontologia, a coerência é uma consideração crucial. No entanto, não existe um critério universal de coerência ... A coerência será, em parte, função do contrato entre autor e leitor acerca das convenções horizontais. (Searle, 1979:73, itálicos no original)

    A ideia é a de que existe, primeiro, uma pré-determinação do discurso enquanto discurso ficcional – que é de responsabilidade do autor; e, depois, o estabelecimento de um contrato tácito, o qual, apesar de não assentar em critérios de aplicação indiscriminada, permite definir graus de coerência para a interpretação dos conteúdos ficcionais.[102] A sugestão é análoga à de Coleridge: há uma sobredeterminação intencional que cauciona a suspensão voluntária da descrença (no caso daquele) e das convenções verticais do discurso "sério" (no caso de Searle). O processo ficcional repousa numa declaração de intenções que, por sua vez, despoleta um acordo não explícito sobre *que* condições hermenêuticas são possíveis e adequadas: a única exigência de fundo do sistema é que as interpretações sejam coerentes com o conjunto de convenções que o autor – de modo deliberado e auto-consciente – usa.

    Estas convenções são, para além de tudo, consistentes com a ideia de que autores ficcionais recorrem não a actos ilocutórios de pleno direito mas a uma espécie particular de actos ilocutórios – fingidos –, relação

---

[102] Esta explicação corre um risco comum a quase todas as explicações convencionais de fenómenos literários: o de pressupor que um comportamento típico é um comportamento universal. Com efeito, o tipo de contrato ou de convenção usado para descrever a nossa relação com a literatura é de natureza diferente de outros tipos de relações convencionais ou contratuais: 1) o vínculo é tácito (não há um compromisso explícito como, por exemplo, num contrato de compra e venda); 2) mesmo dentro deste elenco de vínculos, existem diferenças de espécie (há sanções para o desrespeito por um sinal de trânsito, mas não há sanções para o não uso de convenções horizontais para ler discursos ficcionais); 3) existe a possibilidade de outros contratos (chamemos-lhes "paralelos") vigorarem de modo mais assertivo, numa interpretação particular, do que o contrato com o autor. O que Searle está realmente a fazer é descrever um comportamento que considera típico, e isto tanto pode dizer muito como muito pouco quanto à natureza da ficção. Para além destas dificuldades, dá-se o caso de a coerência ser uma qualidade dependente, o que perturba a sua admissão como critério único da plausibilidade das interpretações (neste ponto, a ideia de Searle rima com um argumento importante de Hirsch; cf. capítulo II). Mais, existe uma possibilidade forte de a ficção não implicar apenas aceitação – como Searle parece supor – mas também conhecimento e interpretação, o que tornaria o seu argumento unilateral.

esta que faz da ficção um discurso parasitário em relação a discursos "sérios" ou "normais". A instauração de uma forma de parasitismo deste género tem uma raiz precisa: o autor, que finge que está a fazer coisas que realmente não está a fazer. Deste modo, todo o autor é fingidor, e todo o contexto ficcional falso: "Ao fingir referir-se a pessoas e a relatar acontecimentos sobre essas pessoas, o autor cria personagens e acontecimentos ficcionais" (Searle, 1979:73). Em conclusão, existe um mundo ficcional – semelhante ao de Walton – a que pessoas acedem munidas de uma espécie de senha que lhes é fornecida pelo autor, onde grupos de convenções são alteradas e onde se sabe que não se está a falar nem de pessoas nem de acontecimentos reais. Há um duplo nível de fingimento (e de parasitismo) nesta tese: o primeiro é dado pelo autor – quando proclama a ficcionalidade do seu discurso; o segundo pelo leitor, que aceita a história como falsa e se mune das ferramentas necessárias para interpretar coerentemente uma história não verdadeira.

Não estou muito certo de que as coisas se passem exactamente deste modo – mesmo a um nível trivial, podem levantar-se facilmente uma série de dificuldades contra esta teoria. *Primeiro*, e desde logo, pode argumentar-se que: **(i)** nem sempre existem pronunciamentos autorais inequívocos – um tipo de "orientação", segundo o argumento de Searle – quanto à natureza dos discursos; **(ii)** mesmo que essa orientação exista, nada nos garante que os leitores (ou, para todos os efeitos práticos, os receptores de histórias) a sigam. *Em segundo lugar*, **(i)** conjuntos de ferramentas ou de convenções não são expedientes exteriores à consciência que se usem ou deixem de usar de modo automático e deliberado – os factos ou actos que despoletam o seu uso são de muitos tipos e, muitas vezes até, indetermináveis (para além disto, as convenções vão sendo alteradas ou substituídas por outras no acto interpretativo, que não é nem unitário nem atómico); e, **(ii)** existe uma discricionaridade hermenêutica em todo o acto de interpretação, que pode levar a que se usem convenções do discurso sério para se lidar com ficções, e vice-versa – sendo impossível determinar, antecipadamente, a natureza das respostas.

O artigo de Searle tem que ser colocado em perspectiva, e deve perceber-se por que é que a sua tese gira à volta do princípio de que é o autor que determina a resposta (e o tipo de resposta) ao discurso ficcional. Em termos gerais, Searle faz três coisas ao mesmo tempo neste artigo: descreve a questão da ficcionalidade como um problema de linguagem (ou, pelo menos, de usos da linguagem); desconfia dos críticos literários em geral; e deplora, dentro da crítica, a família de explicações não-intencionalistas acerca da literatura e da ficção. Tal como a sua concepção geral da linguagem, o seu argumento em "The Logical Status of Fictional Discourse" assenta na certeza de que é o falante ou autor que determina a natureza e as condições de acessibilidade do seu próprio discurso. Este princípio nem sempre leva, como se viu, a conclusões inequívocas – além disso, pode argumentar-se que a sua explicação funciona somente ao nível específico do discurso ficcional, não correspondendo por isso a uma descrição geral de "ficcionalidade" ou sequer de "ficção". Segundo Searle, na conclusão do artigo,

> Os críticos literários têm explicado, sobre uma base particularista e ad hoc, o modo como o autor transmite um acto discursivo sério através da realização dos actos discursivos fingidos que constituem uma obra de ficção, mas ainda está por chegar uma teoria geral dos mecanismos pelos quais essas intenções ilocutórias sérias são veiculadas por ilocuções fingidas. (Searle, 1979:73-74)

Em conclusão, a crítica parece habilitada a descrever literatura como dependente de uma intenção (embora seja nítido que a "base particularista e ad hoc" a que Searle se refere diga respeito ao argumento não-intencional de que se falou no capítulo II) –, mas incapaz de criar um nexo entre intenções sérias e discursos deliberadamente fingidos. No argumento de Searle, o problema da ficção é um problema de discurso (e de linguagem); discursos são descritos como actos e, por isso, dependentes de uma intenção discernível que determina a resposta aos conteúdos: o logro da crítica é, pois, o de não ter sabido ainda criar, no contexto do discurso ficcional, uma teoria que explique de que modos intenções se relacionam com ocorrências dessas mesmas intenções.

Em "Is There a Problem About Fictional Discourse?", Richard Rorty retoma algumas das considerações de Searle na tentativa de explicar quer, por um lado, o modo como um ponto de vista filosófico sobre o problema da ficção tem consequências importantes ao nível dos argumentos; quer, por outro, o modo como a linguagem se relaciona com as ficções.[103] A explicação de Rorty acerca da natureza do discurso ficcional recupera um tópico mencionado apenas de forma oblíqua por Searle, mas importante tanto para Coleridge como para Currie e Walton: o tópico da verdade. Isto porque, de acordo com Rorty, a discussão é lateral em relação à teoria literária: trata-se de um problema sobretudo filosófico, *propiciado* por pontos de vista monolíticos acerca do conceito de "verdade". Os termos do problema são ditados pela relevância que a questão da ficção tem para uma discussão acerca daquilo a que Rorty chama "a verdade em geral":

> Para a filosofia, a importância da verdade acerca das ficções repousa no papel que as soluções para este problema desempenham na decisão sobre o que dizer a propósito da verdade em geral. Se a verdade for "correspondência com a realidade", temos um problema: a que realidade corresponde a segunda frase? Se a verdade for "assertibilidade justificada" ["warranted assertibility"], no entanto, temos o que parece ser um problema menos complicado; necessitamos somente de distinguir a situação, ou as convenções, ou os pressupostos relevantes para asseverar cada uma das frases. (Rorty, 1982:110)

A questão da verdade resume-se, para Rorty, à decisão de se tratar a linguagem como uma imagem ou como um jogo: as querelas "realismo" *versus* "idealismo" e "representacionismo" *versus* "pragmatismo" têm a ver com aquilo que despoleta a diferença entre dizer que as coisas estão *mesmo ali* ou que as coisas estão a ser *construídas*. "Para que efeitos e propósitos é uma ficção conveniente tão boa como a realidade?" (Rorty, 1982:110): esta é a pergunta que se encontra no âmago do

---

[103] Richard Rorty (1979), "Is There a Problem About Fictional Discourse?"; in Rorty (1982), *Consequences of Pragmatism*. Minneapolis: University of Minnesota Press (pp. 110–138).

debate sobre ficções – e que recupera, de resto, pontos do argumento de Vaihinger acerca das "ficções úteis".

A pergunta de Rorty, no entanto, é ambígua. A noção de "ficção conveniente" parece análoga à de Vaihinger mas, por outro lado, o comparativo é equívoco: o que significa exactamente "ser tão bom como a realidade"? Será representar adequadamente? Referir-se a, adequadamente? Substituir, com ganhos epistemológicos? E num sentido útil? Ontológico? Para Rorty, os termos do debate têm a ver com um problema específico de linguagem, o problema de se saber de que modo as palavras se *relacionam* com o mundo. Segundo a sua descrição, existe um modo comum de analisar o problema (que imputa a Russell e Searle), e que consiste em atribuir ao autor ou falante uma intenção semântica que determina a referencialidade. Este tipo de atribuição assenta naquilo a que Rorty chama "axioma da existência" (e que se resume no pronunciamento "tudo aquilo a que nos referimos deve existir"). Este ponto prévio cria imediatamente um vínculo entre palavras e coisas, e é reforçado pelos axiomas da identidade e da identificação (cf. Rorty, 1982:115-116). Estes axiomas servem para agrupar objectos dentro de descrições semelhantes e, por outro lado, permitem um isolamento de objectos particulares contra um contexto também ele particular. A tese de Rorty, contra Russell e Searle, é a de que este tipo de necessidade – a de fazer corresponder palavras a objectos reais – é função de um posicionamento específico em relação à natureza da linguagem. Assim,

> Reparem que, a menos que defendêssemos que é uma relação que satisfaça as condições de (1) [Nota: (1) corresponde, na descrição do problema que Rorty leva a cabo logo no início do artigo, ao pronunciamento "Tudo aquilo a que nos referimos deve existir."] que forma o "laço" entre palavras e o mundo, não veríamos qualquer problema interessante sobre as verdades acerca de Sherlock Holmes. Não escreveríamos, como Searle, artigos sobre o "estatuto lógico" do discurso ficcional ... Mas se defendermos um ponto de vista da linguagem como *puro* jogo de linguagem, em que não são suscitadas questões sobre "laços com o mundo", então conhecer métodos de

verificação equivaleria a saber *tudo* o que há a saber sobre os aspectos semânticos das frases. Tal conhecimento não seria um assunto de *teoria* semântica, mas simplesmente um saber-fazer. (Rorty, 1982:114; itálicos no original)

O argumento de Rorty (segundo o qual não há nada de problemático a propósito do discurso ficcional) é triplo: em primeiro lugar **(i)**, questões sobre o estatuto da ficção emergem apenas quando há uma tendência para descrever a linguagem enquanto vínculo com a realidade; em segundo lugar **(ii)**, laços entre palavras e coisas só existem ao abrigo de uma noção forte de correspondência; e, em terceiro lugar **(iii)**, o estatuto da ficção encontra-se emoldurado por uma querela filosófica precisa – entre os que descrevem linguagem como *imagem* e os que a descrevem como *jogo*. Rorty defende que esta disputa só pode ser resolvida de modo radical, e por isso é tão avesso a considerar o discurso ficcional como um problema: no seu argumento, a questão está resolvida por antecipação – linguagem é um jogo descritivo (uma ferramenta) cujas operações são aproximativas, e que não implica uma vinculação forte a objectos do mundo real. O artigo é, em parte devido a este facto, escrito de modo negativo – Rorty descreve modos filosóficos de tratar a questão da ficcionalidade como um problema de se fazer sentido da frase "Tudo aquilo a que nos referimos deve existir". Rorty descreve quatro versões diferentes de possíveis soluções para o problema (a de Russell, a de Searle, a de Donnellan e a de Terence Parsons), mas a sua conclusão é a de que qualquer uma destas soluções é refém de uma noção robusta de referencialidade e, por isso, inapta para descrever a relação entre linguagem e realidade. Deste modo, só há uma solução: ou, por um lado, subscrever uma destas versões deflacionadas da tese referencial de Russell ("Tudo aquilo a que nos referimos deve existir"); ou, por outro, defender um ponto de vista radicalmente pragmático sobre a natureza da linguagem. A conclusão é que só existem

> *Duas* alternativas: uma aproximação de "puro" jogo de linguagem que dispensa completamente estas noções [Nota: Rorty está a referir-se

às noções de "correspondência" e de "referência"], ou uma aproximação rigidamente fisicalista que as interpreta em termos de causalidade física. Pondo isto nos termos do meu tópico principal: As alternativas são de molde a separar a semântica da epistemologia tão drasticamente que a semântica não terá quaisquer distinções interessantes a fazer entre verdade sobre factos e verdade sobre ficção, ou a descrever semântica juntamente com uma epistemologia realista do "retratar" ["picturing"] que ... desautoriza qualquer verdade sobre a ficção. (Rorty, 1982:126–127; itálico no original)

Quer a acção quer a reacção são, nos termos de Rorty, posições que tornam impraticável o recurso à semântica como garante de uma epistemologia. De facto, uma noção estrita de verdade como referencialidade é, no limite, inibidora de considerações sobre a relação entre verdade e ficção – não se pode *apontar para* Sherlock Holmes, para dragões que cospem fogo ou para o Capuchinho Vermelho (é justamente por isto que Rorty descreve o problema do discurso ficcional como um pseudo-problema). Por outro lado, a solução não pode ser tão radical a ponto de isentar conteúdos semânticos de quaisquer graus de referencialidade ou de correspondência – a linguagem como puro jogo seria ociosa (como bem nota Jakobson, ela é orientada para um determinado fim).

Um dos argumentos que defendo é o de que a solução para lidar com estas dificuldades passa por uma versão deflacionada da tese da linguagem como jogo: só conciliando, por um lado **(i)**, um certo grau (embora impreciso, relacional e espácio-temporal) de referencialidade; com, por outro **(ii)**, a linguagem vista como uma ferramenta que não pode, tipicamente, funcionar sem esses mesmos graus de *referência* e de *correspondência*, pode o problema da verdade na ficção ser, pelo menos parcialmente, resolvido. Acredito, contra Rorty, que há uma maneira menos radical de solucionar a questão da verdade e, por inerência, da verdade na ficção. A ficção depende de interpretações, e interpretações dependem de um futuro que não pode dispensar laços (embora não de correspondência necessária e nem sempre causais) com o mundo, nem tão pouco as *ferramentas linguísticas* que permitem estabelecer esse nexo. Mas disto se falará em pormenor mais à frente, sobretudo quando se descreverem os argumentos de Peter Lamarque sobre ficção e conhecimento.

Como ficou claro, e como Rorty resume de modo exemplar, a questão da ficção representa, no contexto da sua descrição filosófica, um problema que é oblíquo em relação ao problema mais geral da definição de verdade. Teorias sobre discursos ficcionais parecem, por isso, pronunciamentos sucedâneos de uma ou mais teorias alternativas sobre verdade e modos de verificação – e isto tem implicações para o estatuto da linguagem e a sua capacidade para representar. Para além disso, a dependência de ideias anteriores sobre verdade parece fazer com que haja dois tipos ou noções de ficção: ficções propriamente ditas (ou *stricto sensu*); e ficções incluídas em discursos ficcionais. Em resumo, discursos filosóficos sobre ficção parecem incluir, de vários modos, vínculos mais ou menos explícitos a descrições de verdade – o que, como se viu, contribui bastante para condicionar os argumentos sobre o tópico (a ponto de ser difícil por vezes perceber o que levou a quê, se a ficção à verdade ou vice-versa). No tratamento literário do conceito de ficção, as coisas passam-se de modo substancialmente diferente. Ficções não são cooptadas por descrições gerais sobre o estatuto da verdade ou da relação entre linguagem e realidade, mas antes como entidades necessárias e funcionais, cujo grau de proficiência e respectivas estratégias têm uma medida de sucesso precisa. Parece, assim, que se está a falar de uma coisa diferente ou, no mínimo, de uma noção diferente de ficção. Pelo menos isso é claro.

De facto, a descrição de Coleridge citada no início do capítulo condensa tanto uma atitude para com os efeitos da ficção como uma descrição da mesma pelo lado da criação. Ficções são, na sua narrativa, construções intencionais que têm propósitos e funcionalidades que dependem, em grande medida, do modo como o autor utiliza os meios que tem à sua disposição. O ónus da decisão remete para o criador, embora, de modo peculiar na descrição de Coleridge, a procura de determinadas respostas (por parte dos leitores) se inclua numa intenção inicial que tem de ser adaptada para produzir os efeitos desejados. Ou seja, e pelo menos desde Coleridge, considera-se que as ficções literárias são construídas pelos seus autores com maior ou menor sucesso – o que transforma o autor ficcional numa espécie de *artífice*, e as ficções literárias em *artefactos* (uma ideia que contraria noções comuns como o "anti-intencionalismo" ou a "arte pela arte"). Este lado construtivo e deliberado da criação ficcional representa, para muitos autores, um tópico central na descrição de ficções literárias; para outros, torna-se mais importante descrever ficções como veículos de representação – embora, nestes casos, sob um ponto de vista diferente do de Walton.[104]

Um exemplo de abordagem ao conceito de ficção pelo lado da sua construção deliberada, com vista a efeitos particulares, é defendido por Booth em *The Rhetoric of Fiction*,[105] uma obra que aspira a lidar

---

[104] Dentro daquilo a que, por comodidade, chamei "tratamento literário" da ficção existem, numa primeira leitura, duas famílias modernas de explicações: 1) a que descende de Curtius (e da sua obra *Europäische Literatur und Lateinisches Mittelalter* [traduzido por Willard R. Trask para inglês como *European Literature and the Latin Middle Ages*. Princeton: Princeton University Press, 1953], de 1948, que trata o modo como certos *topoi* ficcionais se replicam na literatura moderna a partir de conformações seminais da Idade Média – à semelhança do que faz, por exemplo, Eric Gould em relação aos mitos, em *Mythical Intentions in Modern Literature* [Princeton: Princeton University Press, 1981]); e de Auerbach (que, em *Mimesis – The Representation of Reality in Western Literature* [New York: Doubleday Anchor Books, 1953], de 1946, afirma que o seu interesse por representações literárias parte da discussão de Platão no livro 10 da *República*, na qual a mimese está no terceiro lugar mais importante depois da verdade) – uma família de explicações que descreve tipicamente ficção como representando, de modos e graus diferentes, tropos cuja relação com o real parece resolvida, positivamente, de antemão (e como se verá, por exemplo, a propósito de Iser, de quem se falará mais à frente neste capítulo); 2) a que descende de Lubbock, e de *The Craft of Fiction* (London: Jonathan Cape, 1928), de 1921, onde o autor descreve ficção literária justamente como um ofício, em que o artífice-escritor – no seu caso particular Henry James – utiliza recursos e ferramentas à disposição para criar determinados efeitos (cf. 1928:172, onde Lubbock diz que James "foi o primeiro escritor de ficção, julgo, a usar todas as possibilidades do método com intenção e escopo, e a extensão da oportunidade que deste modo é revelada é muito grande. O alcance do método é permanentemente alargado; prova-se, de uma vez por todas, que o ofício da ficção tem mais recursos do que anteriormente havíamos suspeitado"). As duas famílias têm, apesar das diferenças, um pressuposto comum: o de que a análise da ficção deve passar por uma descrição de ocorrências ou de conjuntos de ocorrências, independentemente de considerações essencialistas ou de uma demanda sobre a natureza da ficção – *grosso modo*, é isto que torna o tratamento literário das ficções distinto do seu tratamento filosófico. Trata-se, no fundo, de uma diferença substancial de posicionamento: enquanto as explicações filosóficas tendem a determinar abstractamente uma ontologia ficcional (numa espécie de momento ante-ficção que corrobore as condições de ocorrência futura das ficções possíveis), as explicações literárias tendem a descrever ficção como um processo holista em que intenção, ocorrência e efeitos são instâncias mutuamente influenciáveis.

[105] Wayne C. Booth (1961), *The Rhetoric of Fiction*. Chicago & London: The University of Chicago Press, 1970.

com dois conceitos (retórica e ficção) tradicionalmente vistos com desconfiança quer pela crítica quer pela filosofia. Isto porque existe uma longa tradição de oposição entre a *retórica* – descrita como arte de usar a linguagem para persuadir ou convencer – e a *filosofia* – cujo ideal é, em grande medida, uma indagação exacta sobre a verdade. O argumento geral de Booth é (e desde logo no título) auto-evidente: ficções têm tanto um lado descritivo ou aproximativo como um lado persuasivo. Para além disso, a sugestão subliminar de um tal tipo de descrição é a de que as ficções devem a sua existência (pelo menos em parte) à linguagem, e que, por isso, a incidência da análise ficcional deve retomar o tópico da natureza linguística das ficções – uma recuperação de ideias de Bentham.

O primeiro argumento da tese de Booth passa por estabelecer a distinção entre "telling" (contar) e "showing" (mostrar, no sentido de *apontar para*). Trata-se de uma diferença importante, uma vez que parece condensar muito do debate sobre a ficção: é essa distinção que está por detrás da cartografia de Rorty, e que reflecte a questão da ficção tal como ela tem sido colocada na modernidade (evidentemente, e como se viu, para Rorty isto não representa problema algum). Contar e mostrar são actos de natureza diferente, como é diferente contar uma história e apontar para uma coisa. Nas teses de Currie e Walton, é justamente a dificuldade para suprir o hiato entre *contar* e *apontar para* que leva à conclusão de que ficções são de uma natureza e coisas reais de outra completamente diferente. Porque não têm a capacidade de apontar para coisas, demonstrando de que é que estão a falar, é que as ficções possuem uma relação controversa com a verdade. Para Booth, no entanto, esta questão não tem a ver com os termos filosóficos do debate, ou com a natureza da verdade ficcional, e muito menos com "o que dizer a propósito da verdade em geral" (para utilizar a formulação de Rorty). Contar e mostrar são, na tese de Booth, *funcionalidades* que ganham em serem descritas do ponto de vista da narrativa. Deste modo, o ponto arquimediano do debate sobre verdade na ficção sofre um deslocamento no sentido daquilo a que Currie chama "as histórias" (e, especificamente, às maneiras de as contar):

> Desde Flaubert, muitos autores e críticos estão convencidos de que os modos de narração "objectivos", "impessoais" ou "dramáticos" são naturalmente superiores a qualquer modo que permita o aparecimento directo do autor ou do seu porta-voz fiável ["reliable spokesman"]. Por vezes ... os assuntos complexos envolvidos neste deslocamento têm sido reduzidos a uma conveniente distinção entre "mostrar", que é artístico, e "contar", que é não-artístico. (Booth, 1961:8)

Questões de verdade ficcional parecem ser substituídas, nesta análise, por questões técnicas que dependem de proficiência narrativa – uma espécie particular de conexão entre modos de fazer coisas e modos de provocar efeitos. O argumento detém-se já não sobre a *superfície* ficcional – a sua relação abstracta com objectos reais –, mas (e mais importante) sobre a *interioridade* e as formas de manifestação do artefacto construído. Trata-se de um argumento intencional que, porém, não inclui uma recuperação da estética da genialidade dos finais do século XVIII. O autor é tido, nesta versão, como um *construtor de efeitos*, um artífice cujo uso (adequado ou não) de certas ferramentas narrativas vai determinar o sucesso das suas criações.

Booth procede a esta inflação inicial para incluir, dentro do elenco de ferramentas narrativas, a retórica. Para ele, inquirições acerca da natureza e dos nexos putativos entre ficção e verdade são menos importantes do que uma determinação exacta dos tipos de ferramentas que o artífice de ficção tem à disposição (e, por extensão, o modo como usos e ferramentas se relacionam com os efeitos que os conteúdos ficcionais provocam). As ficções, para Booth (e, em sentido mais alargado, Fish – cuja posição é discutida extensamente por Walton; cf. 1990:99–102), devem a sua existência a um artífice que intima os leitores a uma espécie de interpretação construtiva. Para Fish, os textos são "construidos, e não encontrados"; para Booth, "O autor faz os seus leitores" (Booth, 1961:397) – no contexto de um movimento recíproco que atribui responsabilidades a ambos:

> As convenientes mas, em última análise, ridículas noções de que todas as concessões ao público são espúrias, que o público em si é igualmente

espúrio e que o autor ele-mesmo não faz parte do "público" podem ser tão prejudiciais como o desejo de ser um fenómeno de vendas a todo o custo. (Booth, 1961:396)

A recomendação é clara: é o assentimento de uma comunidade de leitores (de que o autor, inevitavelmente, faz parte) que cauciona os usos e procedimentos do criador de ficção. Também por isso, o esforço narrativo do autor passa por um segundo tipo de responsabilidade – o da escolha entre ferramentas e usos a dar às mesmas –, num processo de selecção que Booth considera determinante para o próprio conceito de ficção (segundo ele, "O romancista que escolhe contar *esta* história não pode ao mesmo tempo contar *aquela* história." [1961:78; itálicos no original; cf. *Idem*:78-79]). O que é importante, na tese de Booth, não é reconhecer as dificuldades de um nexo entre ficção e verdade, mas antes reconhecer que tipo de narrador é suficientemente credível para nos fazer acreditar nas histórias que conta.

Ficções e vida real, ou, *mutatis mutandis*, contar histórias ou apontar para coisas no mundo não são, no argumento de Booth, tão diferentes como nas teses de Currie e Walton. A *decisão* ficcional é repartida pelo autor e pelo leitor, num diálogo permanente que influi sobre a natureza da ficção e sobre o vínculo que esta deve à realidade (Currie defende uma posição semelhante – embora, como se viu, a sua remissão para os conceitos de "verdade na ficção" e "jogo de faz de conta" inviabilize retrospectivamente o seu argumento). Em qualquer acto de contar uma história (seja ela ficcional ou não), a narrativa depende, em primeira instância, de relações de confiança entre pessoas. A conclusão é que

> O mesmo efeito é inevitável em ficção [Nota: Booth refere-se ao relato de uma história numa peça de Shakespeare, e ao seu efeito nas personagens que a ouvem; o argumento é o de que é impossível não se reagir – emocional e intelectualmente – a uma narrativa] ... Apesar de ser mais evidente quando um narrador conta a história das suas próprias aventuras, reagimos a todos os narradores como pessoas. Julgamos os seus relatos credíveis ou não, as suas opiniões sábias ou insensatas, os seus

juízos justos ou injustos. Os graus e eixos de aprovação ou desacordo são quase tão ricos como os que acontecem na vida, mas podemos distinguir dois tipos radicalmente diferentes de reacção, dependendo do facto de o narrador ser fiável ou não. (Booth, 1961:273-274)

Não existem, pois, juízos e emoções para lidar com o mundo e quase-juízos ou quase-emoções para lidar com narrativas ficcionais – ao contrário do que defende Currie. Há uma intenção de comunicação implícita na arte verbal ficcional – que convoca dos leitores um elenco de experiências que propiciam juízos e, como tal, interpretações. Ou seja, e em conclusão, jogos de faz de conta não são jogados com "verdades na ficção" ou adereços, mas com um conjunto complexo de crenças, juízos, justificações e emoções verdadeiras. De um certo ponto de vista, a tese de Booth pode ser descrita como anti-textualista ou, no limite, iconoclasta – uma vez que desloca o ónus das decisões sobre o estatuto ficcional dos objectos para as pessoas.

Mas isto não acontece verdadeiramente (e as longas análises técnicas que são levadas a cabo sobre narrativas e obras literárias de vários tipos testemunham justamente isso): o que acontece é que, para Booth, a ficção convoca *modos humanos* de interpretar coisas que nos são estranhas mas, ao mesmo tempo, muito próximas – as relações entre autores, textos, ficções, verdade e leitores constituem um diálogo recíproco. Este diálogo dispensa nexos causais e correspondências baseadas no facto de verdades ficcionais serem apenas "quase-verdades", numa espécie de relação desigual em que ficções são males necessários cujo vínculo com o mundo é problemático. Ficções são modos de comunicação e, por isso, inerentemente humanas. Deste modo,

> Quando acções humanas são agrupadas para que se faça uma obra de arte, a forma como isto se faz nunca pode divorciar-se dos sentidos humanos, incluindo dos juízos morais, que estão implícitos de toda a vez que os seres humanos agem. E nada do que o escritor faça pode ser entendido, em última análise, isolado do seu esforço para o tornar acessível aos outros – os seus pares, ele mesmo enquanto leitor imaginado,

o seu público. O romance nasce como algo de comunicável, e os meios de comunicação não são intrusões vergonhosas a menos que sejam feitos com uma vergonhosa inépcia. (Booth, 1961:397)

Booth utiliza o conceito de "ficção" como uma espécie de metonímia para a literatura e, embora seja geralmente claro que não existe confusão entre os dois conceitos, parece haver pelo menos um sentido em que literatura e ficção exigem respostas parecidas – porque humanas. E, uma vez que a decisão ficcional tem a ver com uma reciprocidade da acção humana entre um autor e um leitor, mediada por uma narrativa que é um artefacto (dependendo, por isso, de ferramentas, usos e finalidades), não há diferenças de espécie entre contar histórias sobre pessoas e contar histórias sobre dragões que cospem fogo. Retomando a frase de Coleridge, em que se convoca "um interesse humano", pode inferir-se que pessoas tanto se podem interessar pelo primeiro tipo de história como pelo segundo.[106] As ficções são, na tese de Booth, necessidades e incumbências humanas que suscitam experiências – o que não é o mesmo que dizer que se relacionam de modo necessário (e de modo necessariamente desigual) com coisas como a "verdade" ou o "mundo real".

Aparentemente, pontos de vista "literários" – em que ficções são descritas enquanto criações de artífices humanos que exigem respostas

---

[106] Explicar ficção pelo lado dos efeitos tem esta vantagem, de ser mais inclusiva (e útil) para o tratamento de conteúdos ficcionais. Tipicamente, e em sentido inverso, as explicações que incidem sobre os conceitos de "verdade", "correspondência" ou "referência" eliminam antecipadamente conjuntos de respostas a enunciados ficcionais, mediante constructos arbitrários como "verdade na ficção" ou "faz de conta". Num sentido importante, a necessidade de descrever "ficção" sob um ponto de vista ontológico tem muito a ver com a inabilidade para se fazer sentido de uma constatação aparentemente trivial: como é que se pode falar, utilizando um meio de comunicação em tudo análogo, de coisas que podem ou não ser verdade (como o facto de Sherlock Holmes ter existido e vivido em Baker Street) e de coisas que sabemos serem falsas (como terem existido dragões que cospem fogo, minotauros ou pessoas que acordam transformadas em insectos)? Para as teorias da ficção como tipo de verdade, o problema está resolvido de antemão: é tudo um jogo de faz de conta e, por isso, a natureza da resposta remete para a "suspensão voluntária da descrença" de Coleridge; para Booth, no entanto, a resposta a conteúdos ficcionais tem muito mais a ver com reacções e juízos que, de muitas maneiras, suscitam uma amplitude hermenêutica particular. Neste sentido, Holmes e dragões dependem de pessoas que podem escolher interpretar Holmes como Holmes e um dragão como um dragão – embora nada garanta que isso vá realmente acontecer.

e interpretações (como o de Booth) – tendem a considerar as ficções como modos de representação de actividades e de experiências. Esta constatação é interessante, e levanta uma hipótese peculiar: será que os praticantes da literatura estão mais *habilitados*, por força do hábito, a ficcionalizar as próprias ficções? Ou, de outro modo, a compreender a sua posição enquanto *representações* de actos, e não apenas de factos? Parece que sim. É também por isso que, embora em sentido diferente do de Walton, tanto Frank Kermode como Wolfgang Iser descrevem a ficção justamente nesta perspectiva – um ponto de vista que poderíamos chamar "representacional", e que se discutirá em seguida. Talvez em virtude do seu vínculo às artes pictóricas (é preciso não esquecer que a amplitude do seu argumento o leva a agregar um conceito idêntico de "ficção" a todas as artes), Walton subscreve um sentido estrito – e paradoxal – de mimese.[107] A arte como representação é, na tese de Walton, a alavanca da consideração de que objectos de arte são adereços ("props") num jogo de faz de conta, em que uma coisa representa outra sob um conjunto de regras e convenções particulares. Como ficou claro na discussão da sua teoria, nem os emparelhamentos que defende (arte/representação; adereços/faz de conta) nem as regras do jogo são completamente transparentes – e tanto para Kermode como para Iser, explicações acerca de ficções literárias dispensam perfeitamente vínculos ontológicos ou jogos de faz de conta, como se tentará demonstrar a partir de agora. Para Kermode, de resto, lidar com ficções não representa um fingimento induzido, mas a plena consciência de que as ficções são falsas e de que coisas como romances têm inevitavelmente de mentir.

Em *The Sense of an Ending*, Frank Kermode defende um ponto de vista histórico sobre ficção, tentando cartografar ficções literárias a partir da ideia de que uma parte importante do escopo ficcional foi criado

---

[107] Isto porque seria, talvez, de esperar que o seu conceito de ficção – uma vez que aspira a aplicá-lo a todas as artes – fosse alargado e incluísse graus diferentes de instanciação. No entanto, o seu conceito é estrito (num sentido quase fotográfico), o que permite, porventura, inferir que Walton não nos oferece realmente um conceito de ficção, mas antes (e apenas) as condições de funcionamento dos jogos de faz de conta (o que não é bem a mesma coisa). Esta crítica estende-se, também, ao argumento geral de Currie.

para purgar sensações de perda – o fim do mundo, o apocalipse ou, de modo geral, a morte.[108] Desde logo – e este é um dos argumentos fortes de Kermode – as ficções são revestidas de uma potencialidade explicativa: ficções ajudam-nos a "dar sentido ao mundo" e, por isso, o seu valor epistemológico transforma-se numa espécie de garantia contra o cepticismo. A resposta a este cepticismo é, para o autor, possível apenas mediante um conhecimento da "essência das nossas ficções explicativas, especialmente quando estas pertencem a tradições culturais que tratam o tempo histórico como primariamente rectilíneo, e não cíclico" (Kermode, 1966:36). Em sentido contrário ao de Walton, Kermode defende que estas "ficções explicativas" possuem, no caso de serem literárias, o direito a um conjunto arbitrário e exclusivo de normas ficcionais – ou seja, a natureza da ficção literária é diferente da de outros tipos de ficção, o que, no limite, perturba a noção waltoniana da obra de arte literária como adereço (parecem existir, assim, adereços, regras e jogos diferentes consoante o meio de comunicação das ficções). Por outro lado, no entanto, Kermode aproxima o seu argumento do de Walton quando sugere que as ficções literárias "pertencem à categoria de Vaihinger daquilo que é «conscientemente falso»" (Kermode, 1966:40).

A dificuldade deste argumento reside, em grande medida, em como fazer sentido do mundo através de coisas que, conscientemente, sabemos serem falsas (e, por isso também, da noção de "conscientemente falso"). Dito de outro modo, como é que Sherlock Holmes me ajuda a compreender melhor o *meu* mundo? Kermode não resiste à tentação de considerar a relação entre ficção e verdade como uma causalidade estrita – embora não vá suficientemente longe a ponto de atomizar o nexo entre ficções e o mundo. Aliás, é justamente neste ponto que o seu argumento difere do de Currie e se aproxima do de Walton. O que Kermode nos diz é que, em primeiro lugar **(i)**, as ficções têm um nexo necessário com a realidade; segundo **(ii)**, que esse nexo é constitutivo do estatuto da ficção (nestes dois primeiros pontos, o seu argumento coincide com os

---

[108] Frank Kermode (1966), *The Sense of an Ending – Studies in the Theory of Fiction*. New York: Oxford University Press, 1967.

de Currie e de Walton, apesar de o primeiro, por achar isto mesmo num momento inicial, vir a rasurar por completo relações com o real, num segundo momento da sua teoria); finalmente **(iii)**, (e é neste ponto que Kermode se distancia de Currie e fornece uma explicação parecida com a de Walton) que esse nexo *existe sempre* e é, nas suas palavras, "fictivo" ["fictive"] – depende da consideração da ficção como uma entidade falsa que serve para suprir lacunas na nossa compreensão do mundo (esta descrição é suficientemente ampla para nela se incluírem os "props" da teoria de Walton). O processo é resumido do seguinte modo:

> Aquilo a que Vaihinger chama a "reunião com o mundo" e que eu chamo "fazer sentido" ou "fazer sentido humano" é algo que a literatura leva a cabo desde que nos lembremos do estatuto das ficções. Elas não são mitos, e não são hipóteses; nós não rearranjamos o mundo para elas lhe servirem, nem as testamos em experiências, por exemplo em câmaras de gás. (Kermode, 1966:41)

A ligação das ficções à realidade não é feita, de acordo com Kermode, por meio de uma relação desigual em que objectos servem para fazer de conta – como na tese de Walton; acontece, antes, através de um sentido em que ficções representam de modo especial a realidade humana – um argumento parecido com o de Booth. Este processo tem a ver com escolhas ficcionais (a "selecção" a que Booth se refere), e com os modos de ser da ficção. Em última análise, a ficção como representação (neste sentido kermodeano) instaura diferenças de grau e, por isso, *de juízo*, entre instâncias ficcionais (existem, no fundo, ficções melhores e outras piores). Isto sucede porque o romance (transmissor por excelência de ficções literárias) possui "limitações *a priori*" (cf. Kermode; 1966:135-139), na exacta medida em que o seu propósito é o de retratar a "contingência humana" (*Idem*:144-145) de modo inteligível e adequado.[109] Optimizar

---

[109] Em *The Sense of an Ending*, Kermode parece excesivamente colado a um ponto de vista existencialista da literatura (citando abundantemente, de resto, Sartre e Ortega y Gasset), mesmo que isso implique o risco de tornar os seus argumentos estipulativos e unilaterais – o que, até certo ponto, acontece. A sua noção de representação, enquanto

essas mesmas limitações, na direcção de uma representação fiel do desencanto apocalíptico do pós-IIª Grande Guerra, parece ser a solução mais viável para Kermode. Esta descrição de ficção contribui para adensar o paradoxo em torno do seu argumento geral: como podemos, e de que maneira, considerar coisas que sabemos conscientemente serem falsas como *espelhos fiéis* do real? De acordo com Kermode, "O romance fornece uma redução do mundo. *Tem que mentir*" (Kermode, 1966:140; itálico meu), mas, ao mesmo tempo, representa o que há de mais humano no real. Este argumento parece tratar-se, em suma, de uma versão moderna (e idiossincrática) da tese de Vaihinger acerca da utilidade das ficções.

Neste sentido, as ficções literárias são úteis para lidar tanto com a contingência como com a transitoriedade do mundo – são descrições humanas e não propriedades dos objectos ou da história. Não se está a fazer de conta: existe, sim, um meio aproximado (embora falso) de apontar para coisas que são, por natureza, características do homem. E porque o homem é fruto das suas circunstâncias (no dizer de Ortega y Gasset, que Kermode subscreve), "toda a ficção vai, em alguma medida, naturalmente repetir outras ficções, mas sempre com uma diferença, por causa das mudanças que sofre a nossa realidade" (Kermode, 1966:179–180). Na tese de Kermode, as ficções possuem, inerentemente, um vínculo mimético com a realidade: toda a representação literária tem um nexo particular com o mundo, que não se encontra ao nível da verdade (uma vez que os romances não podem deixar de mentir), mas que acontece no contexto de uma espécie de desconserto partilhado do mundo. Isto acrescenta mais um paradoxo ao argumento de Kermode: como circundar o cepticismo, o desencanto e a sordidez mimetizando com fidelidade esses mesmos sentimentos e representando-os de modo a causar efeitos em tudo semelhantes aos sentimentos reais?

Não cabe no âmbito deste capítulo descrever em pormenor as contradições de certos argumentos de Kermode, nem muito menos testar as

---

espelho fiel e autêntico da sordidez humana, leva-o a inflacionar os métodos de certos romancistas em detrimento de outros – e a desconfiar, por exemplo, da mitocrítica como explicação pertinente para a ficção literária.

suas conclusões – basta, por agora, olhar para *The Sense of an Ending* como uma explicação "literária" da ficção que, em primeiro lugar **(i)**, sugere uma relação precisa entre ficções e estados de coisas reais; em segundo lugar **(ii)**, não descreve ficção como jogo de faz de conta, mas antes como uma consciência activa da falsidade; e, em terceiro lugar **(iii)**, confere às ficções literárias um sentido forte de representação. Um argumento semelhante, embora mais minucioso e, a meu ver, conceptualmente mais frutífero, é defendido por Wolfgang Iser em *The Fictive and the Imaginary*.[110] Desde o início, Iser subscreve uma noção alargada de ficção enquanto conteúdo cognitivo passível de oferecer dividendos epistemológicos. A primeira frase do prefácio da obra testemunha exemplarmente este facto: "A literatura necessita de interpretação, uma vez que as fabricações que verbaliza só podem ser processadas por meio de molduras cognitivas [cognitive frames of reference]" (Iser, 1993:ix).

O argumento de Iser começa com uma precisão conceptual importante, a partir de um sentido intencional de ficção: "Como produto de um autor, o texto literário evidencia uma atitude particular pela qual o autor ou autora se dirigem ao mundo. Uma vez que esta atitude não existe no mundo específico ao qual o autor se refere, só pode tomar forma sendo inserida *literalmente* no mundo real" (Iser, 1993:4; itálico meu). Este processo de *inserção* toma forma, segundo Iser, através de uma rearrumação das estruturas existentes (e não por recurso a um sentido estrito de mimese). Ao autor é conferida a possibilidade de escolher objectos, personagens e acontecimentos de entre uma variedade de sistemas sociais, históricos, culturais e literários, sistemas esses cuja referencialidade extrapola o texto literário. Ou seja, e contrariamente aos argumentos (sobretudo) de Currie, ficções literárias referem-se a sistemas que as excedem, e isto impugna a consideração de "verdade na ficção" como meio de aferir a relação ficcional entre textos e o mundo. Um sentido estrito de referencialidade – atrás descrito –, que estabelece diferenças entre "contar" e

---

[110] Wolfgang Iser (1993), *The Fictive and the Imaginary – Charting Literary Anthropology*. Baltimore & London: The Johns Hopkins University Press (1ª publicação, em alemão, em 1991).

"mostrar" ou, em sentido análogo, entre "falar sobre" ou "apontar para" é, para Iser, contrafactual. Isto porque "A observabilidade *não* é uma componente dos sistemas descritos. Ela é suscitada pelo acto de selecção" (Iser, 1993:5; itálico no original). Isto quer dizer que a diferença entre "telling" e "showing" não é operativa para determinar as fronteiras da definição de "ficção" – noutros argumentos, como se viu, aquela diferença é crucial para delimitar conteúdos ficcionais por oposição a uma noção de *verdade* ou a uma noção de *discursos não ficcionais*.

Por um lado **(i)**, não existem regras pré-definidas para o processo de selecção – o autor goza de uma ampla liberdade de escolha entre um escopo massivo de sistemas; por outro **(ii)**, o acto de criação é um *evento*, cuja forma de manifestação é específica; por fim **(iii)**, as sub-categorias do processo (extensão, peso relativo, relações, omissões) asseguram modos básicos de "construção do mundo" ("worldmaking", uma expressão de Nelson Goodman citada por Iser). A conclusão é que a selecção operacional de conteúdos, "enquanto acto de ficcionalização", demonstra de modo necessário a "intencionalidade do texto" (Iser, 1993:6). O texto literário é, nesta versão, considerado como um objecto transitivo entre o real e o imaginário, ou entre os sistemas referenciais que o autor intencionalmente selecciona e as respostas que o acto ficcional suscita nos seus leitores, que têm a ver com usos da imaginação:

> A intencionalidade do texto consiste, assim, no modo como se separa e distancia dos sistemas aos quais inicialmente se ligou. Desta maneira, a intenção não deve procurar-se no mundo ao qual o texto se refere, nem deve ser algo de simplesmente imaginário; ela é a preparação de uma qualidade imaginativa para o seu respectivo uso – um uso que permanece dependente de uma dada situação à qual deve ser aplicada.
> (Iser, 1993:6)

A intenção ficcional cumpre, em primeira instância, a função de tornar aparentes manifestações da imaginação que, num certo sentido, se encontram em estado de "hibernação". Qualidades imaginárias – ou a possibilidade de imaginar – são qualidades potenciais a que a intenção do autor empresta um conteúdo manifesto que, num segundo momento, se adapta a contextos particulares.

A este acto de selecção acresce um acto de combinação (um argumento que, de certo modo, ecoa o de Jakobson, debatido no capítulo anterior), que também possui a mesma característica distintiva: trata-se de um acto de atravessar fronteiras ("crossing of boundaries"). O cruzamento dos actos ficcionais de selecção e combinação tem consequências importantes para a descrição de ficção de Iser. A sua funcionalidade tem a ver não com a natureza dos processos intencionais mas – tal como no argumento de Booth – com a determinação dos *efeitos* do texto ficcional. As ferramentas de Booth são actualizadas por Iser, sob a forma de uma intenção que selecciona e combina sistemas cuja referencialidade é, ao mesmo tempo: **(i)** recíproca (uma vez que a ficção é, ao mesmo tempo, uma relação entre textos e o mundo, e uma extrapolação imaginativa de fronteiras entre esses mesmos textos e esse mesmo mundo); e **(ii)** não unívoca (como nos casos em que a verdade do mundo invalida a verdade – estritamente considerada – na ficção). Isto tem, obviamente, consequências importantes para a determinação do que conta como *facto* à luz deste ponto de vista sobre textos ficcionais. Assim,

> Esta "factualidade" do texto é criada pelo processo relacional através da determinabilidade dos elementos que combina e através da interacção recíproca desses elementos em combinação. A factualidade do texto não é, deste modo, uma qualidade dos elementos que o texto combina. Ao contrário, é constituída por aquilo que o texto produz. (Iser, 1993:8)

Os textos ficcionais denotam aquilo a que Iser chama "o fictivo" e, por isso, as relações que se criam por mediação desses textos tornam-se manifestas através dos efeitos que eles convocam pela linguagem que usam: "A função denotativa da linguagem é transformada, pelo processo relacional, numa função de figuração" (Iser, 1993:10). Na teoria de Iser, o conceito de ficção é descrito como uma construção textual intencional. Essa construção, por sua vez, consuma um acto fictivo que suscita uma resposta imaginativa dos seus destinatários, e condensa processos de selecção e combinação que, num mesmo momento, se conectam com o mundo e o excedem (não parecem existir regras antecipadas para determinar a natureza desses processos de *selecção* e *combinação*: eles não são, em última análise, determináveis de modo antecipado). Aquela construção provoca, além disto, outro tipo de *efeitos*, através da perturbação de fronteiras familiares, perturbação essa que funciona a vários níveis (registo ficcional/realidade, denotação/figuração, contar/mostrar, texto/representação, etc.). Assim, a tese de Iser repousa na ideia de que as ficções dependem muito de uma reciprocidade entre autores, textos e leitores – um argumento parecido com o de Booth.

A remissão para os efeitos (quase completamente esquecidos por Currie e, em menor grau, por Walton) é central para a teoria de Iser, que se apoia em duas ideias fundamentais: **(i)** a de que a ficção (por ser um acto intencional de selecção e combinação) tem, em si mesma, as possibilidades para a sua "auto-revelação" ("self-disclosure"); e, em segundo lugar, **(ii)** a de que os efeitos funcionais da ficção provocam uma espécie de *gestalt* – linguisticamente induzida – nos seus leitores. Ou seja, a literatura de ficção altera os estados mentais dos seus destinatários, porque promove um estranhamento particular em relação a coisas a que estamos mais habituados – um argumento parecido com o argumento geral de Jakobson (como descrito no capítulo III). No entanto (e esta é a diferença crucial), Iser descreve essa modificação não como um momento estanque, mas como um estado de coisas transitório, em permanente diálogo consigo mesmo e com as coisas a que se liga e que excede (e isto é, de certo modo, uma descrição possível de interpretação). A ficção literária "necessita de interpretação", e esta urgência hermenêutica só faz sentido se imaginarmos que textos de ficção representam (embora excedam, ao mesmo tempo) um conjunto de sistemas que conhecemos e que nos são familiares – porque sociais, históricos, literários ou, numa palavra, *humanos*.

Por tudo isto, Iser descreve ficções numa perspectiva de "como se" (uma ideia forte de Vaihinger): ou seja, textos literários dependem do que leitores fazem com a formulação óbvia "Sherlock Holmes nunca existiu, mas é como se tivesse existido." Fazer sentido deste "como se" é justamente a tarefa que se propõe a interpretação. As ficções são instrumentais, na medida em que exigem transformações e adequações hermenêuticas entre pessoas, textos e mundos. Deste modo, torna-se difícil uma explicação das ficções com base numa ontologia, ou numa rigidez de determinação que envolva delimitações e critérios de verificação universais. De acordo com Iser, "Todas as predicações são casos de estratégia, e não de definição" (Iser, 1993:166); e, no mesmo sentido, "Se um modo de imputação for confundido com a «natureza» da ficção, o resultado é uma reificação, e a ficção começa a assumir o carácter de um ídolo" (*Idem*). Iser refere-se, neste ponto, à consideração de ficção como um embuste – uma mentira conscientemente falsa que derroga, ou diminui, a consciência familiar que temos da realidade. Considerar "ficção" por oposição a "verdade" é, na tese de Iser, confundir tanto estratégias (usos) com definições, quanto confundir os meios de imputação de verdade com a natureza da ficção. A ficção literária representa (e representa funcionalmente) sistemas, coisas verdadeiras e coisas falsas, o mundo, os seus intérpretes; e representa-se a si mesma, e a outras ficções literárias: por isso se torna tão difícil indagar a sua verdadeira natureza.

Chegados a este ponto, temos então uma cartografia aproximativa das duas famílias de explicações que foram propostas no início do capítulo, e a que chamei, por comodidade, explicações "filosóficas" e explicações "literárias" da ficção. As diferenças entre as duas terão ficado, creio, claras. O passo seguinte tem a ver com a descrição das duas explicações a que chamei "híbridas", e que propõem uma espécie de síntese entre uma e outra, defendendo formas particulares de conexão entre ficção e verdade. Trata-se de um esforço para superar a relação difícil entre duas ideias aparentemente incompatíveis: **(i)** a de que a ficção é uma corruptela da "verdade" – uma ideia que suscita a determinação de "tipos de verdade" e a performance de "jogos de faz de conta"; **(ii)** e a ideia que, para descrevermos ficção, não precisamos de descrever *verdade* ou as relações entre ambas, uma vez que as ficções possuem um valor de uso que é determinado por uma deliberação precedente, e – mais importante – por um conjunto de efeitos sobre os seus receptores. Trata-se, em certa medida, de reabilitar a noção de *verdade ficcional*, agilizando para isso a *ontologia* das explicações filosóficas e o *pragmatismo* das explicações literárias. Recorrerei para o efeito, e a título de exemplo, a teses de Michael Riffaterre e de Peter Lamarque e Stein Olsen.

Em *Fictional Truth*, Riffaterre defende um conceito particular de verdade ficcional.[111] Um dos seus objectivos é fazer uma distinção precisa entre os conceitos de "verdade" e de "verosimilhança". A "verdade ficcional" é transmitida por indícios ficcionais – entre os quais se encontram, por exemplo, o autor e o seu sociolecto (como "índex de verdade" que constitui o "locus metalinguístico" sobre o qual os vários tropos narrativos se constroem; cf. Riffaterre, 1990:48–52). A característica comum aos diferentes tipos de *índex* é um conjunto de aspectos formais definidos de modo enfático: a verdade depende do texto, não numa perspectiva simples de verificação (como na teoria de Currie), mas através de uma série delimitável de relações do texto com conjuntos de pressuposições. Relações ficcionais nem sempre são deliberativas e funcionais, e quase nunca dependem de estratégias de verificação e probabilidade. A "verdade ficcional" tem, por isso, muito pouco a ver com verosimilhança: ela nem sempre instaura ligações entre o que se pode dizer em ficção e coisas que julgamos verosímeis. Ficções literárias, segundo Riffaterre, apontam *para dentro* (para índices de ficcionalidade formalmente concebidos) e, em consequência, as verdades que suscitam podem ser de natureza diferente. Em resumo,

> As várias instâncias de verdade na ficção ... têm em comum uma base de aspectos formais bem definidos e necessariamente percebidos. Todos eles são ou distintos da verosimilhança ou a excluem por completo, uma vez que são compatíveis com índices de ficcionalidade. Para além disso, e apesar de a verosimilhança pressupor coisas, conceitos, ou sistemas de signos contra os quais o texto pode ser medido para apurar a sua exactidão, e avaliado à luz da autoridade destes, a verdade ficcional repele a referencialidade que levanta o problema de se saber se o leitor dá conta da sua exactidão. Em vez disso, a verdade ficcional repousa inteiramente no texto em si como se este fosse auto-suficiente. (Riffaterre, 1990:84)

---

[111] Michael Riffaterre (1990), *Fictional Truth*. Baltimore & London: The Johns Hopkins University Press, 1993.

À primeira vista, este pronunciamento de Riffaterre não é muito diferente do conceito de "verdade na ficção" de Currie, segundo o qual as verdades são medidas contra um conjunto de evidências textuais, as quais são admissíveis na medida em que podem suportar ou derrogar instâncias particulares de "verdade". Mas o que acontece aqui é um refinamento substancial desse argumento – para Riffaterre, dizer que "Sherlock Holmes fumava cachimbo" admite vários graus, ou fontes, textualmente concebidos (uma vez que verdades são aspectos formais, e não meras evidências semânticas). Existem, em consequência, quatro possibilidades formais diferentes de se gerarem verdades ficcionais (cf. a discussão de Riffaterre, 1990:84 e ss.): **(i)** pela transformação textual de um dado (através de mecanismos semióticos de substituição – paráfrase –, pelos quais um tropo é definido e percepcionado apenas se pressupuser outra expressão para a qual funciona como substituto); **(ii)** pelas inferências suscitadas por predicações que estão confinadas a "fórmulas axiomáticas"; **(iii)** pela verificação tautológica de um dado lexical fornecido pelo texto que gera (e aqui Riffaterre afirma que "A verdade é derivativa, idioléctica, paradigmática e, eventualmente, circular"; 1990:85); e **(iv)** pela sua representação simbólica desenvolvida em subtextos.

Aquilo que Riffaterre considera como *inferências formalmente admissíveis* de verdades ficcionais é, no fundo, um modo de cooptar sistematicamente alguns argumentos avulsos sobre o tópico – subscrevendo um ponto de vista semiótico (em sentido forte) sobre literatura. Em **(i)**, o que é defendido é a possibilidade da paráfrase enquanto ferramenta hermenêutica ou, de outro modo, da paráfrase enquanto redescrição (interpretar passa, neste sentido, por redescrever, e por determinar as regras de transformação que tornam descrições em redescrições); em **(ii)**, o argumento é parecido com o de Booth e, em menor grau, com o de Iser (a ficção tem a possibilidade de se auto-representar, e de instanciar axiomas, tanto da ficção como da vida). Em **(iii)** Riffaterre recupera um sentido de verdade que é comum a quase todas as explicações "filosóficas" (e em especial quando se fala de Currie): a de que verdades ficcionais são demonstráveis mediante evidências textuais; em **(iv)**, admite-se, como sugeriram quer Booth quer Kermode, que certos tropos ficcionais possam ser desenvolvidos em subespécies determinadas. Evidentemente, aquilo a que Riffaterre chama inferências formais – e que são, no fundo, interpretações –, nem sempre o são de modo estrito (caso contrário, haveria pouca margem para, por exemplo, ironias, ambiguidades, ou mesmo até novos usos de antigas expressões). Riffaterre subscreve um sentido estrito de semiose, a partir do axioma segundo o qual "a mimese é lexical" (Riffaterre, 1990:14).

À semelhança do que acontece com Kermode, também Riffaterre defende uma perspectiva geral a ponto de transformar alguns dos seus argumentos em constatações unilaterais de validade universal – a sua consideração estrita sobre a capacidade semiótica da linguagem (e a remissão para aspectos estritamente formais), assim o determina. O argumento que defendo, contrariamente, é o de que descrições de ficção literária ganham em considerarem conteúdos ficcionais como um *diálogo* (de natureza holística) entre uma intenção, um meio – textual – de comunicação dessa intenção, e o modo como tanto a primeira (a intenção) como os segundos (os textos) são *usados* por pessoas que os interpretam. O que Riffaterre faz é precisamente o inverso: o seu esforço é levado a cabo no sentido de reabilitar o vínculo entre ficção e verdade (crucial para Currie e Walton), vínculo esse que para ele é formal e textual – e não filosófico ou ontológico. A sua constante remissão para o texto – uma versão sofisticada do argumento de Currie sobre "verdade na ficção" – leva-o a ignorar tanto as *deliberações* como os *efeitos* da ficção literária. A interpretação deixa, assim, de ser uma interpretação: basta que seja uma *exegese formal*. É difícil não concordar com Riffaterre quando ele diz que todos os géneros literários são artefactos, e que a ficção é o maior artefacto de todos – embora, por economia de espaço, não caibam aqui reservas quanto a descrições genéricas de ficção. Mas já não é tão fácil, por outro lado, perceber como, defendendo um argumento estritamente semiótico, se podem subscrever dois pontos de vista aparentemente inconciliáveis: o de que, por um lado **(i)**, a verdade depende de uma percepção linguística (um argumento-chave da teoria das ficções de Bentham; cf. Riffaterre, 1990:12–14); e o de que, por outro **(ii)**, a verdade é performativa (uma recuperação da tese de Searle; cf. Riffaterre, 1990:19).

Os problemas que não existem nas descrições "literárias" de ficção – e no artigo de Rorty (que incluo sob as explicações "filosóficas") – ressurgem na tese de Riffaterre, demonstrando amplamente o pouco que se ganha (e o muito que, epistemologicamente, se perde) quando se procuram vincular definições de ficção a opiniões gerais sobre o que é a "verdade" e que tipos de "verdade" existem. Para Riffaterre, urge dar resposta ao paradoxo segundo o qual a ficção é um modo artificial de literatura que, ao mesmo tempo, faz invocar nos leitores experiências imaginárias, por um lado; e relevantes para as suas vidas, por outro – paradoxo que equivale, *mutatis mutandis*, ao de Searle (a tal busca de "laços" entre palavras e o mundo, que dá origem à resposta de Rorty em "Is There a Problem About Fictional Discourse?"). Esta ideia, de que existem tipos de verdade (entre eles a verdade ficcional) é, à distância, subsidiária da expressão de Coleridge com a qual se iniciou a presente discussão. E é justamente por isso que, também para Riffaterre, questões de crença e descrença (e de verdade e verosimilhança) são cruciais para a determinação da natureza da ficção:

> Os sinais de ficcionalidade num texto não são velados nem embotados nem compensados através da verosimilhança correctiva que suspende a descrença; pelo contrário, são esses mesmos sinais que apontam para uma verdade invulnerável às deficiências da mimese ou à resistência a esta por parte do leitor. Eles fazem-no suspendendo a crença, deslocalizando radicalmente a verosimilhança. (Riffaterre, 1990:33)

Verdades ficcionais repousam no texto em si, como se "este fosse auto-suficiente", e isto cauciona a possibilidade que os signos ou sinais textuais têm para suspender aquilo em que acreditamos ou deixamos de acreditar. O ponto de vista é, mais uma vez, unilateral: não há nada que nos garanta, quando interpretamos um texto literário, que suspendamos crenças ou descrenças unicamente com base na relação (que, para Riffaterre, é unívoca) que mantemos com sinais ou propriedades formais que extraímos desse mesmo texto – em rigor, interpretar exige muito mais do que uma atenção à capacidade semiótica da linguagem.

Não me parece útil defender que existem dois tipos de verdades, como fazem quer Riffaterre quer, diferentemente, Currie. Não existe uma verdade *real* – assente em abstracções como "verosimilhança", por um lado; e, por outro, uma verdade *ficcional* que suspende a crença na primeira. Numa palavra, descrições de ficção não ganham muito em defender a existência de *tipos* ou *modos* de verdade. O esforço de Riffaterre é, como se percebe, análogo ao de Currie e de Walton, embora a sua ênfase textual e semiótica afaste os seus argumentos da discussão de ficção (enquanto problema filosófico) que subjaz às teses, sobretudo, do primeiro. A teoria de Riffaterre condensa, recupera e amplifica ideias defendidas anteriormente por vários autores, e por isso foi descrita como "híbrida". Resta agora descrever a segunda das duas posições que considerei, por motivos arquitectónicos e de arrumação, híbridas, antes de passar às conclusões e ao argumento geral que sustenta este capítulo. Trata-se da posição de Lamarque e Olsen em *Truth, Fiction and Literature*.[112]

Lamarque e Olsen procuram descrever a ficção como um problema filosófico mas também, e sobretudo, literário. O seu esforço inicial é dirigido no sentido de uma cartografia do debate sobre a questão ficcional – que, para os autores, inclui uma querela entre o que chamam "teorias da não-verdade" e "teorias pró-verdade". O seu argumento geral é o de que todas as ficções literárias são *sobre qualquer coisa*, e não mimeticamente dependentes de um mundo real delimitável nas suas instâncias de verdade ou falsidade. A referencialidade da literatura tem justamente a ver com esta capacidade temática que enunciados ficcionais possuem – e que os torna aptos a criarem *redescrições* do mundo real. A crítica de Lamarque e Olsen ao debate moderno sobre ficção tem muito a ver com isto: parece claro que, para eles, os termos do problema – "não-verdade" ou "pró-verdade" – invalidam que se considere a referencialidade ficcional como um modo de falar *sobre* coisas. Num certo sentido, até, falar de relações entre ficção e verdade é ocioso – para Lamarque e Olsen, a ficção (como a literatura) é um

---

[112] Peter Lamarque & Stein Haugom Olsen (1994), *Truth, Fiction and Literature*. Oxford: Clarendon Press, 1996.

conceito institucional que, por isso, depende menos de uma *ontologia* do que de uma *fenomenologia* relacional.

Um dos pontos centrais da tese de Lamarque e Olsen consiste em demonstrar como o nexo conceptual entre ficção e verdade é infrutífero para uma correcta delimitação do escopo ficcional. A ficção literária é um veículo de comunicação, e por isso discursos ficcionais são, até certo ponto, informativos: isto confere-lhes possibilidades epistemológicas que não cabem no debate tradicional entre sentidos estritos quer de mimese quer de "verdade na ficção". Interpretar ficções é, no limite, um processo evolutivo que aspira a lidar com indecisões hermenêuticas que, por seu lado (e uma vez que repousam num ponto de vista não essencialista de ficção), beneficiam de uma amplitude considerável:

> A questão de que informação importada é autorizada por uma ficção não pode ser respondida por qualquer fórmula simples. A um nível mais básico é ... útil, heuristicamente, apelar a um *princípio de verosimilhança*. Estados de coisas ficcionais (objectos, acontecimentos, personagens) podem ser tidos como estados de coisas vulgares, se não houver indicação em contrário. Isto é um guia útil ao nível dos detalhes físicos e circunstanciais. É provável que desempenhe um papel significativo na resposta imaginativa do leitor. Mas todo o interesse teórico repousa naquilo que pode contar como "indicação em contrário". Aqui, o factor crucial é o que constitui uma *compreensão* correcta, apropriada ou informada de uma obra. Tudo o que pode ser dito de modo geral é que, tendo em conta as restrições na compreensão da ficção, não há uma linha clara entre aqueles que se preocupam com a importação de factos *sobre o mundo* e aqueles que se preocupam com *sentidos* ou *convenções literárias*. (Lamarque e Olsen, 1994:94–95; itálicos no original)

Este ponto levanta questões importantes. Desde logo, defende um princípio de verosimilhança que actua como ferramenta hermenêutica a um nível básico de interpretação – e que, muitas vezes (suponho), é suficiente para justificar uma interpretação particular (equivale, *grosso modo*, a dizer que "Sherlock Holmes é muito parecido com alguém que conheci em tempos"). Por outro lado, descreve como perturbação hermenêutica não a ficcionalidade verosímil dos estados de coisas, mas antes a possibilidade de haver "indicações em contrário" – sinais narrativos que são usados para perturbar relações familiares de verosimilhança. E, por outro, decreta semelhanças entre as posições que defendem essa mesma verosimilhança como processo recíproco entre autor e leitor, ficção e verdade (a capacidade ficcional de representar – comum a Booth, Kermode e Iser); e as posições que remetem para a exegese e para a determinação de sentidos em contexto convencional (posição defendida por Riffaterre). Teses *textualistas* e teses da *verosimilhança* estão, no fundo, a fazer coisas bastante parecidas.

Não existe, neste argumento, um método claro que permita conectar ficções a textos (pelo menos sob um ponto de vista formal) – a determinação dos sinais ficcionais não é feita pela descrição de aspectos formais como axiomas ou paráfrases. Ficções não são determináveis nestes termos: elas são instanciações da possibilidade que temos de falar sobre outras coisas, entre elas o mundo em que vivemos. Por isso, o mais importante para Lamarque e Olsen é constatar como a importação de informações sustenta o nível básico de verosimilhança que garante a interpretação. Nenhuma condição de verdade é exigida: parte-se do princípio de que as ficções possuem capacidade para representar e, mais do que isso, *apresentar*. Nada disto tem a ver com características intrínsecas do texto – mas com o modo como ficção e literatura usam o *valor* temático e epistemológico que Lamarque e Olsen lhes atribuem. Em resumo,

> As descrições que apresentamos tanto de ficção como de literatura podem, cada uma, ser rotuladas de descrições institucionais. Defendemos que obras de ficção, bem como obras literárias, linguagem ficcional bem como linguagem literária, são identificáveis e inteligíveis apenas dentro do contexto de práticas definidas por convenções e conceitos específicos. Nem obras de ficção nem obras de literatura, nem textos ou discursos ficcionais ou literários, possuem aspectos formais, semânticos ou sintácticos, que os definam como ficcionais ou literários ... Disto segue ... que qualquer valor imputado à ficção e à literatura não

possa ser localizado num conjunto de características que os textos ficcionais ou literários possuem em virtude de serem esses mesmos tipos de textos. O valor não é inerente ao discurso ou aos textos. Ele emerge apenas por considerarmos um texto como ficcional ou como literário, i.e., por usarmos a postura ficcional ou a postura literária para com o texto. Só depois disto, podemos ver essa postura como servindo melhor ou pior o propósito ou propósitos servidos pela prática. A presente descrição desenvolveu igualmente aquilo que chamámos de teoria da "não-verdade" sobre ficção e literatura. Defendemos que qualquer que seja o propósito da ficção ou da literatura, este não é certamente o de "contar-verdades" ["truth-telling"] de modo simplificado. Tanto a ficção como a literatura podem conter verdades, explicita ou implicitamente, e mesmo fazer reivindicações de verdade, mas essas reivindicações são, como defendemos, incidentais para os propósitos centrais de qualquer um desses tipos de discurso. (Lamarque e Olsen, 1994:440)

Lamarque e Olsen contrariam, assim, a tentativa de Riffaterre para reabilitar o vínculo entre ficção e verdade – que o autoriza a movimentar a análise no sentido do interior do texto; e a dissecar as nuances formais que indiciam "sinais de ficcionalidade".[113]

No fim de contas, o que é que adianta dizer, à luz de evidências no texto, que é admissível afirmar-se que Sherlock Holmes fumava cachimbo e que não o é dizer-se que Sherlock Holmes fumava cigarros? O que é que adianta dizer que ficção pode e deve ser descrita como um jogo de faz de conta em que certos objectos fazem as vezes de outros? O que é que adianta dizer que há uma verdade no mundo lá fora e, diferentemente, um tipo de verdade que só existe ao fim da noite quando nos deitamos a ler? O que é que adianta, no fim de contas, dizer que ficção é um embuste

---

[113] Considero neste ponto a tese defendida por Riffaterre em *Fictional Truth* como uma reabilitação simplesmente porque, segundo me parece, as *teorias da verdade* das explicações filosóficas tendem a arrastar o debate ficcional para um impasse – que Riffaterre procura contornar expandindo uma noção de "verdade na ficção" semelhante à de Currie. Esta noção, apesar de descrita em *The Nature of Fiction*, publicado no mesmo ano (1990) que a obra de Riffaterre, é uma noção anterior, a que Currie alude, por exemplo, no seu artigo "Fictional Truth", de 1986.

que subscrevemos alegremente? Estas consequências seguem directamente da necessidade que alguns autores sentem para manter descrições de ficção lado a lado com descrições de verdade, como (bem) intui Rorty. No entanto, e como ficou – espero – claro, descrever ficção como uma corruptela menor de uma *abstracção* a que chamamos "verdade" (e que é fácil de aplicar mas muito difícil de explicar) não ajuda nada a explicar a primeira. Se acharmos que as ficções têm um papel importante para a literatura, é conveniente que, pelo menos, tenhamos uma ideia mais ou menos clara em relação ao seu modo de operar – e esta parece ser a característica comum a todos os autores de que se falou até esta altura.

Como se viu, então, Riffaterre procura reabilitar a conexão entre ficção e verdade por recurso a um argumento textualista e semiótico – argumento que, embora seja útil para exceder o impasse criado pelas teorias da verdade, acaba por não resistir ao pragmatismo da tese de Lamarque e Olsen. Esta, por sua vez, contribui enormemente para afastar os dogmas da verdade na apreciação da natureza dos discursos ficcionais – no sentido de um optimismo hermenêutico de que se falará imediatamente a seguir. Em resumo, temos até este ponto, **(i)** um conjunto de teorias filosóficas sobre ficção (escoradas sobre o dogma da verdade) – que parecem criar um impasse cujas consequências tendem a exaurir o debate; **(ii)** um conjunto de teorias literárias sobre ficção, para as quais ficção é um processo que envolve uma intenção autoral, um texto, e um conjunto de efeitos – literatura é um elenco de artefactos que beneficiam de deliberações e que, para além disso, têm usos; **(iii)** uma teoria (a de Riffaterre) que aspira a uma reabilitação da ficção como tipo de verdade – cujo compromisso é semiótico; **(iv)** uma teoria (a de Lamarque e Olsen) que rasura a remissão da noção de "ficção" para o conceito de "verdade" e, por inerência, perturba todas as teorias que defendem esse vínculo – os "laços entre palavras e o mundo."

Lamarque e Olsen têm razão. É impossível descrever-se ficção como um conjunto de propriedades, características, por sua vez, de um conjunto determinado de ocorrências (na melhor das hipóteses, podem tentar recensear-se, de modo indicativo, alguns desses aspectos). Também não parece ser possível que essas características, a existirem, se confinem a aspectos formais de textos, ou ao problema das conexões entre linguagem e o mundo – pelo menos de forma directa. A utilidade de explicações essencialistas sobre ficção é, como ficou demonstrado, muito limitada – ficção é, como Currie sugere acertadamente, um conceito fácil de aplicar e difícil de explicar.

Por isso, descrever ficção com base em considerações ontológicas parece ser menos proveitoso do que descrevê-la pelo lado dos efeitos. Sendo este o caso, não existem realmente diferenças de espécie entre ficções – ler um romance ou ouvir um relato de uma história contado por outrem são, para todos os efeitos práticos, coisas muito parecidas. A decisão ficcional cabe ao destinatário da ficção que, por sua vez, deve entendê-la como uma intenção de comunicar – e isto contraria argumentos fortes de Walton e confirma, de certo modo, o argumento geral de Currie de que existem intérpretes melhores e piores. A ficção é, em conclusão, uma questão de reconhecimento, conhecimento e auto-conhecimento – tem usos determinados e um modo de apresentação que convoca fatalmente actos hermenêuticos. Segundo Lamarque, "Que podemos aprender com ficções – adquirir crenças ou habilidades como resultado da leitura de obras de ficção – é um facto óbvio, e nem sequer especialmente interessante. Podemos, e fazemo-lo, adquirir crenças acerca de todo o tipo de coisas, lendo ficções: a natureza e a sensação de um lugar, factos históricos ou biográficos, assuntos de etiqueta, o modo como as pessoas se comportam quando estão zangadas, gananciosas ou ciumentas".[114]

O que distingue esta explicação de outras que foram descritas neste capítulo é que as crenças de que fala Lamarque são crenças verdadeiras (o que, até certo ponto, é redundante) – e não crenças falsas ou adquiridas mediante jogos de faz de conta ou suspensões deliberadas da descrença. O que distingue certos adultos de certas crianças é que o enunciado "Não te preocupes, isto não é a sério, é tudo a fingir", que se ouve como aviso antes de um filme ou de uma série de TV, funciona para os segundos

---

[114] Peter Lamarque (2007), "Learning From Literature", in John Gibson, Wolfgang Huemer and Luca Pocci (2007) [eds.]. *A Sense of the World – Essays on Fiction, Narrative and Knowledge* (John Gibson, Wolfgang Huemer and Luca Pocci, eds.). New York and London: Routledge (13–23; p. 14).

mas já não para os primeiros. Por quê? Simplesmente porque interpretar correctamente depende de uma série de competências relacionais que se vão desenvolvendo ao longo da vida. Para Currie, Walton e todos os que defendem teorias da ficção como "faz de conta" e a ficção como um parente pobre da "verdade", o aviso está sempre presente: "isto não é a sério, é a fingir", porque, para eles,

> o faz de conta é invocado como uma espécie de *deus ex macchina* destinado a restaurar, sob condições reputadas de favoráveis a um certo programa redutivo de rigor analítico, aquilo que nega à apreensão da percepção pictórica e à compreensão do sentido literário. O problema é que a estratégia do faz de conta empobrece os recursos reais da linguagem e da percepção; ignora o papel independente de uma imaginação culturalmente informada; e fornece uma imagem errada das representações literárias e pictóricas. Falha porque não consegue lidar com o facto óbvio de que as capacidades envolvidas no faz de conta requerem desde logo a mesma penetração cultural de formas da imaginação que tanto os mundos representados das formas de arte como o mundo real reclamam.[115]

No próximo capítulo, tentar-se-á defender um argumento geral que tem muitas semelhanças com esta conclusão de Margolis: respondemos a determinadas coisas de modo análogo pelo facto simples e trivial de sermos seres humanos, inteligentes e culturalmente condicionados. Do ponto de vista da interpretação, pois, não existem diferenças entre histórias – sejam elas de romances ou de conversas de café –, como não existe também nenhum sentido em que ficções literárias sejam jogos de faz de conta em que lidamos ingenuamente com coisas que sabemos (saberemos mesmo?) serem falsas. Ficções não envolvem verdades, mas interpretações. Lester Ballard pode, por isso, ser um canalha, mas isto é apenas uma das muitas coisas verdadeiras que podemos dizer sobre ele.

---

[115] Joseph Margolis (2007), "Literature and Make-Believe", in Gibson *et alia*, 2007:293-307 (306).

V
IN MEDIAS RES

Nos três capítulos precedentes descreveram-se famílias de argumentos, de natureza particular, que aspiram a sustentar interpretações de textos literários. Muitas vezes, eles escoram-se em teorias gerais sobre interpretação literária. Os argumentos descritos parecem ter, ainda, outra característica comum: trata-se de pronunciamentos que, de vários modos, têm por finalidade o conhecimento de coisas que são diferentes de nós, que são exteriores à nossa mente e que, por outro lado, instigam a nossa capacidade de compreender. Dizer que a intenção do autor é irrelevante, que se deve tomar a linguagem poética como uma linguagem especial, ou defender que a medida da ficção é sua correspondência com a verdade, são modos específicos de interpretação – ou *recomendações* sobre como interpretar. Teorias gerais sobre interpretação, ou práticas hermenêuticas particulares, dependem, por sua vez, de justificações, explicações e procedimentos epistemológicos, cuja funcionalidade parece ser assegurada por argumentos.

O acto de argumentar possui, de modo geral, duas dimensões: por um lado **(i)**, a produção de considerações tendentes a sustentar uma conclusão; e, por outro **(ii)**, o conjunto de premissas e os mecanismos inferenciais que validam e caucionam essa mesma conclusão. O que se procurou, nos capítulos anteriores, foi justamente descrever (e colocar reservas sobre) a primeira dimensão de três argumentos importantes para a teoria literária do século XX. O objectivo deste último capítulo é, por outro lado, o de demonstrar que: **(i)** esses argumentos possuem, tipicamente, um lastro comum no que diz respeito à sua segunda dimensão (premissas, inferências e pressupostos); **(ii)** o modo argumentativo que traduz essas inferências é inadequado quando aplicado ao conhecimento e, mais especificamente, à interpretação literária; **(iii)** existem modos de usar argumentos que, em contexto hermenêutico, são tanto mais proveitosos quanto mais úteis – e cujas premissas são mais adequadas.

Por outro lado, argumentar a favor de interpretações de textos literários supõe que se explique, descreva, exponha esses mesmos textos, e isto envolve juízos e asserções. Uma vez que argumentos sobre textos remetem para uma relação com coisas que nos são exteriores, parece seguro que tal relação envolve a nossa capacidade de compreender e de conhecer. A questão da interpretação é, por isso (pelo menos em parte), uma questão de conhecimento. Falar de conhecimento é, desde logo, falar de um problema filosófico antigo e complexo. Não se tentará, por questões de economia narrativa, descrever exaustivamente o problema; antes, partir-se-á do pressuposto de que a sua história tem sido caracterizada por uma série de relações conflituantes, tipicamente entre duas posições antagónicas. Até certo ponto, este correlato parece ser quase inevitável em questões que envolvem conhecimento: existe, por um lado, uma corrente mais ou menos homogénea que detém a hegemonia (sendo que esta pode ser de várias espécies: ideológica, social, institucional); e, por outro, um conjunto de correntes heteróclitas que se opõem à primeira. Tanto a epistemologia como, à sua maneira, a teoria literária, parecem bastante permeáveis a este tipo de dinâmicas de oposição.[116] A epistemologia

---

[116] De acordo com Mario J. Valdés, as oposições binárias são cruciais tanto para a lógica dialéctica como para a argumentação teórica – providenciando uma dinâmica processual que impende sobre argumentos e teorias. Numa oposição binária, os dois pólos devem encontrar-se em exclusiva oposição um em relação ao outro, como os pólos negativo e positivo da corrente eléctrica (in Irena R. Makaryk, 1993 [gen. ed.], *Encyclopedia of Contemporary Literary Theory*. Toronto, Buffalo, London: University of Toronto Press, p. 511). A dialéctica que parece seguir do conceito é, no entanto, pontualmente sobreinduzida de modo radical em certos pontos da teoria. Por exemplo, a dinâmica de oposição binária entre entendimento (como acto individual de compreensão e de apropriação) e explicação (enquanto acto social de dar a conhecer um certo estado de coisas a outrem), que resulta numa interacção dinâmica entre indivíduo e sociedade, é por vezes usada para confirmar a diferença entre descrever e interpretar. Esta, como se viu nos capítulos anteriores, é uma das premissas cruciais de famílias de argumentos particulares. Incomensurabilidades deste tipo têm, em consequência, pouca utilidade em contexto de conhecimento – se, em virtude de estarem em posições opostas, descrições e interpretações forem radicalmente incomensuráveis, só nos resta optar por um dos lados e esperar que essa escolha seja ratificada. Se, ao invés, optarmos por uma síntese dinâmica entre descrever e interpretar, em que a

moderna, por exemplo, pode ser descrita como uma oposição entre duas metáforas concorrentes.[117]

A primeira, a da pirâmide, atribui ao filósofo a tarefa de descrever e identificar fundações e modos de construção específicos que ratifiquem a solidez do edifício do conhecimento. A ideia é que a dinâmica do edifício epistemológico procede de modo cumulativo ou incremental, a partir de um substrato fundacional imune ao cepticismo – Descartes, por exemplo, localizou essas fundações seguras na auto-consciência das ideias claras e distintas a partir das quais se erige o *cogito*. Ou seja, existe um conjunto de proposições irrefutáveis que são pré-existentes a todo o processo subsequente do conhecimento, e que funcionam quer como garante da estabilidade original, quer como suplemento de incorrigibilidade das conclusões, quer ainda como auto-imunização do sistema contra formas particulares de cepticismo. De modo geral, esta posição acredita na existência de dados (de pontos de partida) que, funcionando enquanto fundamentos, permitem teorias de confirmação e de inferência que, ao mesmo tempo, são racionais e garantem um método seguro de construção do conhecimento. Uma outra metáfora, a do barco, descreve o conhecimento como uma embarcação que navega sem fundações, devendo a sua força à estabilidade fornecida pela interacção das suas partes constituintes. Esta posição defende o predomínio das partes sobre o todo – uma versão de holismo que, rejeitando a ideia de que existe um substrato de dados que precede todas as instâncias cognitivas, subscreve formas particulares de coerentismo como garante do conhecimento.[118]

---

oposição exclusiva seja substituída por uma certa permeabilidade conceptual, parece claro que as acções e conclusões tomarão um aspecto epistemologicamente diferente.

[117] Segundo Simon Blackburn (1994), *Oxford Dictionary of Philosophy*. Oxford, New York: Oxford University Press, 1996; p. 123.

[118] A metáfora procede de Otto Neurath (1882–1945), um dos fundadores do chamado "Círculo de Viena", onde se fundou o "positivismo lógico" – é, inclusivamente, descrita como "o barco de Neurath". A imagem da embarcação é usada no seu *Anti-Spengler* (1921), onde se propõe um afastamento da tentativa de encontrar as fundações do conhecimento em dados não interpretados da experiência, a favor de uma epistemologia holista. Segundo Neurath, o corpo do conhecimento é comparável a um barco que deve ser reparado em alto mar (sem recurso a estaleiros fundacionais). Cabe-nos a nós, enquanto marinheiros, reconstruir o barco, mesmo tendo em conta a impossibilidade de o fazer na totalidade – uma vez que uma parte do seu corpo está imersa. Qualquer porção da embarcação pode

Esta introdução indicativa (e simplificada) serve para sugerir que existem, aparentemente, dois modos de lidar com aquilo a que se chamou a "segunda dimensão do argumento" – a decisão sobre as premissas, inferências e métodos gerais de análise que condiciona e determina a "primeira dimensão". Ou seja, a justificação racional de uma dada conclusão depende, em primeiro lugar, de uma ideia geral acerca dos métodos admissíveis e dos procedimentos válidos num determinado contexto. Se, por um lado, e ao nível mais profundo da segunda dimensão, subscrevermos a metáfora da pirâmide, é muito natural que, ao nível superficial da primeira dimensão, as nossas respostas sejam diferentes do que se defendermos a metáfora da embarcação. É justamente porque parece haver uma relação particular entre as duas dimensões do argumento (que, muitas vezes, se determinam mutuamente), que as acusações dos defensores de uma e outra metáfora têm permanecido relativamente inalteradas. Aqueles que acreditam que o conhecimento não depende de fundações tendem a acusar os seus adversários de colocar limitações *a priori* sobre a nossa capacidade de conhecer. Os que defendem uma ideia de conhecimento como edifício incremental de bases sólidas, por seu lado, acusam os primeiros de solipsismo hermenêutico, de incapacidade para lidar com o cepticismo e de promoverem uma indesejada pluralidade metodológica.

Como julgo ter ficado claro nos três capítulos anteriores, os argumentos a favor de interpretações particulares sujeitos a escrutínio partem, *grosso modo*, de explicações de carácter fundacional sobre a questão do conhecimento e, em particular, sobre a interpretação de textos literários. A minha opção foi, nesses capítulos, a de levantar reservas quanto à primeira dimensão desses argumentos – de modo a explicar que é possível determinar a sua inaptidão ao nível da produção dos pronunciamentos confirmatórios que geram conclusões particulares. A minha posição beneficiou, por isso, de uma maior neutralidade, uma vez que se tratou apenas

---

ser substituída, desde que haja uma plataforma suficiente no que reste do barco para acolher os marinheiros. Esta metáfora é construída em oposição à ideia segundo a qual o conhecimento deve repousar sobre fundações, supostamente imunes ao cepticismo e que beneficiam da capacidade de transmitir essa imunidade a outras proposições, uma vez que estas dependem das primeiras.

de levantar questões de aplicabilidade relacionadas com argumentos do tipo 'uma leitura x de um texto y à luz do método z produzirá a conclusão w'. Apesar de terem sido propostos, em alguns casos, argumentos alternativos – de modo estipulativo e, muitas vezes, unilateral – penso ter-se tornado claro que, ao nível das recomendações, é possível questionar quer o argumento anti-intencionalista, quer a ideia de que a linguagem poética é especial, quer ainda a noção de que a ficção é um jogo de faz de conta. Mas uma vez que as duas dimensões do acto de argumentar impendem crucialmente uma sobre a outra, torna-se necessário também examinar os argumentos descritos quanto às suas premissas.

Parece claro, desde logo, que os três argumentos analisados são, de algum modo, agrupáveis. Dizer que: a intenção do autor não contribui para a correcta apreciação da obra de arte literária (apreciação essa que deve repousar, antes, na análise do artefacto verbal); que a linguagem poética é especial porque possui propriedades que a tornam diferente de todas as outras formas de linguagem; e que entidades ficcionais dependem de uma correspondência com entidades reais, que podemos criteriosamente delimitar e explicar, são, no fundo, modos distintos mas muito parecidos de afirmar que existe uma base fundacional para o conhecimento. Textos, propriedades da linguagem poética e coisas verdadeiras desempenham, em cada um daqueles três argumentos, o papel de alicerces fundacionais de toda uma cadeia subsequente de justificações e de reivindicações metodológicas. O argumento geral deste ensaio – e, em particular, deste último capítulo, é o de que não é necessário, nem útil, justificarem-se conclusões mediante recurso a proposições fundacionais e, em consequência, que é possível interpretar sem âncoras ou fundações *a priori* e, mesmo assim, garantir o sucesso e o progresso da interpretação.

Isto parece possível uma vez que não há nada, à partida, que nos assegure que o método da pirâmide conduz necessariamente a melhores resultados do que o método da embarcação – apesar de o argumento fundacionalista acreditar que é justamente isto que acontece quando se remete uma metodologia, ou um elenco de conclusões, para uma série de estipulações fundacionais. Há, de resto, uma diferença de princípio entre os dois métodos que tem precisamente a ver com isto. Argumentos fundacionalistas têm, tipicamente – porque escorados num substrato proposicional imune ao cepticismo –, uma preocupação muito grande com a *origem* (como se viu nos três capítulos anteriores, em que uma determinação original – seja das propriedades formais dos textos, das características da linguagem poética ou daquilo que conta como verdade – é, ao mesmo tempo, o princípio de que parte toda a investigação, e a restrição *a priori* que determina todas as futuras investigações). Inquirições particulares parecem, sob este ponto de vista, restringidas por uma série de limitações que incidem (à partida) quer sobre interpretações, quer sobre o modo como, geralmente, estas são produzidas a partir da perspectiva fundacionalista.

O argumento fundacionalista geral descreve a aquisição de conhecimento como um processo incremental, a partir de pontos de partida tidos como proposições imunes a questionação. O que acontece é que, segundo este modelo, as bases seguras do conhecimento instanciam um balizamento que impende sobre todas as interpretações particulares – a procura de uma origem fundacional que legitime uma dada conclusão é, no fundo, uma recomendação metodológica que aspira a uma aplicação geral e indiscriminada. Esta precisão inaugural leva a que o processo de interpretação consista geralmente numa indagação das origens, que justifiquem as causas e, por isso, as conclusões. Num sentido importante, todas as interpretações sugeridas por este método são atómicas: destinam-se a investigar *um* objecto particular como se este fosse único, embora considerado dentro de um conjunto de objectos semelhantes que só podem ser descritos à luz de restrições *a priori*.[119]

Este ponto de vista metodológico, a que poderíamos referir-nos como "mito da origem", é característico do meta-argumento fundacionalista, que

---

[119] Alguns argumentos de Jakobson (como descritos no capítulo III) são um bom exemplo deste processo: **(i)** a linguagem poética é especial (origem); **(ii)** por isso, devemos procurar na literatura as características distintivas que representam a "poeticidade" (restrição *a priori*); **(iii)** todas as instâncias hermenêuticas são confirmações quer da origem quer das limitações – que, obviamente, não são entendidas neste contexto como limitações, mas como possibilidades; **(iv)** o método é incremental, e as evidências sugerem a corroboração das premissas originais. A ideia é a de que há, neste tipo de argumentos, uma sobreposição do argumento geral às ocorrências particulares – ou seja, se o conhecimento se estabelece sobre fundações, todos os objectos têm também aspectos fundacionais. Daí a compulsão que esta família de argumentos tipicamente tem pela origem.

aspira a reestabelecer fundações seguras, quer ao nível da interpretação, quer ao nível da aquisição e produção do conhecimento: se partirmos do princípio de que essas fundações existem *mesmo*, torna-se óbvio que o dever do crítico passa a ser o de remeter as suas conclusões para esses pontos de partida (que são, ao mesmo tempo, inquestionáveis e catalisadores). A posição não-fundacionalista, por seu lado, não considera esta dimensão sequencial do conhecimento. Aliás, a própria metáfora da embarcação sugere que esta já se encontra em alto mar quando as indagações começam: não há uma preocupação com a origem, mas antes com a manutenção da estabilidade epistemológica com vista a um destino eventual. O argumento é o de que todas as investigações, inquirições e interpretações começam desde logo *in medias res*: o conhecimento de coisas que são diferentes de nós, e exteriores à nossa consciência, começa, para fazer jus à metáfora, a meio da viagem. Sob este ponto de vista, existe um lastro alargado de construções culturais, hermenêuticas e institucionais que influenciam cada investigação particular, e que, pondo as coisas de modo prosaico, já existiam antes de nós cá chegarmos. Trata-se, por isso, mais importante justificar as nossas opções interpretativas à luz de um contexto hermenêutico que, ao mesmo tempo, nos precede e condiciona, do que propriamente fazer radicar o conhecimento em proposições fundamentais cuja justificação valida um constante começar de novo (esta é, geralmente, a posição dos neurathianos). A sequência não-fundacional depende de um contexto que determina o ponto de entrada na cadeia hermenêutica. A sequência fundacional, pelo contrário, depende de uma origem segura que tem de ser determinada, e que condiciona cada interpretação particular como um método de aplicação universal.

No interior desta oposição, é muito natural que as acusações de que se falou atrás se tenham mantido razoavelmente inalteradas, e sejam sobejamente reconhecidas. Aqueles que não acreditam na possibilidade de se estabelecerem bases suficientemente seguras para o conhecimento são, muitas vezes, acusados de acolherem um pluralismo metodológico indesejável, formas particulares de solipsismo interpretativo, ou ainda metodologias particulares e contextuais cujo uso é meramente idiossincrático. A minha preocupação neste capítulo será, justamente, a de tentar demonstrar que estes preconceitos, apesar de admissíveis, não seguem necessariamente da recusa em admitir-se uma base fundacional para o conhecimento. É possível, para além disso, apelar a uma série de restrições que limitem o solipsismo e a perspectiva metodológica do "anything goes": como se verá, essas restrições são de ordem racional, conceptual e cultural. O ponto central é o de que o não-fundacionalismo hermenêutico não supõe fatalmente nem o subjectivismo, nem o solipsismo, nem ainda qualquer espécie de anarquia de método (como a perspectiva fundacionalista parece acreditar). Trata-se, no fundo, de uma posição holista moderada, em que se rejeita a metáfora da pirâmide mas também, e com a mesma veemência, as acusações mais comuns que são vulgarmente levantadas contra a metáfora da embarcação.

O capítulo começará com uma redescrição dos problemas levantados nos três capítulos precedentes, sendo que a discussão incidirá sobre a segunda dimensão de cada um dos argumentos aí debatidos – as suas premissas, inferências e consequências metodológicas. Partir-se-á do pressuposto (que ademais se procurará demonstrar) de que o "anti-intencionalismo" do capítulo II, a "poeticidade" do capítulo III e o "faz de conta" do capítulo IV são exemplos de tentativas fundacionais para escorar e governar interpretações particulares. Neste processo, tentarei fazer justiça a algumas promessas de resolução que foram indicativamente sendo deixadas nesses mesmos capítulos. Numa fase posterior, descrever-se-á o problema das reservas levantadas contra um entendimento não-fundacional do conhecimento e da interpretação literária. Essas reservas são, na maioria das vezes, ou inadequadas ou falsas. Tentar provar a inadequação dessas críticas será, pois, o ponto seguinte. Por fim, propor-se-á uma ideia de literatura enquanto conhecimento baseado na noção de hermenêutica – uma ideia que, ao mesmo tempo, diminua as críticas do fundacionalismo e defenda um tipo de interpretação não atómico, interactivo e em permanente evolução.

Os argumentos típicos a favor de uma leitura fundacional de textos literários partem geralmente, como já se mencionou, de um ponto de vista particular sobre a origem. Uma das características desta família de argumentos é justamente, em consequência da demanda por escoras fundacionais para o método interpretativo, a sobreindução de limitações hermenêuticas pré-existentes e que são, de algum modo, auto-evidentes. As posições descritas nos capítulos II, III e IV demonstram isso mesmo: anti-intencionalismo, poeticidade e faz de conta são argumentos que apontam para um conjunto seminal de restrições que se encontram, de muitas maneiras, inscritas nas bases fundacionais do processo de investigação. Fazem-no, contudo, de maneira diferente. As recomendações do argumento anti-intencionalista, por exemplo, são que "não se deve fazer isto" – ao contrário, o argumento da poeticidade defende que "deve fazer-se isto", e o argumento do faz de conta que "esta é a maneira correcta de lidar com isto". O primeiro é, por isso, um argumento negativo, cuja motivação subliminar – a de que a correcta apreciação deve fazer-se sobre a poesia e não sobre o poeta (segundo o axioma de longo curso de Eliot) – é meramente implícita. Há uma série de equívocos que estão por detrás da primeira dimensão da tese anti-intencionalista, como aliás se procurou demonstrar no capítulo II. A segunda dimensão, por seu lado, parece também ela contaminada pelo ponto de vista restritivo que, quase inevitavelmente, segue de uma hermenêutica de tipo fundacionalista.

Com efeito, dizer-se que a intenção, entendida como "desígnio ou plano na mente do autor" – na famosa descrição de Wimsatt e Beardsley –, não é admissível enquanto critério de avaliação da poesia, equivale a dizer que: **(i)** existe de modo necessário uma limitação de princípio sobre o processo de interpretação; **(ii)** a interpretação depende da não-aceitação de um determinado critério (uma vez que a intenção do autor é reputada de indesejável enquanto base para o método de investigação); **(iii)** o futuro da interpretação depende, em grande medida, de uma decisão prévia sobre esta oposição binária. E o problema é exactamente esse: reduzir as opções hermenêuticas a uma decisão fundacional sobre a admissibilidade de dados biográficos representa, entre outras coisas, desrespeitar o próprio contexto da interpretação (pelo menos esta é a ideia de Cioffi, como se verá imediatamente a seguir). Este argumento aponta numa direcção precisa, limitando à mínima espécie o escopo das possibilidades. Nos termos em que é apresentado, tem dificuldades em fazer jus a uma dimensão muito importante em contexto hermenêutico: a de que a interpretação pode não ser um processo monolítico, determinado à partida por escolhas particulares, mas antes um processo dinâmico e evolutivo, que depende da conjugação de várias possibilidades (disto se falará em pormenor mais à frente neste capítulo). Defender que o sucesso da interpretação é função de uma decisão acerca da aceitabilidade ou da rasura de dados biográficos significa, em última análise, acreditar que interpretações particulares produzidas à luz do argumento anti-intencionalista são correctas contra todas as outras. Segundo Frank Cioffi, isso representa ignorar aspectos cruciais que fazem parte de todo e qualquer acto hermenêutico:[120]

> O que qualquer tese geral acerca da relevância da intenção para a interpretação negligencia é a heterogeneidade de contextos dentro dos quais são levantadas as questões de interpretação ... Há casos em que temos uma interpretação que nos satisfaz, mas que sentimos depender do facto de certas coisas serem como são. Pode envolver uma alusão e podemos desejar sermos assegurados de que o autor estava em posição de fazer essa alusão. Neste caso, os factos biográficos actuam como uma espécie de coador que exclui certas possibilidades. Há também casos em que estamos confusos, talvez por uma alusão que não compreendemos, talvez pela sintaxe, e as referências à intenção do autor, embora não garantam uma resposta favorável, podem pelo menos aliviar esta perplexidade, tornando possível uma resposta. Existem casos em que suspeitamos que haja uma ironia mas em que o texto é equívoco, e casos em que não estamos seguros daquilo que o autor deseja que façamos da situação que nos apresenta. Para além disso, existem os casos mais interessantes, aqueles em que o texto parece indubitavelmente reclamar uma dada interpretação, e isto parece satisfatório, até descobrirmos com surpresa que o autor a repudiou explicitamente. Mesmo no interior de um mesmo contexto, a intenção

---

[120] Frank Cioffi (1964), "Intention and Interpretation in Criticism", in Joseph Margolis (1987) [ed.], *Philosophy Looks at the Arts. Contemporary Readings in Aesthetics*. Philadelphia: Temple University Press (já citado no capítulo II, a propósito do conceito de intenção).

do autor varia em termos de relevância, dependendo da questão que está envolvida; quer diga respeito ao sentido de uma palavra ou ao tom de uma passagem, ao ponto de vista sobre uma personagem ou acerca da moral geral de uma obra inteira. (Cioffi, 1964:385)

Este argumento diz-nos tanto sobre o conceito de intenção como sobre uma ideia geral de interpretação: a exclusão ou inclusão de critérios de análise torna-se muito mais proveitosa se fizer parte de um processo dinâmico, relacional e contextualmente determinado – e muito menos se radicar numa estipulação de carácter fundacional. O pluralismo do método interpretativo exige, pois, que não se exclua à partida a possibilidade de a interpretação vir a ser *corrigida* pela admissão de dados biográficos. Cioffi propõe que se reconstrua o barco em alto mar e, para isso, que se evite invalidar de antemão o critério intencional – e esta premissa é absolutamente crucial para todas as interpretações que vierem.[121]

Uma perturbação das variáveis iniciais parece levar, no argumento de Cioffi, a conclusões importantes, que impendem sobre um lato meta-argumento epistemológico. Critérios são vistos como ferramentas cuja utilidade é reclamada ou rejeitada em pontos precisos da demanda hermenêutica e, por isso, sujeitos a contextos particulares. A recusa em admitir que, neste caso, o critério da intenção do autor seja rasurado de modo estipulativo, tem consequências profundas quer, por um lado, para a noção de interpretação quer, por outro, para a noção de literatura – uma vez que não parece ser necessário, nem útil, que se decrete antecipadamente que o critério intencional é inadmissível. Isto porque "existe uma referência biográfica implícita na nossa resposta à literatura. Faz parte, se quisermos, do nosso conceito de literatura. Só quando ela não está lá é que nos apercebemos que lá esteve sempre" (Cioffi, 1964:392).

---

[121] Neste ponto, Cioffi descreve a sua posição em relação à segunda dimensão do argumento anti-intencional. Em relação à primeira, o seu argumento é muito parecido com o de Juhl (cf. capítulo II): "A noção de intenção do autor está logicamente ligada à interpretação que fazemos da sua obra. Não é que apenas a nossa linguagem funcione deste modo; mas que as nossas mentes o fazem" (Cioffi, 1964:391).

Pronunciamentos deste tipo começam onde acaba a crença em proposições imunes ao cepticismo, que condicionam antecipadamente todas as opções que somos forçados a tomar no sentido de produzir uma interpretação. Interpretação corresponde, neste sentido, a um processo hermenêutico em que existe uma rede complexa de opções, escolhas e critérios que se determinam e influenciam mutuamente – e não somente o repositório de uma série de conclusões tiradas a partir de pressupostos inquestionáveis. O que parece claro no argumento de Cioffi é que, pelo menos no que diz respeito à intenção do autor, uma multiplicação moderada dos factores pode ser tanto mais proveitosa quanto mais útil. Enquanto a posição anti-intencionalista típica resume a questão a um "sim" ou "não" sobre a questão de se dever incorporar dados biográficos na interpretação de textos literários, a posição de Cioffi indica que a intenção do autor é função do elenco das perguntas que *auto-corrigem* a interpretação. Ou seja, a intenção é admissível consoante os contextos, os estádios de análise e as perguntas que são dirigidas a pontos particulares dos textos. Trata-se de um argumento holista acerca das possibilidades hermenêuticas: os critérios influenciam a interpretação na mesma exacta medida em que a interpretação influencia a escolha de critérios – não existe um modo seguro de determinar este equilíbrio e, muito menos, de discernir *a priori* que critérios dão a melhor resposta a determinadas questões.

Para além disto, intenção não é uma coisa que se acrescenta depois de um primeiro contacto com o texto literário. Textos, enquanto artefactos produzidos pelo homem, possuem uma dimensão intencional que faz parte da sua natureza – é, se quisermos, uma das suas características. É difícil, por isso, imaginar sentido sem intenção. As acções de "dar sentido a" e "fazer sentido de" são típicas dos seres humanos, de pessoas como nós. A diferença entre poemas feitos por computador e poemas feitos por poetas é o facto de podermos, ainda que por vezes apenas de modo insípido, imaginar que houve uma deliberação intencional nos segundos – e isto faz toda a diferença. "Se os rostos no Monte Rushmore", escreve Cioffi, "fossem um efeito da acção do vento e da chuva, a nossa relação para com eles seria muito diferente" (Cioffi, 1964:394): poderíamos admirá--los enquanto maravilhas da natureza, mas a nossa determinação do seu sentido seria irrestrita. Isto porque, num sentido muito importante, a intenção do autor *filtra* e *dirige* o acto de interpretar.

O que é interessante verificar é que uma interpretação não parece sobreviver sem as restrições (por um lado), e as possibilidades (por outro), que tanto o autor, como o texto, como ainda o intérprete, exercem sobre ela – e entre si mesmos. A determinação do sentido, por outro lado, também depende destes três factores – e é difícil imaginar que possa existir sentido sem uma intenção ou uma deliberação que lhe presidam, mesmo tendo em conta que, algumas vezes, essa intenção é indeterminável. Quer se trate de sinais de trânsito, dos preços num supermercado, de sinais de fumo, da sirene dos bombeiros ou de romances, o sentido é determinado em parte por alguém que intencionou ser compreendido de uma dada maneira, e não de outra – rostos esculpidos pelo vento ou poemas feitos por computador não têm, naturalmente, esta possibilidade.

No fim de contas, aceitar que a intenção do autor é apenas um de muitos critérios admissíveis – cujo equilíbrio é determinado, em grande medida, pelas exigências da interpretação – é sugerir que: **(i)** não há motivos empíricos, racionais ou epistemológicos que levem a uma eliminação antecipada de critérios; **(ii)** a interpretação ganha em promover uma espécie particular de liberalidade metodológica; **(iii)** o equilíbrio entre as escolhas hermenêuticas não é pré-determinado – é função de relações dinâmicas e tem a ver com as questões e problemas que se colocam; e **(iv)** a literatura não reclama sobre si mesma um ponto de vista arqueológico (ou uma investigação com base na determinação das origens) – mas, antes, uma correcta apreciação de relações que só se tornam iguais ou desiguais pelas necessidades de cada interpretação particular. Cioffi conclui, assim, que

> A convicção de que um poeta se relaciona de certa maneira com as suas próprias palavras condiciona a nossa resposta para com estas. O facto de isto se passar assim parece-me fazer parte da *fisionomia da literatura* (como Wittgenstein talvez pudesse ter dito). Geralmente, não nos apercebemos disto, uma vez que estas convicções tendem a ser solucionadas na "obra em si mesma". É apenas em circunstâncias

excepcionais que as cristalizamos como crenças específicas e nos tornamos cientes do papel que desempenham. Por que haveria alguém de querer negar isto? Porque fica a faltar só um pequeno passo para a produção de teses-fantásticas como a de Wimsatt e Beardsley ... Isto, por sua vez, tem origem na determinação de arrumar a actividade da leitura e reduzir o que ela envolve a um conjunto ordenado, e logicamente homogéneo, de considerações que garantam uma análise racional prontamente comunicável. A ideia de uma obra literária como um "facto linguístico" ou um "símbolo integrado" é comparável às noções de "conceito" em filosofia ou "comportamento" em psicologia, sendo manifestações de uma procura irresistível de objectos de investigação discerníveis, coerentes e perduráveis. Mas, "a Literatura é um conjunto de coisas díspares" ["literature is a motley"]. (Cioffi, 1964:399; itálico meu)

A reacção de Cioffi, como muitas vezes acontece quando se defende um argumento intencionalista, incide sobre o textualismo que, de modo generalizado (embora com variantes), se tornou no método por excelência da crítica em grande parte do século XX. Seria ocioso, neste ponto, descrever as origens e todas as ramificações deste argumento exegético de largo curso – até porque as suas consequências são evidentes. A remissão para o texto, compreendido como entidade autotélica, auto-suficiente e auto-contida, elimina (por princípio) quer a intenção do autor, quer a resposta do leitor. Há, por assim dizer, uma sobreindução textual que desequilibra *a priori* a relação hermenêutica. Dizer que a interpretação depende de textos e não de pessoas equivale a fazer valer uma forma de radicalismo que, no limite, não é sustentável. No entanto, é o primeiro passo para aplicar a metáfora da pirâmide à interpretação de textos literários. Porque, se o ónus da interpretação está no texto e este é auto-suficiente, o que resta ao intérprete é uma indagação original das suas propriedades distintivas – ou das fundações que tornam um texto numa obra de arte literária. Se a interpretação dispensa uma série de factores e propriedades relacionais – sobrevalorizando o ícone textual à excepção de todos os outros critérios –, voltando a sua atenção exclusivamente para o texto, tal significa que este é o *locus* hermenêutico por excelência.

O debate entre anti-intencionalistas e intencionalistas é, neste sentido, um microcosmos do debate entre a posição do conhecimento como fundacional ou não fundacional – embora, por vezes, isto aconteça apenas de modo lateral. Uma posição clara acerca da natureza da intenção parece ter geralmente, como corolário, uma posição igualmente clara quanto à natureza da literatura e da interpretação literária. Isto porque uma posição anti-intencionalista parece invariavelmente denotar (na sua segunda dimensão) propósitos muito evidentes. O argumento segue, mais ou menos, da seguinte forma: é possível determinar as bases fundacionais do conhecimento; textos literários, como objectos de conhecimento, possuem bases fundacionais cuja manifestação é estritamente textual (possuem propriedades que são imunes à análise); cabe ao intérprete investigar essas fundações; o exame das mesmas exclui todo o recurso a critérios que excedam, de alguma forma, o texto – como a deliberação do autor ou a resposta do leitor. O argumento intencionalista, pelo contrário, sugere que: **(i)** não é possível encontrar bases seguras sobre as quais estabelecer de modo definitivo o conhecimento; **(ii)** o conhecimento da literatura depende de uma série de factores; **(iii)** não há modo de determinar antecipadamente os níveis de relacionamento e de equilíbrio entre aqueles factores – e, por isso, a intenção do autor tem que ser considerada, ainda que tal possa acontecer apenas de modo académico, ou para bem do argumento; **(iv)** a interpretação não é um processo monolítico e sequencial, mas relacional e dinâmico – textos, autores e leitores têm, *à partida*, a mesma dignidade hermenêutica e uma utilidade metodológica semelhante.

Do ponto de vista da primeira dimensão, o argumento anti-intencionalista apresenta debilidades que seguem de uma descrição limitada de "intenção" (um "esboço ou plano na mente do autor", como se viu no capítulo II). Através da sua segunda dimensão, torna-se claro que o argumento se insere num plano mais amplo, que envolve posições concretas no que diz respeito à literatura, à interpretação e ao conhecimento. Dizer-se que pode existir sentido sem uma intenção (ou, por outro lado, considerar que há conteúdos textuais independentes da percepção e da interpretação) é, em última análise, manifestar a crença de que existe um conjunto de propriedades residuais, imutáveis e inalienáveis, que são características de todas as coisas. Numa palavra, todos os objectos de conhecimento possuem propriedades intrínsecas que são independentes das descrições putativas que podem ser feitas sobre esses mesmos objectos. Deste modo, torna-se claro que textos literários fazem sentido de modo independente, sem que o conhecimento desse sentido envolva quer a intenção que lhes preside, quer a interpretação que os descreve.

Mas, como avisa Cioffi, obras de arte (porque humanas) envolvem de modo lógico e necessário uma resposta que é condicionada pela admissão de uma intenção. As estátuas do Monte Rushmore são inteligíveis porque foram criadas pela acção do homem – e o modo como nos relacionamos com elas depende, em última instância, da constatação de que elas foram criadas com um *propósito*. A posição não-fundacionalista de Cioffi em relação ao problema da intenção tem, justamente, esta consequência geral: o pluralismo metodológico de princípio acolhe num mesmo plano autor, obra e leitor, sendo que nenhuma dessas variáveis pode ser descrita isoladamente. Interpretar é, segundo este ponto de vista, fazer sentido da relação entre alguém que concebeu e criou deliberadamente uma obra de arte (intencionando que ela fosse entendida de determinada maneira); obra de arte que, por sua vez, é descrita e interpretada por terceiros, mediante o uso de ferramentas hermenêuticas cuja operatividade é decretada passo a passo no decorrer da investigação. Em conclusão, não pode haver sentido sem uma intenção, porque a intenção condiciona a obra de arte literária e, indirectamente, toda a sequência posterior da interpretação.

Este condicionamento é, claro, antecipado, mas existe uma diferença de espécie importante (e não apenas de grau) entre este ponto inicial e as fundações sólidas que são características do argumento fundacional. Enquanto, no primeiro caso (e dado que a embarcação já se encontra a meio da viagem), a intenção é vista como uma coisa natural, cujas consequências restringem o método numa perspectiva horizontal – uma vez que os constritores são equiparáveis aos de todos os outros critérios; no segundo, a intenção é algo que se pode acrescentar (ou, no caso, *não acrescentar*) ao texto – que funciona, nesta versão, como entidade tutelar num método vertical de análise em que umas coisas valem, à partida, mais do que outras. Esta diferença metodológica é suscitada pelo ponto de vista que é utilizado para determinar as condições de acessibilidade do conhecimento. Se, por um lado, a posição fundacionalista defende que a interpretação é uma demanda por propriedades intrínsecas que, posteriormente, dá origem a investigações dirigidas aos constituintes atómicos dos objectos; o lado não-fundacionalista, por sua vez, defende que interpretações dependem de propriedades relacionais que, em grande medida, pré-existem a qualquer acto de conhecer. Se, no primeiro caso, as interpretações sobre objectos particulares exigem uma investigação *ab ovo*, no segundo caso todas as interpretações começam *in medias res*.

É curioso verificar que, ao nível da segunda dimensão do argumento, duas posições sejam de tal maneira incomensuráveis – uma vez que, ao nível mais superficial da primeira dimensão, elas parecem duas faces da mesma moeda. O debate sobre o estatuto da intenção demonstra justamente isto: as diferenças entre intencionalistas e anti-intencionalistas são muito maiores ao nível das premissas do que parecem ao nível das justificações para interpretações particulares. Knapp e Michaels, por exemplo (em "Against Theory"), afirmam que intencionalistas e anti-intencionalistas fazem precisamente a mesma coisa – partindo do princípio de que é possível separar sentido de intenção, num primeiro momento, para depois acrescentar (no caso dos primeiros) ou erradicar (no caso dos segundos), a variável intencional. Evidentemente, Knapp e Michaels estão a referir-se àqueles que são vulgarmente considerados como os grandes argumentos de uma e outra persuasões – o de Wimsatt e Beardsley (anti-intencionalista), e o de Hirsch (intencionalista), já debatidos no capítulo II. A polémica pode, de resto, ser descrita como uma contenda entre wimsattianos e hirschianos – até porque o argumento de Hirsch (em *Validity in Interpretation*) aparece como resposta directa a "The Intentional Fallacy". Em bom rigor, Knapp e Michaels têm razão: numa fase inicial do debate e, em particular, no imediato pós-falácia intencional, nenhum dos dois lados da contenda pareceu querer abdicar do primado do texto. Ou seja, tanto intencionalistas como anti-intencionalistas fundaram as suas teses na crença de que existe um momento em que o sentido é discernível da intenção: quando o texto *em si* nos é apresentado, podemos retirar dele sentido sem que se faça apelo a considerações sobre intenção. Estas seriam acrescentadas em momento posterior – e Hirsch é a favor desse acrescento contra Wimsatt e Beardsley.

A verdade é que esse momento, nos argumentos de Juhl, por exemplo, e de Cioffi, simplesmente não existe – tal como para Knapp e Michaels, que decretam o fim da teoria a partir da inabilidade que o aparato teórico tem para "reconhecer a inseparabilidade fundamental" entre sentido e intenção. Para Juhl e Cioffi, os dois estão logicamente unidos, o que representa um avanço em relação ao argumento de Hirsch. E isso faz toda a diferença. Defender a inseparabilidade entre sentido e intenção equivale a dizer, *mutatis mutandis*, que as fronteiras entre sujeito cognoscente e objecto cognoscível são, afinal, muito mais aparentes do que reais. Dar sentido a um objecto ou a um poema depende, em Juhl e Cioffi, não de uma atribuição posterior de qualidades intencionais, mas antes do reconhecimento de certas coisas como tendo sido feitas de, e para, seres humanos. O momento de sentido *não referencial* que caracteriza os argumentos de Wimsatt e Beardsley, e Hirsch, e que representa o *locus* da discussão entre intencionalistas e anti-intencionalistas, é remetido por eles para a natureza das próprias variáveis hermenêuticas. Pelo contrário, o que está em causa (para Juhl e Cioffi) é uma operação que envolve, a um mesmo nível, autor, obra e leitor, numa interpretação permanentemente actualizável em que não existem cisões artificiais. Para além disso, os conteúdos intencionais deixam de ser meramente dados biográficos ou correspondências mais ou menos aritméticas entre episódios da vida e peculiaridades da obra. A intenção é uma das qualidades que estão inscritas na obra de arte literária e, por isso, faz parte inequívoca da interpretação. A literatura, como os rostos do Monte Rushmore, tem *usos* (que não devem ser tomados por usos materiais ou utilitários), usos esses que só fazem sentido no contexto de uma hermenêutica.

"Toda a leitura é interpretação", avisa Donald Davidson a propósito de Joyce,[122] e isto parece sugerir que a leitura se desenvolve dentro de um quadro de expectativas e de relações. Isso contraria o argumento

---

[122] Em "James Joyce and Humpty Dumpty", in Davidson (2005), *Truth, Language and History*. Oxford: Clarendon Press, (pp. 143–157).

fundacionalista típico, segundo o qual existem propriedades que são independentes de descrições, e cujo corolário é imaginar-se um momento em que o sentido não depende nem de uma intenção nem, por outro lado, de uma interpretação. De acordo com esta posição, existe uma distinção de princípio entre descrever e interpretar – em que a primeira impende sobre o primeiro momento de contacto com a obra de arte, e a segunda produz análises e juízos sobre a descrição anterior. O ponto central é o de que existem dois momentos distintos no acto hermenêutico: o momento de reconhecimento e de extracção do sentido da obra – que é, como se viu, imanente; e o momento interpretativo por excelência, em que se interpreta de modo objectivo os dados que estão disponíveis após a primeira depuração. Esta posição faz sentido se, e só se, imaginarmos que textos literários possuem características imunes à apreciação. De outro modo, se supusermos que textos dependem quer de uma intenção quer de uma actualização interpretativa, tal argumento deixa de ser operativo – deixa de existir uma diferença de espécie entre descrever e interpretar. Não há, no argumento não-fundacionalista, espaço para acolher descrições e interpretações como momentos distintos, cumulativos e de natureza diferente. Descrições são, desde logo, escolhas, que são influenciadas por um ponto de vista relacional e holista sobre o acto de interpretar. Pode haver, quando muito, um momento de interpretação 1 e um momento de interpretação 2, cuja diferença repousa apenas na qualidade e no refinamento das explicações. Este ponto é muito importante. Enquanto os defensores da metáfora da pirâmide (e em virtude de admitirem a imanência do sentido), defendem uma interpretação incremental, em que se descreve primeiro para se interpretar depois; aqueles que favorecem a metáfora da embarcação subscrevem tipicamente a ideia de que toda a descrição é, por princípio, apenas uma de muitas formas de interpretar. As diferenças entre o plano vertical e sequencial da primeira e o plano horizontal e relacional da segunda são, neste ponto, particularmente nítidas.

Quando dizemos que "este livro fala de" um determinado assunto, estamos desde logo a incorrer – ainda que por vezes de modo despercebido – num processo de escolhas que se relaciona quer com expectativas antecedentes, quer com um autor que intencionou ser entendido de certa maneira, quer ainda com o texto que usou para se fazer entendido. Descrições implicam opções, e opções implicam juízos – ainda que estes possam não ser explícitos. Porquê usar "este livro fala de" em vez de "este livro é sobre" ou "este livro descreve" ou ainda "este livro incide sobre" um determinado assunto? E esse assunto, é realmente importante? É crucial que livros tenham um assunto? E porque não dois ou três? Esse assunto é importante para mim? Por quê? E porque não outro qualquer? Ao descrever uma obra literária, estamos sempre, e mesmo nos níveis mais superficiais de análise, a exercer sobre ela um *modo* interpretativo. Até a descrição mais simples que se pode fazer sobre o último romance que lemos, e que muitas vezes oferecemos como recomendação, é um pronunciamento hermenêutico: "Lê aquele livro, porque é um bom livro" é, ao mesmo tempo, uma descrição e uma interpretação – e todas as explicações posteriores destinadas a corroborar este juízo são apenas versões mais elaboradas dessa apreciação (bom é, de resto, também uma escolha; porque não "agradável", "de qualidade", "superior", "óptimo", "razoável" ou qualquer outro adjectivo?).

Como Juhl e Cioffi intuem, tanto para Wimsatt e Beardsley como para Hirsch, descrever e interpretar não são bem a mesma coisa – Hirsch afirma, inclusivamente, que descrições e interpretações estão "lógica e psicologicamente separadas". Isto porque o ícone textual reclama, do intérprete, dois procedimentos autónomos: em primeiro lugar, o de extracção arqueológica do sentido independente (Hirsch faz, a este propósito, a famosa distinção entre "meaning" – sentido, e "significance" – significação, sendo que o primeiro permanece inalterável, e a segunda se altera historicamente); e, depois, o de interpretação, juízo e apreciação sobre esse mesmo sentido independente – que exige do intérprete bem preparado um acrescento de proposições, crenças e ferramentas metodológicas. Distinguir entre estes dois momentos só é possível quando se imagina que o sentido é independente quer de um autor quer de um intérprete. Mas as coisas não se passam bem assim. Em literatura (e, de modo geral, em todo o acto de conhecimento), cada interpretação particular é feita de acções, expectativas e actualizações, que incidem sobre autor, texto e leitor de um modo que não se pode antecipar, e muito menos prever.

Davidson chama a atenção para este ponto ao descrever a dificuldade que a escrita de Joyce coloca aos seus leitores, em "James Joyce and Humpty Dumpty". Humpty Dumpty é, claro, o personagem da história de Lewis Carroll, *Through the Looking-Glass*, que discute semântica com Alice – defendendo que, "Quando eu uso uma palavra ... ela significa o que eu quero que ela signifique – nem mais, nem menos". O uso da linguagem resume-se, para Humpty Dumpty, a usar as palavras com "poder" (a ser "master" dos seus sentidos) – invocando-se uma espécie de duplicação em todo o uso comunicativo: a partir de um lastro comum da linguagem, é possível criarem-se novas palavras com novos sentidos. Este processo é, no argumento de Davidson, típico da escrita de Joyce, e envolve uma relação particular entre o autor e os seus leitores. O que Joyce faz é, no fundo, perturbar noções familiares de sentido e de usos da linguagem – e nesse processo reclamar, de modo explícito, um novo tipo de atenção para a relação entre palavras e intérpretes. No limite, a escrita de Joyce colide com uma série de procedimentos comuns, forçando o leitor a alargar o escopo das suas opções hermenêuticas.[123] Segundo Davidson, o facto de Joyce ter criado palavras, até então inexistentes, a partir de bocados de palavras existentes, significa, em rigor, a abertura de um espaço complexo entre o autor e os seus intérpretes:

> Joyce, é claro, não se depurou para fora da existência; mas pela violenta originalidade da sua linguagem ele deslocou uma porção do fardo normal da compreensão e do ponto de vista na direcção dos seus

---

[123] Não se trata, aqui, de um processo de "des-familiarização" semelhante ao descrito pelos formalistas russos – uma forma de *estranhamento* em relação a usos poéticos da linguagem (que é intrínseca à poesia), por oposição à linguagem comum ou quotidiana. A estranheza, no caso formalista, segue de usos não familiares e da derrogação de relações típicas ao nível do verso ou da expressão (quando se fala, por exemplo, numa "flor metálica" ou num "edifício florido"). No caso de Joyce, de modo diferente, a perplexidade tem a ver com a criação de partes um léxico totalmente novo e original – embora suscitado a partir de um lastro comum de linguagem. O sentido de partilha é, de resto, aparentemente auto-consciente na escrita de Joyce. De acordo com Davidson, "Quando falamos ou escrevemos intencionamos sermos compreendidos. Não podemos intencionar o que sabemos ser impossível; as pessoas só podem compreender palavras que estão, de alguma maneira, preparadas antecipadamente para compreender. Ninguém sabia isto melhor do que Joyce" ("James Joyce and Humpty Dumpty", p. 147). A perturbação não é característica do texto (como supõem os formalistas), mas antes uma função da relação multidimensional entre texto, intenção e leitor.

confundidos leitores. O centro da energia criativa é assim deslocado do artista para um ponto entre o escritor e o seu público. O compromisso do leitor no processo de interpretação, induzido sobre este pelo idioma denso e desconhecido de Joyce, confere ao autor uma espécie de invisibilidade, deixando o intérprete sozinho com o artefacto do autor, absorto na sua própria tarefa criadora. Ao criar um espaço hermenêutico entre o leitor e o texto, Joyce duplica, ao mesmo tempo, a sua distância para com o leitor. (Davidson, 2005:157)

O caso de Joyce é instrumental no argumento de Davidson, para explicar que pessoas reagem de modo mais atento e criterioso quanto maiores são as exigências do objecto. Mas isso é, até certo ponto, trivial. Não é necessário que um autor crie palavras novas a fim de criar uma plataforma hermenêutica entre si e o leitor – e o que Davidson faz, neste ponto, é exactamente o mesmo que Wimsatt e Beardsley (e também Hirsch) fizeram: presumir uma diferença de espécie onde apenas existe uma diferença de grau. Isto é bastante paradoxal num autor que defende um conceito tão amplo de interpretação – como se discutirá mais à frente neste capítulo. Palavras como "mulligatawny", "widebrimmed", "kitchenwench" ou mesmo "pshaw" (criadas por Joyce no seu *Ulisses*, de 1922), criam um espaço hermenêutico entre texto e leitor cuja natureza não difere em nada do espaço criado por outras palavras mais comuns. A única diferença é que, para explicar aquelas, necessitamos (talvez) de fazer um esforço maior, e as nossas justificações talvez precisem de ser um pouco mais elaboradas. Decisões hermenêuticas são, no fim de contas, muito semelhantes, quer se trate de palavras de uso corrente, de palavras usadas de modo não familiar ou de palavras totalmente novas. O que Davidson está realmente a tentar explicar é a sensação empírica de que autores mais "difíceis" de ler estão menos próximos dos seus leitores do que autores mais "fáceis" – e isso não diz realmente muito acerca da natureza da interpretação.

Apesar disto, o argumento de Davidson deixa intacta a consideração de que a obra de arte literária depende tanto da intenção do seu autor como da interpretação do leitor – ou, de outro modo, da constatação de que existe um espaço hermeneuticamente partilhável que é, ao mesmo tempo, plural e racional. Levanta, contudo, outro problema. Até que ponto a linguagem, ou argumentos sobre a linguagem, condicionam a nossa aproximação a textos literários? Para uma grande parte da crítica, como se viu nos capítulos II e (sobretudo) III, o texto representa o objecto principal de análise, e está tipicamente inscrita nesta premissa a noção de que, por um lado, a literatura é feita de linguagem e, por outro, que essa linguagem é especial. Pronunciamentos sobre a natureza e a função da linguagem literária são – como se viu, em particular, no capítulo III – aparentemente cruciais tanto para a noção de literatura como para a noção de interpretação. Tal como acontece na discussão em torno da intenção do autor, também o problema da linguagem é debatido através de argumentos cuja primeira dimensão depende de premissas gerais acerca da natureza dos objectos. No capítulo III descreveu-se um conjunto de argumentos que entendem tipicamente a linguagem comum como um meio de comunicação, e linguagem poética como especial – a melhor de todas as linguagens possíveis.

Como se percebeu, os argumentos de Jakobson (e, *grosso modo*, dos defensores de teses imanentistas) são susceptíveis à crítica ao nível da sua primeira dimensão – eles são, aliás, fruto de um contexto histórico muito particular, em que a literatura, para sobreviver enquanto disciplina, foi cooptada por uma metodologia geral de carácter para-científico. Não cabe aqui fazer um excurso histórico acerca das motivações – sobretudo institucionais – que levaram a que o estudo da literatura fosse elevado ao estatuto de ciência objectiva, com todas as consequências que isso implicou em termos do seu objecto e do seu método. Mas importa ter em conta que houve um movimento crítico muito generalizado que procurou dotar o conhecimento da literatura de metodologias e pressupostos afins dos das ciências exactas – em parte como reacção contra o impressionismo crítico, histórico e artístico dos finais do século XIX. Isto produziu, de imediato, efeitos muito particulares, desde logo ao nível do objecto de estudo. A elevação do texto a uma condição icónica – uma "urna", na famosa descrição de Cleanth Brooks – permitiu à crítica circunscrever o seu objecto de análise de um modo análogo ao das ciências. Como na botânica, na zoologia ou na química, esse objecto podia ser isolado e dissecado nos seus componentes, e a procura de características distintivas, que permitissem descrever o texto como uma manifestação única e auto-suficiente, passou a ser uma preocupação central.

Não cabe aqui decidir o que deu origem a quê: se foi a demanda por propriedades intrínsecas de textos literários que levou ao primado do texto, ou vice-versa. O que me parece importante reter é que, neste processo, uma vez mais a primeira e segunda dimensão do argumento impendem fortemente uma sobre a outra. Como se tentou demonstrar no capítulo III, o entendimento imanentista da literatura procurou fundar o seu método na constatação de que textos literários – considerados de modo autotélico – deviam ser lidos como instâncias de um tipo de linguagem especial que, de muitas maneiras, excede e suplanta usos correntes da linguagem. A suposição de um "inner core of the poem itself" (de Brooks), e alguns dos argumentos gerais de Jakobson, que apontam para um resíduo de carácter linguístico que distingue poemas de outras formas de linguagem são, aparentemente, função de uma noção particular (e estrita) de linguagem. Esta, como se tornou nítido na descrição do capítulo III, depende de teorias defendidas por Santo Agostinho e Saussure, aproveitadas também por Richards e, geralmente, por todos os formalistas. A ideia é que existe um conjunto de propriedades residuais, imunes a descrições, que determinam o sentido de certos bocados de linguagem – "meaning", na acepção que lhe deu Hirsch, ou "langue", na descrição de Saussure. Como textos literários são, de modo comum, tidos como sendo feitos de linguagem, é natural que também eles se constituam de um elenco de propriedades inalteráveis que determinam o seu sentido – e que se tornam o objecto de análise central para o estudo da literatura. Encontrar e descrever essas características é, justamente, a tarefa da interpretação objectiva, focalizada num objecto que passa a ser lido como um repositório mais ou menos óbvio de aspectos independentes. Subscrever uma noção fundacional de linguagem parece, em última análise, ter como corolário uma noção igualmente fundacional de texto literário e, logo, de interpretação. Ou seja, ter uma posição particular em relação à natureza da linguagem parece condicionar de modo forte quer as aspirações hermenêuticas, quer as possibilidades metodológicas.

O problema da linguagem é crucial para a teoria literária. O propósito do capítulo III foi justamente o de demonstrar que uma certa ideia acerca da natureza da linguagem literária pode ser descrita e perturbada ao nível da primeira dimensão do seu argumento. Como se tornou evidente, defender a linguagem literária como um tipo especial de linguagem equivale a suscitar uma série de relações que não são nem originais, por um lado, nem, por outro, particularmente operativas. As questões que se colocam ao nível da segunda dimensão desse argumento são igualmente rectrácteis – e parece haver de novo, neste debate particular, uma oposição binária muito evidente entre uma posição fundacionalista e uma posição não-fundacionalista acerca da natureza da linguagem. A metáfora da pirâmide e a metáfora da embarcação sugerem, em conclusão, dois modos diferentes de lidar com o problema da linguagem literária – este problema específico parece condicionar também, indirectamente, as noções de "texto", de "literatura" e de "interpretação". Trata-se de uma questão epistemológica complexa, cujo retrato moderno é proposto por Donald Davidson nos seguintes termos:[124]

> Vemos o mundo através da linguagem; mas como devemos compreender esta metáfora? É a linguagem um meio que simplesmente reproduz para a mente, ou regista de modo preciso, aquilo que existe [what is out there]? Ou é tão densa que não há meio de se saber como o mundo realmente é? Talvez a linguagem seja algo no meio disto, um material translúcido, de modo que o mundo carregue a tonalidade e a focalização da linguagem particular que falamos. (Davidson, 2005:127)[125]

---

[124] Davidson, "Seeing Through Language" (2005), in *Truth, Language and History* (pp. 127–141).

[125] Um pouco mais à frente, Davidson expande esta conformação inicial do problema, quando diz que "Comecei por descrever três posições possíveis que foram atingidas com respeito ao papel da linguagem no nosso pensar sobre o mundo. Uma foi a de que a linguagem é opaca, escondendo de nós a coisa verdadeira. Rejeitei este ponto de vista. Uma segunda foi que a linguagem é um meio translúcido, que deixa escrito o seu carácter em tudo o que se encontra no seu domínio. Isto pareceu, na melhor das hipóteses, trivialmente verdadeiro, uma versão exagerada do facto simples e trivial de que a linguagem reflecte os nossos interesses e necessidades. Fica a faltar a ideia de que a linguagem é transparente, um meio que pode representar com acuidade os factos" (2005:130).

Trata-se de um dilema antigo, que convoca problemas modernos de filosofia da linguagem e da mente, mas também de conhecimento: é a linguagem que utilizamos uma representação correcta e fiel da realidade? Ou, por outro lado, apenas um mecanismo cultural baseado em correspondências artificiais entre palavras e coisas? Ambas as posições parecem seguir de um entendimento metafórico do enunciado "ver através da linguagem". A metáfora, contudo, pode ser enganadora: Davidson descreve o problema da linguagem como uma questão geral de conhecimento, e de mediação entre pessoas e o mundo. No seu argumento, o "cepticismo acerca do poder que a linguagem tem para capturar o real é o cepticismo datado acerca dos sentidos, com uma tonalidade linguística" (Davidson, 2005:130). Ou seja, a ideia de linguagem como um meio de representação do real radica numa desconfiança de princípio acerca da possibilidade de os sentidos reproduzirem fielmente a realidade. Quando se diz – e há uma longa tradição filosófica por detrás deste argumento – que os sentidos (porque imperfeitos e/ou limitados) distorcem a nossa apropriação das "coisas tal como elas são", está no fundo a dizer-se também que o uso da linguagem contribui para esse estado de coisas.

Este ponto de vista *mediúnico* sobre a natureza da linguagem é, contudo, rejeitado cabalmente por Davidson, que decreta de modo enfático que "A linguagem não é um meio através do qual nós vemos; não medeia entre nós e o mundo" (Davidson, 2005:130). Usar linguagem não equivale, neste sentido, a usar uma ferramenta imperfeita que se encontra ontologicamente separada do sujeito que aspira a conhecer – mas antes a usar um *sentido*, análogo à visão e à audição. Davidson descreve a percepção sensorial de um modo particularmente optimista – como se os sentidos fossem a única coisa que temos para estabelecer relações com uma realidade que é, até certo ponto, independente de nós. De modo simplificado, pode dizer-se que Davidson subscreve a metáfora da embarcação na sua apreciação das possibilidades empíricas do conhecimento: a linguagem é um órgão da percepção, que deve ser entendido como "um bocado distinto da organização biológica dos nossos cérebros" (Davidson, 2005:132). Não há, no universo davidsoniano, lugar para as "formas" de Platão (independentes, reais, divinas, indivisíveis e imutáveis) ou para os "numena" (as coisas em si) de Kant: não há nada mais a conhecer senão coisas que conhecemos através de um processo que não é de *intermediação*, mas de *cooperação*:[126]

> Não vemos o mundo através da linguagem mais do que vemos o mundo através dos nossos olhos. Não vemos *através* dos nossos olhos mas *com* eles. Não sentimos coisas através dos nossos dedos ou ouvimos coisas através dos nossos ouvidos. Bem, há um sentido em que vemos *mesmo* coisas através – ou seja, por meio de termos – olhos. Lidamos com coisas através de termos linguagem ... Há uma analogia válida entre ter olhos e ouvidos e ter linguagem: todos os três são órgãos com os quais nos colocamos em contacto directo com o nosso meio envolvente. Eles não são intermediários, telas, meios ou janelas. (Davidson, 2005:130–131; itálicos no original)

O argumento é o de que não existem diferenças de espécie entre os vários órgãos da percepção com os quais lidamos com a realidade. "Tendemos a pensar", afirma Davidson, "que o discurso é radicalmente diferente dos sentidos, em parte, porque não existe nenhum órgão externo devotado apenas àquele, e em parte por causa da diversidade de linguagens. Mas estas diferenças são superficiais. A fala, como os órgãos

---

[126] Num sentido importante, tanto as "formas" platónicas como os "numena" kantianos reflectem um entendimento essencialista do conhecimento – apesar de, em ambos os casos, não haver uma possibilidade completa e inequívoca de conhecer as "coisas em si". Ou seja, há um resíduo original de aspectos imutáveis em todas as coisas – e a dificuldade em se atingir esse estado superior de conhecimento deve-se, justamente, à inabilidade dos sentidos para proporcionarem uma percepção correcta e fiel da realidade. Trata-se de uma espécie de limitação anatómica que inviabiliza o conhecimento da essência das coisas – uma mediação imperfeita e sempre incompleta, que coloca dificuldades a uma correcta apreciação da origem do real (ou, por outras palavras, do lastro inalienável e independente que faz parte de todos os objectos no mundo). Na tese de Davidson, pelo contrário, esta preocupação não se verifica: não existem nem essências que devemos perceber a fim de conhecer correctamente o mundo nem, por outro lado, meios alternativos (e mais perfeitos) do que os sentidos – linguagem incluída – para nos relacionarmos com a realidade. Lidar com a linguagem *in medias res* (ou, de modo simples, como se a linguagem que usamos for tida como a única linguagem disponível e como processo sensorial cujo funcionamento, apesar de culturalmente adquirido, já estava parcialmente estabelecido antes dos nossos usos particulares), equivale, de certo modo, a eliminar considerações sobre a origem e a essência – das coisas ou da própria linguagem.

dos sentidos, tem a sua localização especializada no cérebro" (Davidson, 2005:131-132). Não existe, por um lado, uma *supra-linguagem* da qual a linguagem que usamos é apenas uma corruptela pálida e insuficiente como, por outro, não existem diferenças ontológicas entre ver, ouvir e usar linguagem. Existe somente *uma* linguagem – a linguagem que usamos –, que é operativa para o modo como lidamos com o mundo da mesma forma que os restantes sentidos: "A linguagem é o órgão da percepção proposicional" (Davidson, 2005:135) e, como os outros órgãos, faz parte da cadeia causal que liga o mundo ao nosso sistema de crenças perceptivas.

A ideia é que a relação entre seres humanos utilizadores de conceitos e objectos no mundo real é de natureza particular – e que não é, seguramente, uma relação desigual e mediada por um aparato que acolhe diferenças de espécie entre tipos de linguagem, órgãos da percepção, e sujeitos e objectos. A forma de evitar os preconceitos da limitação epistemológica, no contexto do nosso contacto com o mundo através do uso de uma linguagem, só pode ser conseguida, de acordo com Davidson, através de um elemento interpessoal em que noções como "uso", "conceito", "crença", "erro" e "partilha" desempenham um papel operativo. Assim,

> A partilha de respostas a estímulos tidos como semelhantes permite a emergência de um elemento interpessoal: criaturas que partilham respostas podem correlacionar as respostas de cada uma com aquilo a que estas dão resposta. A pessoa A responde às respostas que a pessoa B dá a situações que tanto A como B têm como semelhantes. Deste modo, é constituído um triângulo, sendo os três vértices A, B e os objectos, eventos, ou situações às quais eles mutuamente respondem. Esta interacção triangular elaborada, mas de senso comum, entre os seres e um meio envolvente partilhado não requer o pensamento ou a linguagem; ocorre com grande frequência entre animais que não pensam nem falam. Pássaros e peixes fazem-no, tal como macacos, elefantes e baleias. (Davidson, 2005:140)

Respostas a estímulos exteriores (que são característicos de uma realidade) envolvem um sentido de partilha que pode ser, ao mesmo tempo, tácito – na medida em que há reacções baseadas em relações pré-existentes – e, por outro lado, constritor de futuras ocorrências. Num sentido importante, criaturas que reagem a estímulos fazem-no através de uma herança comum, e de uma plataforma de analogias e semelhanças que assegura a compreensão e a partilha dessas mesmas reacções. Há, no limite, um espaço de inteligibilidade que aponta, ao mesmo, tempo para três dimensões que se influenciam mutuamente: uma partilha de espécie condicionada por um lastro cultural antecedente; o conjunto de restrições que influencia as reacções futuras; e a dinâmica triangular que assegura a partilha futura de eventuais ocorrências.

É este espaço alargado que permite a comunicação, uma vez que cada reacção particular se torna inteligível pela partilha das operações gerais (culturais e de espécie) que *supervisionam* reacções específicas. Reagir a estímulos do mundo é, também, reagir a um aparato comum de modo a, num mesmo movimento, fazer uso de, e actualizar, o modo como a espécie concebe e interpreta a realidade. Deve haver, no entanto, critérios que diferenciem esta triangulação básica quando se fala de seres utilizadores de conceitos – ou entre animais que "não pensam nem falam" e seres humanos. Para Davidson, este passo em frente é resolvido pelos conceitos centrais de "erro" e de "verdade objectiva", e pela ideia de que não há nenhuma espécie de precedência entre pensamento e linguagem. Deste modo,

> O que distingue então a comunicação linguística e o pensamento desenvolvido? A resposta passa, creio, por duas coisas que dependem da triangulação, e que dela emergem. A primeira é o conceito de erro, ou seja, a apreciação da distinção entre crença e verdade. As interacções do triângulo não geram automaticamente, por si só, esta apreciação, como vemos no exemplo dos simples animais, mas o triângulo abre espaço para o conceito de erro (e, logo, para o de verdade) em situações nas quais a correlação de reacções que haviam sido repetidamente partilhadas é vista por aqueles que as partilham como tendo falhado; uma das criaturas reage de um modo previamente associado por ambas as criaturas a um certo tipo de situação, mas a outra não. Isto pode alertar o não-reagente para uma oportunidade ou um perigo despercebidos, mas se o perigo ou a oportunidade antecipados não se materializarem, surge

um espaço para a noção de erro. Nós podemos, olhando para a situação, ajuizar que a primeira criatura errou. As próprias criaturas estão em posição de chegar à mesma conclusão. Se o fizerem, terão compreendido o conceito de verdade objectiva. Com o segundo passo, o passo final, movemo-nos num círculo, uma vez que compreendemos o conceito de verdade apenas quando comunicamos os conteúdos – os conteúdos proposicionais – da experiência partilhada, e isto requer linguagem. O triângulo primitivo, constituído por duas (e tipicamente mais do que duas) criaturas, reagindo concertadamente a aspectos do mundo e às reacções uma da outra, fornece assim a moldura dentro da qual pensamento e linguagem gradualmente se desenvolvem. Nem o pensamento nem a linguagem, de acordo com esta descrição, podem vir primeiro, pois cada um deles requer o outro. Isto não apresenta nenhuma confusão em relação às prioridades: as capacidades para falar, perceber, e pensar desenvolvem-se juntas, e de modo gradual. Percepcionamos o mundo através da linguagem, ou seja, através de termos uma linguagem. (Davidson, 2005:141)

Existe uma clara motivação holista neste argumento de Davidson: é a dependência (e a influência) mútua de pólos distintos, num plano eminentemente relacional, que activa a percepção e a gestão de conceitos. Para além disso, Davidson coloca restrições importantes em pontos precisos do seu argumento, restrições essas que impendem crucialmente sobre a cadeia epistemológica.

Em primeiro lugar **(i)**, elimina uma das objecções mais comuns ao uso da metáfora da embarcação em contexto hermenêutico – a de que um ponto de vista não-fundacional incorre necessariamente em formas particulares de solipsismo ou de subjectivismo. Fá-lo através do conceito crucial de *erro* que, a um nível primário de triangulação, opera para distinguir crença de verdade. A distinção ocorre quando há um modo pragmático de discernir entre aquilo que são as crenças pessoais e idiossincráticas da criatura que está sujeita a estímulos e, por outro lado, aquilo que é reagir adequadamente sob caução de uma familiaridade latente. Isto depende do reconhecimento de terceiros (de criaturas semelhantes a nós), reconhecimento esse que é partilhado em todos os momentos da percepção e da reacção. Existe um mecanismo preciso que distingue aquilo que são as minhas crenças pessoais e aquilo que é verdadeiro – no interior de uma plataforma alargada que é propiciada por uma comunhão de espécie, e por relações de familiaridade e de adequação. Em Davidson, a verdade não depende de considerações acerca da essência das coisas, ou da origem e *locus* de propriedades imanentes nas coisas: repousa, antes, na consideração de que a verdade é suscitada por uma dinâmica entre reacções, crenças, coisas verdadeiras e um mundo partilhado por seres utilizadores de conceitos. O argumento, à primeira vista trivial, é o de que não estamos sozinhos no mundo, e de que as nossas crenças dependem de terceiros com os quais partilhamos uma linguagem – que, como nós, vêem o mundo não através desta mas *com* esta.

Em segundo lugar (ii), Davidson parece garantir uma dispersão prospectiva e não unívoca das acções hermenêuticas – ao defender que todas as capacidades perceptivas e racionais funcionam sob uma lógica *horizontal*. Não há um modo antecipado de distinguir essas capacidades em termos de precedência ou de importância. Usar conceitos, reagir ao mundo, formar crenças ou possuir um conceito de verdade objectiva não são passos cumulativos num processo de adição: pelo contrário, o mundo, e aquilo que pensamos e dizemos sobre ele, fazem parte de um processo de construção relacional do conhecimento. Deste modo, respondemos tipicamente aos estímulos exteriores através de uma cadeia de associações entre as nossas mentes, objectos que fazem parte da realidade e uma série de coisas que, em grande medida, já cá estavam antes de nós e, de certo modo, nos excedem e condicionam. A linguagem exerce, neste processo, uma operação crucial, ao corporizar conceitos-chave como os de "erro" e "verdade objectiva" e, por outro lado, ao instanciar a moldura colectiva que permite o avanço futuro do conhecimento (e da rede de relações epistemológicas que são construídas por, e a partir de, este ponto de vista). Quando falamos, estamos desde logo a expressar a nossa racionalidade; e quando pensamos, estamos desde logo a usar conceitos e proposições que racionalizam a nossa relação com o mundo: não há maneira de se saber onde começa uma coisa e acaba a outra.

As relações epistemológicas são isso mesmo: relações entre vários pontos e possibilidades cuja interacção conceptual forma a ampla base de entendimento que – por vezes de modo imperceptível – caracteriza o modo humano de entender a realidade. A linguagem não é só, no argumento de Davidson, uma forma de expressar pensamentos. Ela é, em si mesma, o órgão da percepção que cauciona e gere a nossa capacidade de pensar e de interagir.

Se quisermos levar este argumento um pouco mais além, poderemos talvez concluir que não há razão para descrições e interpretações serem coisas "lógica e psicologicamente" distintas – uma vez que ambas dependem quer de capacidades racionais e perceptivas, quer de usos da linguagem, quer ainda de triangulações que só as podem ratificar num momento futuro. Para além disso, há um ponto muito importante deste argumento que tem implicações decisivas para os conceitos de literatura e de interpretação: o facto de o conhecimento objectivo das coisas depender muito menos de aspectos ou características intrínsecas das coisas, e muito mais de usos partilhados de uma linguagem e de uma cultura. Descrever linguagem sob este ponto de vista tem, por inerência, consequências evidentes quanto à natureza da linguagem literária.

A aplicação deste modelo triangular ao caso específico da linguagem literária é a preocupação central de Davidson em "Locating Literary Language".[127] A ideia é a de testar a operatividade do triângulo num

---

[127] Davidson, 2005:167–181. O pronunciamento inaugural do artigo deixa antever, de modo explícito, aquela que vai ser a direcção do argumento: "A literatura coloca um problema à filosofia da linguagem, uma vez que desafia directamente qualquer teoria do sentido que tome como primários usos da linguagem assertivos ou de procura da verdade, e que pretenda que outros desempenhos linguísticos são, de alguma maneira, «etiolados» ou «parasíticos». As fontes de perturbação são certamente muito mais ubíquas do que a referência à literatura sugere: piadas, anedotas, coisas educadas sem importância, ironias, todas quebram o molde da eventual transmissão da verdade sincera e literal. Mas a literatura apenas pode servir como foco deste problema por meio do seu parentesco com, e uso de, tais truques e voltas verbais. A literatura e esses conceitos vizinhos são um teste primordial para a adequação de qualquer ponto de vista sobre a natureza da linguagem, e é um teste em relação ao qual defendi que muitas teorias falham. Mas apesar de os usos da linguagem há muito me interessarem, eximi-me de indicar, ou mesmo de pensar muito sobre, a maneira como a minha descrição das origens da intencionalidade e da objectividade (que vejo como simultaneamente emergentes e mutuamente dependentes) deve ser adaptada ao caso da literatura. De facto, é para mim claro no momento que qualquer gesto no sentido de tal adaptação revelará também a necessidade de uma

processo de substituição em que "escritor", "leitor" e "tradição" tomam o lugar de "falante", "ouvinte" e "mundo". Antes disso, porém, Davidson coloca algumas reservas importantes sobre a ideia de interpretação como determinação do sentido – às quais se junta uma posição particular acerca da natureza dos critérios que impendem sobre o pensamento racional, e sobre o acto de dar razões e justificações para cadeias de raciocínios.[128] No argumento de Davidson, há processos e decisões mentais que precedem quer a formação de critérios quer, por inerência, a nossa preferência racional e justificada por um (ou vários) daqueles – e que são comuns a um conjunto de seres humanos que partilham visões do mundo. Aceitar, por exemplo, um critério não-intencional sobre textos literários, contra um critério intencional, não quer dizer que qualquer um deles seja incomensurável em relação ao outro; pelo contrário, critérios e padrões estão sujeitos a uma conformação racional que os torna, até certo ponto, parecidos. São, no fundo, modos distintos de falar racionalmente sobre coisas semelhantes num contexto de partilha e ratificação (neste ponto, como em tantos outros, Davidson defende uma posição moderada em relação à noção de "oposição binária"). Este argumento tem consequências hermenêuticas profundas:

> Reverto agora para a natureza da interpretação. É natural alegar que o problema central é o de determinar o sentido das palavras pronunciadas ou escritas. *Isto não é errado, mas pode ser enganador.* As palavras, como sublinhou Frege, têm sentido apenas no contexto de uma frase. A razão básica para isto é que o funcionamento da linguagem, para dar informações, contar histórias, fazer perguntas, emitir ordens, e por aí fora, é feito de frases; uma palavra que não esteja a ser usada para transmitir o conteúdo de uma frase não pode fazer nenhuma dessas coisas. É ao nível da frase que a linguagem se conecta com os interesses

---

focalização mais forte sobre o papel da intenção na escrita e, por isso, sobre a relação entre escritor e leitor" (167).

[128] Davidson, 2005:169: "Não há uma lista fixa de critérios, nenhuma hierarquia eterna de valores, que tenhamos que subscrever, mas algumas normas são tão básicas para a inteligibilidade que não podemos evitar moldar os nossos pensamentos a esses padrões".

e intenções que a linguagem serve, e este é também o nível no qual emergem as evidências para a interpretação. Mas, tal como as palavras só têm sentido no contexto de uma frase, uma frase tem sentido só num contexto de uso, como parte, de certa maneira, de uma linguagem particular. Não haveria modo de dizer a que linguagem pertenceria uma frase se não houvessem frases e escritos correntes, talvez não dessa mesma frase mas de outras frases apropriadamente relacionadas com aquela. Assim, no fim de contas a única fonte de sentido linguístico é a produção intencional de exemplos de frases. Se tais actos não tivessem sentido, nada teria. Não há mal nenhum em atribuir sentidos a frases, mas este sentido tem sempre de ser sempre derivado das ocasiões concretas nas quais as frases são postas em funcionamento. (Davidson, 2005:170; itálico meu)

Neste ponto, o argumento de Davidson completa os de Juhl e, sobretudo, de Cioffi. Não há modo de conceber actividades humanas e, em particular, textos literários, sem o envolvimento do elemento intencional. Pessoas usam linguagem com um determinado propósito, que é contextual e deliberado, e esses usos são depois registados e actualizados por terceiros que partilham connosco quer a linguagem, quer, *por isso*, um modo de reagir racionalmente a uma realidade comum. Para além disso, o sentido da linguagem depende de usos, e de pessoas que escolhem intencionalmente os usos que lhe dão – e isto torna improvável uma decisão de sentido baseada em constituintes atómicos ou em ocorrências isoladas da linguagem. Se perceber uma língua é perceber de que modo certos agentes usam essa língua para se fazerem perceber, tal significa que a linguagem depende de uma rede heteróclita de relações, relações essas que envolvem frases, contextos, agentes, ouvintes e intenções discerníveis e actualizáveis. A etiologia fundacionalista é, neste argumento, substituída por uma pragmática relacional. A conclusão é a de que "A interacção subjectiva com o mundo é uma condição necessária da nossa posse dos conceitos de verdade e objectividade" (Davidson, 2005:176). As propriedades da linguagem não dependem de características que estão inscritas na sua natureza, mas antes de uma partilha alargada das condições do seu uso deliberado e contextual. Não existe sentido sem intenção, do mesmo modo que não se pode imaginar uma linguagem – literária ou não – que seja auto-contida, auto-suficiente e imune a uma interpretação.[129]

A capacidade que um leitor possui para interpretar a intenção de um autor através de um objecto pelo qual este comunica é crucial para o argumento de Davidson, e depende de uma relação prospectiva entre capacidades racionais, conceptuais e relacionais, num contexto de partilha culturalmente condicionada. A ideia é que, em última análise, não existem diferenças de espécie entre tipos de linguagem, isto porque não existem, propriamente falando, *tipos* de linguagem. Toda a relação de comunicação (como todo o acto de leitura) é função de uma interpretação, através da qual se combinam vários aspectos e factores – a um nível prosaico, poderia dizer-se que o modo fundacionalista disseca *retrospectivamente*, e o modo não funcionalista, pelo contrário, "mistura" *prospectivamente* os elementos que fazem parte da interpretação.

A única diferença real que existe entre linguagem quotidiana e linguagem literária, a existir, só pode ser uma diferença de grau: uma vez que ambas, enquanto instâncias de comunicação, dependem de um emissor (ou autor), de um pronunciamento (ou obra) e de um ouvinte (ou leitor), elas não podem ser senão de natureza semelhante. Como tal, as explicações para uma e outra também devem ser semelhantes – embora com a reserva óbvia de que, por princípio, deve ser mais fácil interpretar a saudação de um vizinho do que um romance. A conclusão é que as diferenças entre momentos de comunicação não repousam no facto de haver tipos distintos de linguagem, mas na constatação trivial de que é mais exigente e difícil explicar certas coisas: "O sucesso na

---

[129] Em relação ao ponto específico da intenção, Davidson afirma que "Em qualquer caso, a intenção, pelo originador, de que um escrito ou frase sejam interpretados de certa maneira é apenas uma condição necessária para que essa seja a interpretação correcta; é igualmente necessário que essa intenção seja razoável ... Ao mesmo tempo, questões de facto sobre as intenções de um autor começam a depender, em parte, do nosso juízo sobre a razoabilidade dessas intenções" (Davidson, 2005:179–180). A imputação de razoabilidade (ou não razoabilidade) a conteúdos intencionais ocorre, claro, porque existe um espaço de inteligibilidade partilhada sobre o qual construímos as nossas operações racionais – e que é, no fundo, o espaço da interpretação.

interpretação é sempre uma questão de grau", avisa Davidson, a propósito, em "Seeing Through Language" (2005:134).[130]

Davidson procede, em última análise, a uma *deslocalização* da linguagem literária, mediante um processo em que as variáveis são tornadas horizontais – não há diferenças de espécie, mas apenas de grau, entre os factores que constroem interpretações e entre as próprias interpretações. A linguagem literária deixa, no seu argumento, de ser uma função de propriedades intrínsecas e residuais que investem de sentido os textos literários. A determinação do sentido só se consuma num espaço hermenêutico que envolve o autor, o texto e o leitor – o espaço da interpretação, no qual é impossível determinar antecipadamente equilíbrios e relações. Não existem diferenças de espécie entre linguagem quotidiana e linguagem literária, do mesmo modo que não há diferenças ontológicas nas explicações que damos para uma e outra – quando muito, essas diferenças podem ser de grau. Um dos possíveis problemas de defender um argumento deste género (em que as restrições antecipadas são muito menores do que numa posição fundacionalista) é o de radicalizar o recurso ao leitor e à sua posição na cadeia hermenêutica. Trata-se de um perigo latente (e uma das críticas mais comuns que o lado fundacionalista habitualmente faz contra os neurathianos), descrito por Wimsatt e Beardsley em "The Affective Fallacy" (de 1946).[131]

Se a actualização do sentido depende do intérprete, isto quer dizer que (uma vez que não existem restrições de ordem essencialista sobre o acto hermenêutico) cada interpretação corre o risco de se tornar unilateral e disposicional – uma forma de solipsismo expressionista, que o argumento fundacional sempre tentou inocular. A presunção é a de que o ponto de vista não-fundacional equivale a colocar o ónus da interpretação no acto

---

[130] Subscrever este ponto de vista sobre linguagem e interpretação contraria substancialmente, ao nível da segunda dimensão do argumento, a teoria geral de Jakobson segundo o qual a linguagem poética é um tipo especial de linguagem e que, por isso, suscita um *tipo* diferente de actividade hermenêutica. No limite, e expandindo o argumento de Davidson, não há motivo para se pensar que a literatura é uma coisa especial que exige explicações igualmente especiais.

[131] William K. Wimsatt (1954), *The Verbal Icon – Studies in the Meaning of Poetry*. Lexington, Kentucky: The University Press of Kentucky, 1989.

do leitor, de modo a que o sentido seja determinado – radicalmente – por este. Para além disso, cada interpretação particular pode tornar-se significativamente idiossincrática, contextual e até pessoal – o argumento de longo curso de que as interpretações se alteram com o tempo (na acepção de "significance" que Hirsch cunhou; Juhl, em *Interpretation*, elimina algumas das consequências supostamente perversas deste processo, ao colocar uma restrição crucial no fim da cadeia hermenêutica, quando defende que existe uma, e só uma, interpretação correcta para cada texto literário). A conclusão de Davidson a propósito desta possibilidade é, ao mesmo tempo, uma defesa do seu modelo contra o putativo radicalismo de alguns dos seus pares não-fundacionalistas e, também, uma reiteração das condições fundamentais do espaço hermenêutico e da triangulação:

> Devemos então concordar com Gadamer quando ele diz que aquilo que o texto significa muda quando o público muda: "Um texto é compreendido apenas se for compreendido de modo diferente de todas as vezes"? Penso que não. Podem existir múltiplas interpretações, como sugere Freud, porque não há motivo para dizer que uma delas exclui as outras. O que Gadamer tem em mente são interpretações incompatíveis. É verdade que cada pessoa, cada época, cada cultura, fará aquilo que pode de um texto; e pessoas, épocas e culturas diferem. Mas como pode um relativismo significativo seguir de um truísmo? Se você e eu tentarmos comparar notas das nossas interpretações de um texto, podemos fazê--lo apenas na medida em que temos, ou podemos estabelecer, uma base alargada de entendimento [agreement]. Se aquilo que partilhamos fornecer um critério comum de verdade e objectividade, a diferença de opinião faz sentido. Mas o relativismo sobre os critérios requer aquilo que não pode existir, uma posição para lá de todos os critérios. (Davidson, 2005:181)

O problema parece ser um problema geral da crítica (e talvez mesmo de toda a discussão racional): a reacção contra um ponto de vista particular leva, tipicamente, a uma inflação radical do argumento que o pretende contrariar. Neste caso específico, a reacção contra o primado do texto – com o seu obscurecimento da intenção do autor e a substituição da interpretação por uma análise de aspecto para-científico – parece ter potenciado, entre outras coisas, argumentos extremos em defesa dos itens ocultados pelo modo textualista. Davidson reage contra este tipo de alternativa. Para ele, rejeitar uma posição fundacional (e textualista) sobre a análise da literatura não equivale nem a um vazio metodológico nem, muito menos, à constatação de que o sentido é indeterminável porque construído unilateralmente pelo leitor-intérprete. A síntese holista do conhecimento que é característica em Davidson é, por natureza, contrária a que se tente remediar um erro (supor que o sentido está auto-contido no texto) com outro erro (o de supor que, à falta de fundações sólidas sobre as quais constituir interpretações, todo o sentido seja caprichosamente determinado pelo leitor).

Reed Way Dasenbrock actualiza este debate tomando o partido de Davidson contra aqueles que, como Stanley Fish e Barbara Hernstein Smith, acreditam que a tarefa do intérprete não é a de descodificar textos, mas antes a de os construir.[132] Dasenbrock parece ler a tese de Fish como expressão de uma espécie de monismo interpretativo, em que a relação entre texto e leitor é, de muitas maneiras, vista como única, indivisível e irrepetível. Se toda a leitura é idiossincrática e construída exclusivamente pelo leitor, isso equivale a dizer que, a cada acto hermenêutico particular,

---

[132] Em "Do We Write the Text We Read?", in Dasenbrock (1993), *Literary Theory After Davidson*. University Park, Pennsylvania: The Pennsylvania State University Press (pp. 18–35). Fish constrói o seu argumento sobre a noção de "comunidade interpretativa", um grupo de intérpretes que partilham parcialmente esquemas conceptuais, critérios e crenças colectivas e um lastro cultural – um modo de contrariar formas de solipsismo hermenêutico e de explicar a diversidade de interpretações. O argumento geral de Fish (no qual sentido depende de interpretações, o que revela um cepticismo de princípio quanto à possibilidade da autonomia formal dos textos) é, até certo ponto, parecido com o de Davidson. Estas semelhanças, contudo, desvanecem-se quando Fish defende a incomensurabilidade entre esquemas conceptuais – ou a ideia de que diferentes comunidades de leitores podem possuir um *modus operandi* hermenêutico de tal modo diferente que não exista entre elas a possibilidade de se inter-traduzirem. O ponto da incomensurabilidade drástica entre comunidades é inaceitável para Davidson. Embora concorde com Fish quando à impossibilidade da existência de dados não interpretados e de interpretações neutrais ou objectivas (o seu conceito de "interpretação radical"), Davidson sugere um ponto de vista muito mais alargado no que diz respeito à condição hermenêutica. Segundo ele, partilhamos "o mesmo mundo", e interpretamos tipicamente para maximizar a plataforma de acordo (imputando aos nossos interlocutores crenças parecidas com as nossas) – o princípio da "caridade interpretativa", que perturba fortemente o paradoxo da incomensurabilidade formulado por Fish. A "caridade" é, para Davidson, condição necessária para fazer qualquer teoria funcionar.

corresponde não um mesmo texto mas textos diferentes. Ou seja, a cada leitura do texto *x* corresponde realmente um texto *y*, *z* ou *w*, consoante as inclinações e disposições do construtor de sentido. Já se viu até que ponto esta construção é individual, apesar de poder ser partilhada no seio de uma comunidade que dispõe de meios conceptuais e interpretativos mais ou menos parecidos – mas cuja operatividade, todavia, não é traduzível entre comunidades diferentes. Segundo a descrição de Fish por Dasenbrock, diferentes leituras correspondem a diferentes textos e diferentes autores – mesmo se o texto é o mesmo (o exemplo é o de que, à luz deste argumento, Samuel Johnson e Fish interpretam – ou lêem, ou constroem – *Miltons* diferentes) – e isto é profundamente incoerente. "Defender que os intérpretes escrevem os textos é", segundo Dasenbrock, "estabelecer que as palavras não apontam de modo seguro para sentidos na interpretação de textos, mas que o fazem na interpretação de diferentes interpretações" (1993:25). E prossegue:

> O que Davidson nos diria parece correcto: há, na melhor das hipóteses, um texto, tal como há, na melhor das hipóteses, um mundo, e nós partilhamos esse texto tal como partilhamos o mundo. Isto não quer dizer que vemos o texto da mesma maneira, tal como não falamos a mesma língua, mas também não quer dizer que estamos a ver uma coisa totalmente diferente. Pois não há meio de sabermos se estamos a ver uma coisa diferente a não ser que consigamos compreender o ponto de vista uns dos outros, traduzir a linguagem uns dos outros; se podemos compreender e traduzir a perspectiva de outrem, essa perspectiva não pode ter a capacidade de ser outro [otherness], de modo radical, suposta por Hernstein Smith e Fish. Não são as nossas diferentes comunidades interpretativas que nos mantém separados; são, simplesmente, as nossas diferentes interpretações. (Dasenbrock, 1993:25)

Não é necessário, em suma, imaginar-se que diferenças interpretativas são consequência da impossibilidade de se harmonizar, conceptual e metodologicamente, uma comunidade de leitores com outra que lhe é estranha. A estranheza é, de resto, artificial – para se dar conta da não-tradutibilidade constitutiva e radical entre uma comunidade e outra, uma delas tem que, necessariamente, se fazer entender pela outra; e isto requer uma plataforma mínima de tradutibilidade, o que contribui para moderar o argumento extremo de Fish (segundo o qual duas comunidades interpretativas podem ser mutuamente incomensuráveis). O que acontece, no caso de Davidson (e que para Dasenbrock é crucialmente diferente do argumento de Fish), é que a interpretação não é unilateral ou unívoca, mas plural e partilhada a uma escala muito maior. Aquilo que acontece nas comunidades interpretativas é descrito por Dasenbrock como um processo em que: **(i)** cada intérprete constrói e constitui cada texto que lê (*escreve*, no fundo, o texto que lê), **(ii)** à luz de uma série de procedimentos que são caucionados pela sua pertença a uma comunidade que partilha esquemas conceptuais e culturais que, por sua vez, **(iii)** são radicalmente diferentes de outros esquemas usados noutras comunidades. O intérprete possui um lastro teórico comum, relativo à comunidade em que está inserido, e no seio da qual desenvolve a sua actividade racional: deste modo, em cada ocorrência hermenêutica, ele *constrói* o texto à luz das constrições e possibilidades tornadas operativas (e amplamente reconhecidas) pela sua comunidade.

Dasenbrock lê este tipo de paroquialismo como uma forma de imanência teórica, justificada pelo facto simples de pertença a uma comunidade – essa pertença parece fazer de cada teoria uma teoria monolítica (se pudermos, no fundo, dizer tudo o que queremos sobre textos, pelo simples facto de estarmos inseridos numa comunidade, isto quer dizer que as nossas teorias são, por princípio, de aplicação universal – a sua única restrição é a de se conformarem aos parâmetros da comunidade). Dasenbrock descreve este tipo de leitura como sendo, ao mesmo tempo, trivial (lemos textos de acordo com as nossas crenças e as crenças da nossa comunidade), e epistemologicamente inconclusiva (uma vez que a "redoma conceptual" que envolve as interpretações é, nas suas palavras "o ponto de partida e o ponto de chegada do processo interpretativo" [1993:26]). Não há, na constatação óbvia de que interpretamos segundo crenças individuais validadas pela comunidade, espaço para alternativas hermenêuticas, nem – mais importante – meios para lidar com focos de anomalia em interpretações particulares. Na tese de Fish, não existe uma verdadeira possibilidade de ultrapassar o erro ou o desacordo: se, por um lado, interpretações erradas são apenas as que não estão em conformidade com os critérios da comunidade; e, por outro, o desacordo entre interpretações se manifesta apenas no interior do aparato meta-teórico dessa mesma comunidade, isto quer dizer que todas as interpretações são, no limite, mais ou menos certas. Dasenbrock intui neste modo de ser da teoria um solipsismo circular, e auto-contido, que não ajuda ao progresso do conhecimento (para demonstrar este ponto, Dasenbrock socorre-se de uma citação de Culler: "Um leitor que cria tudo não aprende nada").[133] O que Davidson faz é, na descrição de Dasenbrock, oferecer uma alternativa para este estado de coisas.

Isto acontece porque a "caridade interpretativa" oferece apenas um *ponto de partida* para a interpretação. Apesar de começarmos sob caução da plataforma alargada de entendimento fornecida pelo princípio da caridade, temos de estar preparados para lidar com o facto trivial de que as crenças e os sentidos diferem, e se alteram – "não totalmente mas de modo apreciável", segundo Dasenbrock (1993:26). A presunção de uma base de acordo – uma espécie de base negocial – é o que permite, justamente, localizar e fazer sentido do desacordo. Ou seja, focos de fricção quanto a crenças, sentidos ou interpretações só se tornam aparentes (e resolúveis) porque existe previamente a esperança de nos fazermos entender mutuamente – cabendo então a cada intérprete ajustar as suas teorias acerca das crenças, e usos de linguagem, do seu interlocutor, de modo a fazer sentido das anomalias. O argumento pode ser descrito do seguinte modo: **(i)** há uma base de acordo alargada entre mim e os meus semelhantes (partilhamos, *grosso modo*, mecanismos parecidos de uso conceptual, de método e de teorização); **(ii)** é difícil acreditar no argumento de que a pertença a uma comunidade garante necessariamente interpretações correctas e elimina o desacordo; **(iii)** apesar de estarmos muitas vezes de acordo com os membros da nossa comunidade, tal não significa que uma comunhão alargada exclua a possibilidade de anomalias, erros ou

---

[133] Retirada de Jonathan Culler, *On Deconstruction: Theory and Criticism After Structuralism* (de 1982).

discordâncias entre as nossas interpretações e as de terceiros que fazem parte da mesma comunidade; **(iv)** é necessário, para que não se chegue a um ponto de impasse hermenêutico, ajustar as nossas teorias de modo a resolver dinamicamente as oposições binárias que, muitas vezes, derivam dos conflitos de interpretação.

As teorias, crenças e expectativas do *homo hermeneuticus* criado por Davidson mudam, no fundo, como nós mudamos (e mudam connosco) – muitas vezes sem nos apercebermos, outras de modo consciente, e outras ainda para que se faça sentido de pontos de fricção em interpretações ou pontos de vista conflituantes. Quando isto acontece, alteramos as nossas "teorias prévias" (um conjunto de pré-conceitos acerca das disposições, crenças e usos da linguagem do falante ou autor – o campo das expectativas que incidem sobre a experiência) para "teorias passageiras" – versões modificadas e melhoradas das primeiras, cujo ajuste depende daquilo que aprendemos sobre o outro.[134] "Toda a leitura é interpretação", e a interpretação depende de pessoas que interagem para se fazerem compreender, ajustando o seu aparato racional de modo a garantir que o espaço hermenêutico seja, ao mesmo tempo, pessoal, intersubjectivo e dinâmico. Isto tem, claro, implicações epistemológicas decisivas:

> Deste modo, o nosso ponto de chegada não é uma reificação da nossa própria teoria prévia, como Fish acredita, a produção de uma leitura em estrita concordância com normas interpretativas específicas da comunidade. Os intérpretes ajustam as suas teorias prévias na direcção daquilo que crêem ser um acordo provisório entre o falante/autor e o intérprete. Este entendimento não é criado – como Fish insistiria – pela subjugação do texto às crenças e valores do intérprete, mas pelo seu ajuste às necessidades da ocasião interpretativa. Mas este ajustamento do intérprete ao texto não é um casamento perfeito entre os dois, como teorias da interpretação, como as de E.D. Hirsch ou a crítica da resposta

---

[134] "Prior theories" e "passing theories" são conceitos que Davidson usa em "A Nice Derangement of Epitaphs" (*Truth, Language and History*, 2005:89–109).

do leitor do primeiro Fish, defenderiam. Não existe ... nenhuma relação necessária entre o texto e a teoria prévia que o intérprete desenvolve em resposta àquele, nenhuma interpretação "correcta" indisputável. Teorias prévias e teorias passageiras são ambas irredutivelmente plurais, e isto está de acordo com a nossa experiência real de interpretação. Mas, ainda que não haja um encontro perfeito de mentes, as mentes que interagiram não permanecem imutáveis depois da troca [exchange]. Certas teorias são *desconfirmadas*, mesmo se nenhuma teoria seja alguma vez confirmada de modo indisputável. E este é o ponto que eu acho particularmente valioso no modelo de interpretação de Davidson. Teorias prévias nunca são monolíticas, nunca são exactamente condizentes entre si ou exactamente condizentes com a situação. Assim, as teorias prévias são sempre sujeitas a modificações na situação para a qual, e na qual, são avançadas.
(Dasenbrock, 1993:27; itálico no original)

Tal como as leis, as interpretações não conseguem prever todas as ocorrências, nem muito menos todas as situações anómalas que podem seguir dos textos: são, na mesma medida, feitas de *estabilidade* e de *ajustamento*. Interpretar é, deste ponto de vista, parte de um processo de adaptação (ao meio e aos outros) que faz parte da natureza humana de um modo inescapável. De maneira diferente, Davidson chega a conclusões análogas às de Cioffi quanto à utilidade da teoria: ela é, ao mesmo tempo, um garante de estabilidade racional (porque escorada num conjunto de princípios gerais), e uma ferramenta adaptável às necessidades particulares da interpretação. Isto não equivale, claro, a dizer que teorias não têm utilidade pelo facto de poderem ser derrogadas. Pelo contrário: uma vez que todas as teorias estão inscritas num modelo de racionalidade partilhável em larga escala, elas fazem parte do processo natural de comunicação e de interpretação, como indicações gerais acerca do caminho a seguir ou do ponto de vista a usar. Quando confrontados com situações anómalas, não substituímos tipicamente a nossa teoria prévia por outra – como muitas vezes acontece no método científico: o que fazemos, normalmente, é adaptar certos pontos precisos dessa teoria de forma a acomodar pequenas resistências.

Deste modo, podemos acrescentar ao nosso modelo hermenêutico (que inclui teorias, opiniões e argumentos) uma flexibilidade particular que se desenvolve em três sentidos interligados: **(i)** a possibilidade de tornarmos as nossas opiniões inteligíveis a um maior número de interlocutores; **(ii)** a possibilidade de adaptarmos as nossas interpretações a um número mais elevado de ocorrências, textos, anomalias e desacordos; **(iii)** a capacidade de incorporar no acto hermenêutico um conjunto de experiências de aprendizagem e de adaptação que se traduzem em *ganho cognitivo* – surpresas, paradoxos, anomalias e pontos de fricção constituem, em conjunto com as teorias, um lastro importante para se lidar com ocorrências futuras.[135] Davidson descreve teorias como ferramentas adaptáveis, inflacionadas por um conjunto incremental de experiências e aprendizagens – rejeitando, assim, uma noção tradicional de teoria como elenco de pronunciamentos estáveis de aplicação indiscriminada. No fundo, o que aprendemos hoje ser-nos-á útil amanhã: nestes termos, interpretar não é assim tão diferente de viver a nossa vida do dia a dia. Aprender com a experiência, ou refinar e adaptar os nossos métodos

---

[135] Isto não significa, claro, que a interpretação seja unilateral a um ponto extremo, como de resto o "princípio da caridade" já havia demonstrado (Dasenbrock chama ao modelo de Fish um "círculo formalista e vazio, uma conversa com nós próprios"). A partir de uma citação de Kuhn ("Não há nenhum paradoxo na proposição de que os factos tanto dependem como restringem as teorias que os explicam", de *The Structure of Scientific Revolutions*, publicado em 1962), Dasenbrock conclui que "Mais uma vez, isto não quer dizer que tem de haver um consenso miraculoso e livre de interpretação no lado mais distante do desacordo. Mas mesmo que não conheçamos o mundo fora da interpretação que fazemos dele, isso não significa que o mundo *é* a nossa interpretação sobre ele. Se fosse, as nossas interpretações nunca mudariam, e nunca seriam submetidas a refutações bem sucedidas e persuasivas; mas elas mudam mesmo, tal como nós mudamos e refinamos as nossas teorias de acordo com a nossa experiência mutável" (1993:29; itálico no original). O argumento de Dasenbrock é o de que a tese de Fish permite resolver relações entre interpretações mas não relações entre textos e intérpretes. Assim, "Fish reconhece que encontramos outras interpretações, em competição entre si, defendidas por outros leitores; mas em nenhum ponto do seu sistema ele nos permite imputar a capacidade de ser outro [otherness] ao texto em si, porque este é sempre algo que possuímos e que escrevemos de acordo com as nossas crenças. O problema aqui é não só que Fish é inconsistente, que nos permite perceber a diferença entre nós e os outros críticos, mas não a diferença entre nós e o texto. O problema mais sério é que esta inconsistência trivializa o estudo da literatura, ao negar-nos qualquer encontro produtivo com o texto" (1993:29). Dasenbrock defende, contra aquilo a que chama de "hermenêutica da identidade" de Fish, uma "hermenêutica da diferença", "um método interpretativo que possa compreender textos diferentes de nós e compreender os textos como sendo diferentes de nós" (1993:32).

de investigação de acordo com aprendizagens anteriores, é um modo optimista de melhorarmos crucialmente a nossa relação com o mundo, e com a literatura. Isto é importante

> precisamente porque nos dá uma razão para estudarmos literatura ou, de outro modo, explica por que consideramos esse estudo valioso. Se as interpretações forem sempre auto-confirmadoras, não podemos aprender nada em cada acto real de interpretação, excepto perceber uma vez mais que o sapato serve no pé. Se uma interpretação não pode ser infirmada, se nada de inesperado pode acontecer, então a única questão que se pode colocar acerca de qualquer interpretação é se esta é bem ou mal feita ... (Dasenbrock, 1993:29)

Deste ponto de vista, a relação do intérprete com a literatura não obedece a uma lógica científica (não é um método cujas etapas são pré-determinadas e cuja aplicação é indiscriminada), nem a uma lógica de investigação criminal (não se baseia numa seriação de evidências que se destinam a provar ou desmentir uma dada hipótese). Embora estes dois processos sejam admissíveis, e partes deles possam ser incorporadas na tarefa de interpretar, não é assim que as coisas tipicamente se passam. Na tese de Davidson, as ferramentas são em maior número, por um lado, mais adaptáveis, por outro, e habilitadas a lidar com uma possibilidade importante da interpretação – a surpresa. A capacidade de adaptar teorias a ocorrências que, à primeira vista, parece uma necessidade trivial, é inflacionada por Davidson a ponto de se tornar numa justificação epistemológica central: aprendemos com a literatura que as nossas teorias não funcionam sempre e em todos os contextos, e que é característica da interpretação uma capacidade racional e prática para lidar com a excepção. Este ponto torna-se particularmente operativo quando posto em contraste com as aspirações metodológicas quer do argumento da poeticidade (do capítulo III), quer com a tese da ficção como faz de conta (do capítulo IV). No argumento de Davidson, mexer com a relação entre texto, autor e leitor equivale a deslocalizar uma série de noções que foram adoptadas durante muito tempo como axiomas da crítica.

Propor uma noção de linguagem em que o ónus do sentido é deslocado do texto (ou de propriedades intrínsecas da linguagem) para uma série de relações plurais e trianguladas entre pessoas e objectos, tem consequências profundas ao nível da interpretação. Admitir que existem, em todos os elementos linguísticos, propriedades e características imunes a descrições, condiciona a interpretação através de um conjunto de limitações pré-existentes. A tarefa da interpretação é, deste ponto de vista, uma indagação criteriosa de aspectos que estão presentes, de maneira mais ou menos explícita, num objecto críptico e auto-suficiente. A objectividade das conclusões é, por sua vez, garantida por esta constatação fundamental: tal como o conhecimento, que deve basear-se na demanda por bases objectivas, também o texto, enquanto objecto imanente, deve ser descrito como um receptáculo de propriedades que o tornam diferente de outros objectos verbais. Para Jakobson, por exemplo, essa garantia de objectividade repousa na ideia de que textos poéticos possuem, por natureza, rimas e associações – inscritas na sua linguagem – que determinam a sua ontologia. Para Davidson, ao contrário, não faz sentido dizer que literatura é isto ou aquilo sem uma interpretação. Não é a primeira que restringe as segundas: o conceito de literatura e o acto de interpretar são interdependentes e mutuamente influenciáveis.

Também por isso, não existe uma verdadeira necessidade de se procurar uma ontologia para a ficção literária, baseada em correspondências de textos, acontecimentos de textos e personagens de textos com coisas reais. A determinação da ficção depende muito mais de uma plataforma de acordo davidsoniana (com todas as suas implicações ao nível do reconhecimento, da partilha, da interpretação, das expectativas, da incerteza hermenêutica e da experiência), do que da esperança que textos ficcionais tenham uma ontologia própria ou especial. Dizer coisas verdadeiras acerca de coisas aparentemente falsas tem justamente a ver com a capacidade que a interpretação possui para fazer sentido de coisas que, à primeira vista, não consideraríamos como reais.

O conceito de ficção ganha em ser considerado de modo alargado, como "contar uma história" (este foi o argumento principal do capítulo IV), e fazer isto corresponde a maximizar o acordo entre pontos de vista mais ou menos diferentes sobre conteúdos ficcionais – de modo a que seja possível dizer coisas verdadeiras sobre Sherlock Holmes e Lester Ballard sem, necessariamente, se apelar a uma ontologia da ficção. Saber vagamente que ficção é "contar uma história" permite, ao nível da interpretação, diminuir os argumentos do "faz de conta" ou do *sacrificium intellectus*: ficção literária e histórias quotidianas não são diferentes pela sua natureza – existe entre elas, uma diferença de grau, na melhor das hipóteses (e apenas, talvez, porque estamos habituados a "encontrá-las" em sítios diferentes).

A questão, resumidamente, parece bastante simples: há, do lado fundacional do debate sobre conhecimento, um desconforto de princípio quanto às possíveis consequências de uma perda de objectividade factual na análise não-fundacional – devido ao colapso da relação entre factos, evidências e conclusões (não se trata, propriamente falando, de um colapso, mas antes de um deslocamento do vínculo epistemológico dos objectos para descrições desses mesmos objectos). Sem uma espécie de imputação de características a coisas (um objecto a tem as propriedades x, y e z, e, por ter essas propriedades, é que é o objecto a), o conhecimento daquelas parece, aos olhos da tese fundacional, demasiado idiossincrático e contextual. Uma descrição crua do problema seria mais ou menos assim: como podemos chegar ao conhecimento de coisas se as características das coisas não são imanentes às coisas, mas dependentes de descrições de pessoas, que são, ao mesmo tempo, disposicionais e não dependentes de factos indisputáveis? Ou, de outro modo, como é possível que se substitua o conhecimento objectivo dos factos por um tipo de conhecimento relacional e intersubjectivo? Onde residem, no fundo, as propriedades?[136]

---

[136] Em "Invention and Interpretation" (in *The Matter of Facts: On Invention and Interpretation*. Stanford: Stanford University Press, 2000), Miguel Tamen apresenta um ponto de vista muito particular em relação à questão das propriedades na análise literária (e que, *mutatis mutandis*, pode ser aplicada com igual sucesso à discussão sobre o conhecimento): "Se eu estiver certo, então, e apesar de todas as aparências, ao substituirmos a conversa sobre o texto pela conversa sobre interpretação não estamos a desistir de falar sobre propriedades intrínsecas. A conversa sobre propriedades intrínsecas dos textos é simplesmente substituída por uma conversa (ou um silêncio embaraçado) sobre as propriedades intrínsecas da interpretação ... Sem dúvida, falar acerca de conhecer mais sobre objectos alegadamente independentes, como textos, caiu em descrédito ... Numa palavra, pode não haver uma

Como conceber um mundo em que a brancura de uma galinha não está na galinha mas em pessoas que escolhem descrever galinhas como sendo brancas, num universo partilhado de utilizadores da linguagem para os quais as galinhas são *mesmo* brancas? E, no fim de contas, que ponto de vista epistemológico fornece realmente o conhecimento objectivo que todos parecemos procurar?[137]

Em "The Problem of Objectivity" (1995), Davidson aspira a circunscrever o debate sobre o conhecimento em torno dos conceitos de "objectividade" e de "verdade objectiva", procurando adaptar a sua teoria do conhecimento às necessidades da epistemologia moderna.[138] O seu ponto de partida é Descartes e, sobretudo, a noção de que o conhecimento é baseado em dados que são apresentados à mente sem mediação (e, por extensão, à ideia correlacionada de que todo o conhecimento restante é subjectivo

---

grande diferença (embora existam certamente muitas pequenas diferenças) entre dizer-se que um texto é uma soma de propriedades intrínsecas e dizer-se que um texto é realmente uma soma de usos ou actos de atribuição de valor. Em qualquer dos casos, continuamos a falar de propriedades intrínsecas, mesmo se no segundo caso o fazemos ao referirmo-nos a «tendo-lhe sido atribuídos valores contingentes» como uma propriedade intrínseca. Talvez a suposição de propriedades intrínsecas (de quaisquer tipos) seja a primeira e única maneira de lidar com textos. Não digo isto em nenhum elegante sentido historicista, e assim devo sublinhar que não estou a falar de «*um* modo de lidar com textos». Quero dizer que não conheço nenhum *outro* modo, nem o consigo imaginar. A este respeito, não parece haver diferença entre acreditar-se em propriedades intrínsecas dos textos e acreditar-se na falsidade da crença em propriedades intrínsecas de textos – ou seja, entre ser um formalista e ser um anti-formalista. A este nível, os antiformalistas estão certos. Não há distinção entre factos e valores na medida em que estas duas noções são usadas do mesmo modo para denotar o que poderíamos chamar de aspectos necessários, não tanto de um objecto mas de certas acções, de certos modos de lidar com o mundo" (2000:18–19; itálicos no original). Este argumento é verdadeiro: realmente, não existe uma alternativa, e descrever propriedades parece a única forma de lidar com textos literários ou, do mesmo modo, com objectos que existem no mundo e que são diferentes de nós. A questão interessante que emerge desta constatação parece ser, então, já não qual dos lados da contenda está certo, mas que tipo de ganho epistemológico segue de cada um dos pontos de vista – e o argumento deste capítulo é, justamente, o de que a "conversa sobre interpretação" é *mais útil* do que a "conversa sobre o texto", em parte pela ideia de *progresso* que lhe é inerente.

[137] Como já foi mencionado, a ênfase textualista, científica e objectivista que ocupou grande parte da crítica do século XX surgiu como uma reacção, institucionalmente construída, contra o impressionismo do século XIX (cujo "lema" pode ser talvez epitomizado pelo adágio de Taine no prefácio à sua *Histoire de la Littèrature Anglaise*, de 1864: "É o homem que é preciso conhecer"). De certa maneira, a teoria (e a epistemologia) moderna têm-se movido dentro de uma discussão entre o ponto de vista *objectivista* e um ponto de vista *impressionista* moderado – que se tem esforçado por contrariar as objecções do primeiro.

[138] In Donald Davidson (2004), *Problems of Rationality*. Oxford: Oxford University Press (pp. 3–18).

e pessoal). A noção cartesiana de que existem dois tipos ou espécies diferentes de conhecimento – um, objectivo e inalienável, o outro, particular e idiossincrático – levanta, na descrição de Davidson, dois problemas importantes, a saber: **(i)** um problema epistemológico (o de se saber como justificamos as nossas crenças num mundo que é independente de nós e que contém, ao mesmo tempo, outras pessoas com pensamentos próprios e, ainda, uma infinidade de outras coisas); e **(ii)** um problema que é conceptualmente anterior ao primeiro, o de se saber como é que adquirimos, em primeira instância, o conceito de "realidade objectiva" – o conceito que torna as nossas crenças possíveis. De acordo com Davidson, todas as operações mentais possuem características comuns, e presumem uma ampla base de acordo quanto aos conceitos de verdade e, mais importante, de erro. O seu argumento inicial é construído da seguinte forma:

> Ironicamente, talvez, o meu ponto de partida é o mesmo que o de Descartes: o que eu sei de certeza é que o pensamento existe, e pergunto a seguir o que segue disso. Neste ponto, no entanto, a similitude com Descartes acaba. Uma vez que eu não vejo motivo para fingir duvidar da maior parte das coisas que penso saber; se eu conseguisse levar avante esse fingimento, teria de privar as crenças restantes de uma quantidade tal da sua substância, que não saberia como responder à questão, ou, do mesmo modo, como colocá-la. Devo começar, como acho que devemos fazer, *in medias res*, assumindo que temos um ponto de vista mais ou menos correcto daquilo que nos rodeia e da existência de outras pessoas com mentes próprias. Não coloco em causa que somos, bastantes vezes, justificados nessas crenças: nós *sabemos* que existem montanhas e oceanos, peixes e cobras, estrelas e universidades. Estamos, claro, aptos a errar acerca de muitas coisas; mas a possibilidade de erro depende de um lastro generoso de verdades: de facto, quanto mais numerosos os nossos erros, mais coisas acertadas devemos ter, de modo a darmos substância aos nossos enganos. (Davidson, 1995:5; itálicos no original)

A noção de erro é crucial para os processos mentais de pensamento e, por inerência, de aquisição de crenças. Acontece que o erro é descrito, na tese fundacional típica, como uma insuficiência de verdade ou de conhecimento objectivo – na tese de Davidson, pelo contrário, é pelo facto de possuirmos e partilharmos uma noção de tal modo alargada e substancial de verdade que podemos dar sentido às nossas falhas. A ideia de conhecimento é *prospectiva*, no sentido de que quanto mais crenças verdadeiras tivermos, mais possibilidades teremos de identificar as crenças falsas. O argumento fundacionalista, contudo, tem uma leitura diferente. Isto porque a demanda fundacional por propriedades que são independentes da nossa mente funciona, de modo geral, através da imputação de erro a procedimentos epistemológicos que não incluam um conceito essencialista de verdade. Ou seja, o erro parece seguir necessariamente de uma deficiência de fundo, que tem a ver com o facto de a verdade objectiva ser imanente: se propriedades de coisas são características independentes das crenças, isso quer dizer, então, que acreditar neste tipo de propriedades transforma automaticamente juízos em *juízos verdadeiros* contra todos os outros.

Davidson, no entanto, descreve o pensamento como uma operação não irredutível: "O que define o pensamento, na acepção que lhe dou, é o conteúdo proposicional, e o que define o conteúdo proposicional é a possibilidade de verdade ou falsidade: um conteúdo proposicional tem condições de verdade, mesmo que não seja nem verdadeiro nem falso" (Davidson, 1995:6). Os conceitos de verdade e erro não são tidos, no argumento de Davidson, como mutuamente exclusivos, mas mutuamente influenciáveis: não chegamos à noção de erro *contra* uma noção de verdade mas porque *existe* uma noção de verdade cuja amplitude condiciona o escopo (e a determinação) das nossas crenças falsas. Acreditar em algo que está errado só é possível num contexto alargado de coisas verdadeiras das quais, por princípio, não se duvida – crenças que nos antecedem e que, até certo ponto, nos excedem.

A questão é, então, decidir como e em que condições chegamos à formação de crenças e à aquisição de um conceito de "verdade objectiva". A localização desse conceito é um problema central para Davidson, e o seu argumento, contra uma noção fundacionalista de crença, é que conteúdos proposicionais reflectem uma verdade geral, partilhada e à qual temos acesso *in medias res* – e não uma série de características independentes que existem por disposição dos objectos. Não podemos, numa palavra, estabelecer condições de verdade a partir de uma posição neutral, quer em relação às coisas, quer em relação às mentes de outros:

> Não estou preocupado com explicações científicas acerca da existência do pensamento; interessa-me o que o torna possível. Deixem-me pôr o problema de modo mais cuidadoso. Um pensamento é definido, pelo menos em parte, pelo facto de ter um conteúdo que pode ser verdadeiro ou falso. A forma mais básica de pensamento é a crença. Mas não podemos ter uma crença sem percebermos que as crenças podem ser falsas – a sua verdade não é, de modo geral, garantida por qualquer coisa em nós. Alguém que acredita que há um dragão no armário abre a porta e vê que não está lá nenhum dragão. Fica *surpreendido*; não era o que estava à espera. A consciência da possibilidade de surpresa, a gestão de expectativas – são ambas concomitantes da crença. Reconhecer a possibilidade de podermos estar enganados é reconhecer que as crenças podem ser testadas – a crença é pessoal e, neste sentido, é subjectiva; a verdade é objectiva. O problema é fazer sentido de termos o conceito de objectividade – de uma verdade que é independente da nossa vontade e das nossas atitudes. Onde podemos nós ter adquirido tal conceito? Não podemos ocupar uma posição exterior às nossas próprias mentes; não existe nenhum ponto neutral e privilegiado [vantage point] a partir do qual podemos comparar as nossas crenças com aquilo sobre o que pensamos que as nossas crenças são. (Davidson, 1995:7; itálico no original)

Essências, ideias, numena, supra-linguagens e propriedades independentes são, deste ponto de vista, construções vazias e sem utilidade epistemológica. A admissão de um ponto de vista neutral, destacado das nossas mentes, para gerir as nossas ligações com objectos no mundo é, no fundo, tanto pessimista como extrema – características independentes, como essências não localizáveis são, afinal de contas, ficções que, no limite, não podemos conhecer. Para quê, então, fazer radicar nelas as fundações do conhecimento?[139] Na tese de Davidson, é tanto mais aconselhável quanto mais útil supor-se que o conceito de "verdade objectiva", que é a base do conhecimento, se encontra num vasto espaço interpessoal em que as condições de verdade já estavam, em larga medida, estabelecidas antes de nós chegarmos. Evidentemente, as crenças *mudam*, e esta é uma das críticas principais do lado fundacionalista: como fazer radicar o conhecimento em opiniões, crenças e juízos que se alteram com o tempo, em vez de o fazer repousar em propriedades independentes e imutáveis, e em pontos de vista neutrais? A resposta de Davidson a esta objecção é dada através de uma rede holística, e da relação desta com o conceito de interpretação. Uma vez que este argumento é crucial, para Davidson e para as *minhas* crenças, valerá a pena citá-lo (quase) na íntegra:

> Noutras palavras, a mudança num sítio necessitaria de outras mudanças (isto é óbvio, uma vez que crenças tidas como ligadas directa e logicamente com a crença alterada teriam que mudar), mas de modo geral essas mudanças estariam longe de serem universais. O teórico prudente, defendeu Quine, empenhar-se-ia em conservar o mais possível do que havia antes, quando obrigado a ajustar os seus pontos de vista em face de novas evidências ... Não deve pensar-se, então, que o holismo defende que *tudo* aquilo em que acreditamos, ou o que intencionamos ou desejamos, esteja em constante fluxo com a entrada de novas informações ou com o impacto da reflexão. Muita coisa muda, claro, a cada momento, mesmo quando desviamos o olhar, ou perdemos

---

[139] Convém precisar que há, neste ponto, dois problemas diferentes, se bem que relacionados. Um é o da crença de que existem macro-essências às quais podemos aceder apenas por intermediação de sub-espécies mundanas. É a ideia de, por exemplo, Jakobson, quando defende que existe uma supra-linguagem da qual a linguagem poética é o exemplo acessível mais perfeito (este ponto de vista assenta, ainda que tacitamente e a bem do argumento, na ideia de que é possível chegar a um ponto de neutralidade em que a análise das sub-espécies permita, pelo menos, um vislumbre das essências) – a própria presunção da existência de essências só faz sentido a partir de uma posição neutral e independente da consciência. Outro é o problema das propriedades. Aqui, já não é o ponto de vista que é neutral, mas as características ou aspectos das coisas – o que, de certo modo, também acaba por reclamar uma neutralidade ao nível daquele. Num caso e noutro, porém, admite-se que há operações mentais que, de algum modo, transcendem a mente – e isto é inaceitável no argumento de Davidson.

a concentração, ou reconhecemos ligações inesperadas. Mas como sabemos, mudanças sérias na nossa visão do mundo, nas nossas ambições e no nosso gosto são, na sua maior parte, dolorosamente lentas. Uma mudança nas crenças quotidianas, embora possa levar a muitas alterações, pode ter muito pouca influência sobre aquilo que mais nos interessa. A importância do holismo repousa apenas ligeiramente no seu fluxo dinâmico. A sua importância real reside no facto de o conteúdo de qualquer atitude depender do seu lugar específico na rede vista como um todo. Tenho vindo a falar como se existisse um conteúdo hipostasiável em pensamentos ou frases individuais. Isto é um erro: o processo de *especificar o conteúdo* de um pensamento ou de uma frase não requer que suponhamos a existência de um objecto definido, ou mesmo de qualquer objecto, em face da mente do pensador ou do falante. Quando dizemos que duas pessoas têm o mesmo pensamento, queremos dizer que os seus estados mentais são suficientemente semelhantes para que elas se interpretem uma à outra; até certo ponto, pelo menos, elas são capazes de se compreenderem mutuamente. Para que duas pessoas pensem de modo semelhante, não é necessário que existam *coisas* – entidades reais – que são, ou podem ser, idênticas. O papão dos anti-holistas é a preocupação de que, se formos holistas, deixaremos de poder comparar aquilo que está numa mente e aquilo que está noutra. Se a comparação, no entanto, repousar numa similitude relevante, em vez de numa identidade, tal preocupação evapora-se. É a diferença entre colocar a ênfase na *identidade* dos pensamentos e colocá-la no conceito de *interpretação* aceitável. (Davidson, 1995:14–15; itálicos no original)

Este argumento é importante porque serve para corroborar dois argumentos centrais deste ensaio. O primeiro **(i)** é que tanto o conhecimento das coisas como das mentes dos outros depende de semelhanças partilháveis, e de relações de vizinhança, complementaridade e similitude que, em grande medida, não podemos nem prever nem alterar substancialmente – começamos o nosso contacto racional com o mundo *in medias res*, e sob caução de noções de "verdade", "objectividade" e "crença", que se influenciam mutuamente num contexto de partilha racional e conceptual.

As possibilidades do conhecimento não são fornecidas por uma espécie de contacto neutral com propriedades independentes das coisas – mas antes propiciadas por uma ampla base de acordo intersubjectivo assente em verdades de que tipicamente não duvidamos (como a existência de certas coisas, a existência de pensamentos nas mentes de outros, e a existência das nossas crenças, no interior de uma rede holista em que, através de uma síntese entre o conceito de "verdade" e a capacidade proposicional das nossas crenças, podemos identificar a correcção ou a falsidade daquilo que pensamos). Um segundo aspecto importante **(ii)** tem a ver com o argumento da ficção como "faz de conta" – como descrito no capítulo IV. Tal como a inteligibilidade entre pensamentos de pessoas diferentes não exige a presença física (ou sequer mental) de um objecto, também a interpretação de conteúdos ficcionais não requer que, para se falar de Sherlock Holmes ou Lester Ballard, seja preciso apontar para coisas. Ficções não são ficções porque *representam* coisas, acontecimentos ou personagens para as quais não podemos apontar: pelo contrário, elas são ficções justamente porque há duas ou mais pessoas que têm a capacidade de as interpretar, de as tornar inteligíveis e de falar sobre elas. A verdade não depende do acto de apontar para coisas que existem, mas de sermos capazes de dizer verdades (e fazer sentido) de coisas que, simplesmente, não estão "à vista". Para além disto – e como foi defendido anteriormente – ficções ganham em serem descritas sob um conceito alargado de semelhança, muito mais do que à luz da sua desadequação (falta de identidade) em relação ao real.

A questão é, afinal, a da sobrevivência e localização do conceito que permite a formação de pensamentos, crenças e juízos. O ponto de vista davidsoniano sobre a questão leva a um deslocamento massivo das condições de verdade dos objectos em direcção ao espaço hermenêutico, holista e intersubjectivo, que permite a seres utilizadores de conceitos fazerem sentido do mundo, de si mesmos e da sua relação com outras mentes. Parece óbvio que, em termos de ganho epistemológico (e de responsabilidade racional) a proposta de Davidson tem muito mais a oferecer do que a perspectiva fundacional, que é baseada num esforço arqueológico sobre objectos que se constituem sobre a noção de "propriedades". Defender que coisas têm aspectos que são imanentes, imutáveis e auto-evidentes corresponde, no fundo, a dizer que pessoas não têm responsabilidade sobre aquilo que dizem ou pensam. Se, de outro modo, as propriedades dependerem de interpretações, e essas interpretações dependerem, por sua vez, de um amplo consenso sobre aquilo que conta como "verdade objectiva", cada leitor – do mundo, de textos literários ou dos seus semelhantes – será compelido a pensar mais e melhor, a justificar-se mais e melhor e a interpretar mais e melhor.

Daí a importância do argumento (e dos usos do argumento), e da questão-chave que está subjacente a este ensaio: "O que fazemos *realmente* quando justificamos uma interpretação de um texto literário?". Embora seja mais cómodo, muitas vezes, dizer *o que não fazemos realmente* quando interpretamos, parece-me importante subscrever uma posição diferente dessa: uma versão da perspectiva do "copo meio cheio". Uma vez que as nossas crenças são testáveis, e uma vez que me sinto responsável pelo que penso e digo, acho natural propor pelo menos um ponto de partida: para mim, as interpretações dependem sempre de argumentos. Esses argumentos, por sua vez, fazem parte de um amplo processo de conhecimento, que envolve activamente crenças, pensamentos, linguagem, e outros como nós. Assim,

> Todo o pensamento proposicional, seja positivo ou céptico, seja do interior ou do exterior, requer a posse de um conceito de verdade objectiva, e este conceito é acessível apenas àquelas criaturas que têm a capacidade de comunicar com outras. O conhecimento das mentes de outros é, assim, básico para todo o pensamento. Mas esse conhecimento requer e pressupõe o conhecimento de um mundo partilhado de objectos num tempo e espaço comuns. Deste modo, a aquisição de conhecimento não é baseada numa progressão do subjectivo para o objectivo; emerge de modo holístico e é, desde logo, interpessoal. (Davidson, 1995:18)[140]

---

[140] A defesa de uma noção de "verdade objectiva" pode, numa primeira leitura, sugerir o desposicionamento do argumento de Davidson, no sentido de uma hermenêutica fundacionalista. Tal, no entanto, não acontece. O que Davidson pretende é, acima de tudo, resolver não o problema da natureza da verdade, mas antes perguntar

É geralmente aceite que, quando usamos um argumento, estamos a fazer duas coisas ao mesmo tempo: a fornecer justificações para uma dada conclusão, por um lado (a face talvez mais visível do argumento, ou, se quisermos, o seu lado "prático"); e, por outro, a instanciar um conjunto de premissas que, de certo modo, precede e condiciona cada análise particular. Como se viu até esta altura, o conhecimento dos particulares parece dependente de um ponto de vista geral sobre a natureza dos objectos e da interpretação – embora, se aceitarmos o argumento de Davidson, as nossas teorias prévias possam, por princípio, ser sujeitas a adaptações correctivas. Pontos de vista gerais sobre a natureza da intenção, da linguagem literária e da ficção determinaram crucialmente os argumentos dos quais se falou nos capítulos precedentes. De uma maneira que me parece clara, defender uma versão fundacionalista do conhecimento equivale – ou, pelo menos, as evidências e os argumentos descritos assim o demonstram – a defender uma ontologia essencialista, aplicável de modo indiscriminado a conceitos tidos como importantes para a interpretação.

As coisas passam-se mais ou menos assim. Acreditar que objectos no mundo têm propriedades que são independentes de interpretações leva a que a tarefa da investigação objectiva seja, em grande medida, confinada à detecção e ao isolamento das características constitutivas das coisas. Ao nível da crítica literária, isto tem implicações profundas. Wimsatt e Beardsley, por exemplo, ao insistirem na rasura de conteúdos intencionais na análise literária, estavam *realmente* a dizer que textos são autotélicos, auto-suficientes e, até certo ponto, imunes ao contexto que os circunda – um ponto que qualquer fundacionalista certamente subscreveria. Jakobson, por seu lado, leva este argumento ainda mais além. Ao defender que a linguagem poética é especial, está *realmente* a supor (de modo particularmente circular) que poemas têm propriedades que

---

como é que chegamos à *posse* do conceito de "verdade objectiva". Ora, se a verdade objectiva não depende de um conjunto de propriedades mas de *modos de aquisição* – que envolvem, além de tudo, uma componente inter-subjectiva –, as condições de verdade que Davidson estabelece não são de modo nenhum acomodáveis a uma perspectiva fundacionalista. Pelo contrário: a noção de verdade depende de capacidades racionais e de comunicação, de um contexto e de operações progressivas e partilháveis.

fazem deles poemas, e que poemas são poemas porque a sua linguagem é especial – reduzindo a análise a uma demanda intra-textual pelas características (rimas, associações de som) que impermeabilizam cada texto particular. Currie e Walton, por sua vez, ao reputarem a ficção de jogo de "faz de conta", estão *realmente* a apelar para um conceito de verdade como identificação que é, no limite, a pedra de toque do argumento fundacional – coisas existem e são como são porque têm propriedades que podemos identificar, e apontar para. Ou seja, a segunda dimensão dos argumentos descritos nos capítulos II, III e IV é comum aos três – e os três são, por seu turno, versões de teses fundacionalistas aplicadas a conceitos considerados como importantes para a interpretação literária: "intenção", "linguagem" e "ficção".

Uma versão radical da noção de "oposição binária" obrigaria por certo a que a tese fundacional e a tese não-fundacional fossem irredutivelmente incompatíveis, e mesmo até incomensuráveis – o que levaria, provavelmente, a um impasse teórico. No entanto, não é assim que as coisas geralmente se passam. Apesar de subscrever um ponto de vista não-fundacionalista acerca do conhecimento e da interpretação literária, eu consigo (ou tento) fazer sentido de argumentos fundacionalistas, em quaisquer das suas duas dimensões. Esta possibilidade dá razão a Davidson: há sempre, na melhor das hipóteses, *um* mundo, que partilhamos como seres utilizadores de conceitos que se esforçam por se fazerem entender mutuamente. Por existir uma plataforma de acordo tão alargada, e pela "caridade" que exercemos na nossa actividade intelectual e hermenêutica, é possível para mim descrever, interpretar e dar sentido aos argumentos fundacionais dos quais discordo. A questão não é, então, a de que o fundacionalismo esteja radicalmente errado contra o meu não-fundacionalismo: há, na minha opinião, simplesmente um modo mais útil de fazer certas coisas. Apesar de não haver alternativa à questão das propriedades, a "conversa sobre interpretação" é mais prometedora do que a "conversa sobre o texto".

Esta posição de fundo levanta, contudo, dois problemas, o primeiro mais fácil de resolver e o segundo – ao qual se dedicarão as páginas que se seguem – bastante mais complexo. Desde logo, e em primeiro lugar, o ponto de vista não-fundacional sobre interpretação literária parece depender de um espaço público de debate em que o progresso hermenêutico ocorre, ao mesmo tempo, através de uma série de consensos acerca do que conta como verdade e crença e, por outro lado, através de uma plataforma amplificada de troca de ideias, teorias e experiências. O problema é que há muitas interpretações que não beneficiam de discussão pública – ficam, por assim dizer, "na gaveta". O que fazer, então, quando as nossas interpretações não excedem o âmbito pessoal e privado? Aplicar um conceito o mais alargado possível de interpretação pode ajudar: interpretações particulares são modos de lidar com o mundo, que influenciam prospectivamente a nossa rede holista de crenças e, por inerência, todas as interpretações futuras. Um conceito não monolítico de interpretação tem justamente esta vantagem – a actividade hermenêutica funciona, por assim dizer, "em rede", fornecendo não só conhecimento como auto-conhecimento. No fundo, nenhuma interpretação é totalmente privada, embora possa ser totalmente pública. Interpretações que ficam "na gaveta" são apenas *parcialmente* privadas, uma vez que algumas das suas partes, e das crenças que lhes servem de suporte, têm uma probabilidade grande de virem a ser utilizadas noutro contexto e sob diferentes necessidades. Para além disso, uma interpretação é um processo dinâmico e, por via disso, nenhuma interpretação pode ser tida como concluída a ponto de ser arrumada numa "gaveta" – qualquer que ela seja.

O segundo problema é, ao invés, mais complicado de resolver, e tem a ver com uma acusação putativa que, tácita ou explicitamente, tem sido dirigida ao modelo não-fundacional. O argumento segue mais ou menos nestes termos: se não existe um modo incontestável de fundamentar o nosso conhecimento sobre a realidade e se, em bom rigor, formas de lidar com o mundo não conhecem outra caução senão uma densa plataforma de acordo inter-pares, isso significa que – em grande medida – se pode dizer tudo, ou quase, sobre os objectos no mundo e a nossa relação para com eles. Interpretações não-fundacionais estão, por natureza, sujeitas a acolher de modo benévolo e benigno formas particulares de "anything goes" (ou "vale tudo"). Isto acontece, aparentemente, porque essas interpretações não conseguem evitar que não haja outras restrições de fundo sobre a actividade hermenêutica, para além das que se originam em plataformas de entendimento que apenas exigem seres racionais, o uso de uma língua e um condicionamento cultural. Trata-se de um argumento que radicaliza a noção de interpretação – e que deturpa a natureza do modelo não-fundacional. Isto porque a própria natureza das operações mentais e das nossas relações com a realidade estão sujeitas a uma série de restrições, restrições essas que são de vários tipos e que previnem qualquer espécie de *anarquia* metodológica. É possível interpretar sem âncoras, fundações ou correspondências necessárias e mesmo assim ser bem sucedido – subscrever a noção de que coisas não têm propriedades independentes de descrições não equivale, para todos os efeitos, a que se possa dizer tudo o que nos vem à cabeça. O argumento de que o não-fundacionalismo epistemológico abre a porta à mais inaceitável anarquia metodológica é um argumento falso, e demonstrar este ponto é a tarefa que se segue.

Não estou muito seguro de que se possa alguma vez, seja em que contexto for, dizer tudo o que se quer – existem, em todo o acto de comunicar, uma série de restrições prévias e idiossincráticas que adaptam o discurso no sentido de garantir a sua inteligibilidade. Essa inteligibilidade, por sua vez, garante também a possibilidade que temos para intuir, sugerir ou argumentar que os nossos interlocutores não estão a raciocinar correctamente (este ponto não admite, parece-me, diferenças de espécie entre diferentes instâncias: verifica-se ao nível mais baixo exactamente como nos níveis mais refinados da argumentação). Em "A Pragmatic Account of Cognitive Evaluation", Stephen Stich coloca o problema do seguinte modo:[141]

> quando perguntamos se um sujeito está a raciocinar correctamente, talvez o que queremos saber seja se o seu sistema cognitivo é pelo menos tão bom como uma alternativa *razoável*, onde uma alternativa é razoável se puder ser usada por pessoas que operam no interior de um conjunto apropriado de restrições. Isto é, creio, um passo na direcção

---

[141] In Stephen B. Stich (1990), *The Fragmentation of Reason*. Cambridge, Massachussetts: M.I.T. Press (pp. 129–158).

certa. Mas deixa-nos o problema de dizer exactamente que restrições podemos contar como apropriadas. (Stich, 1990:154; itálico no original)

De acordo com Stich, então, qualquer discussão racional acerca de modos de ver o mundo depende do reconhecimento de que uma das partes pode estar a usar um sistema cognitivo diferente da outra (e que, para além disso, pode estar errado). Mas – e mais importante – os sistemas parecem ser tipicamente medidos contra um conjunto comum de restrições: a alternativa a um argumento insuficiente é um argumento melhor sob o mesmo conjunto de restrições.

Isto acontece, aparentemente, em todas as trocas de argumentos, mas esta constatação evidente levanta outra questão crucial: será possível manter-se um conjunto de restrições como um repertório fixo aplicável de igual modo a um conjunto determinado de ocorrências? Ou, de outro modo, é possível manter uma integridade total desse elenco de restrições? A questão passa, essencialmente, por determinar se conjuntos de restrições são, em primeiro lugar, determináveis e, em seguida, se é possível aplicá-los de igual modo a argumentos concorrentes – a fim de se identificar quem está a raciocinar melhor. Mas a questão, posta nestes termos, pode, afinal, não ter grande utilidade:

> Em vez de concluir que o mau raciocínio é impossível, penso que a conclusão certa é a de que quando perguntamos se alguém raciocinou correctamente, não tomamos todas essas restrições como importantes para a nossa pergunta. O que queremos realmente saber é se existem sistemas cognitivos pragmaticamente superiores que sejam razoáveis no sentido em que o sujeito os tenha usado, se algumas, mas não todas, as restrições obtidas tivessem sofrido um relaxamento. Isto leva-nos de novo à questão de se saber que restrições são apropriadas. (Stich, 1990:155)

A decisão acerca de um juízo, ou de um argumento, ou de um raciocínio, não é suportada pela consideração limitada de um conjunto de constritores que, embora tipicamente aplicáveis em mais do que uma situação e a mais do que um raciocínio, não são suficientes para responder à questão inicial: "será que esta pessoa está a raciocinar correctamente?". Antes, essa decisão é propiciada pela alavanca pragmática que permite gerir de modo integrado uma série de constritores – alguns dos quais gerais, outros particulares, e outros ainda idiossincráticos. Stich sugere, acertadamente, que existem muitas razões para perguntar se determinado sistema cognitivo é o mais apropriado – não existe, em suma, um único conjunto definido de intenções por detrás das questões acerca da razoabilidade ou irrazoabilidade dos raciocínios de outrem. Ou seja, a resposta à questão depende do ponto de vista e dos objectivos de quem pergunta:

> A questão pode ser colocada como parte de diferentes projectos com diferentes objectivos, e ao colocarmos a pergunta pode haver muitas coisas diferentes que queremos saber. Esses vários projectos impõem uma variedade de interpretações sobre a noção de alternativas razoáveis a um dado sistema cognitivo, e assim a questão Que restrições são apropriadas? não admite uma resposta geral. A minha proposta (e aqui estou de novo a seguir as pisadas dos pragmatistas) é a de que, ao decidirmos que constritores são relevantes, ou que sistemas cognitivos alternativos contam como razoáveis, devemos ter em conta os nossos propósitos ao colocarmos a questão. Ou, como William James talvez dissesse, devemos perguntar qual é o "valor de mercado" da questão – que acções devemos tomar como resultado de uma ou de outra respostas. (Stich, 1990:155)

O argumento é, no fundo, o de que o relativismo quanto à questão das restrições inviabiliza que se possa apelar a um elenco definido, discernível e fixo de constritores de raciocínios, argumentos ou interpretações – o que acontece, também, pelo facto de diferentes perguntas em diferentes momentos do debate suscitarem respostas diferentes. O que Stich nos diz é que, no fim de contas, não há raciocínio sem restrições, mesmo que seja impossível determinar antecipadamente a natureza e o posicionamento das mesmas na cadeia de discussão. Isto é importante para a interpretação de textos literários, na medida em que envolve cada instância hermenêutica numa série de restrições exógenas que condicionam razões e justificações. Mas existem igualmente restrições endógenas que importa descrever – constritores que seguem não das perguntas ou críticas que outrem me pode vir a fazer, mas antes da condição epistemológica dos seres racionais. Trata-se de três restrições particulares, que analisarei em seguida, e que podem ajudar a derrogar o argumento fundacionalista típico de que não ser fundacionalista é ser um anarquista hermenêutico.

Como ficou claro no argumento de Stich, é impossível raciocinar sem que, de algum modo, ocorram sobre esse processo restrições – que podem ser de vários tipos e que dependem de perguntas que outros se fazem, e nos fazem, de acordo com os seus interesses e com o contexto das suas investigações. Mas existem igualmente restrições que não seguem necessariamente da discussão, ou dessas perguntas – são restrições que subjazem a todo o exercício racional e a todas as operações do conhecimento. Ajudam, se quisermos, a minorar os efeitos do relativismo de Stich, que depende sempre de juízos e questões que outros fazem sobre os nossos raciocínios, ou que nós próprios fazemos sobre o raciocínio de outros. A primeira restrição a analisar nas páginas seguintes é de ordem epistemológica, e tem a ver com o título deste capítulo e, por inerência, com um argumento central de Davidson. As duas últimas são de ordem racional. Em "What Am I To Believe?" (1993), Richard Foley divide a questão do conhecimento em dois problemas distintos.[142] O seu argumento passa por uma rejeição profunda daquilo que pode ser descrito como o modo racional da epistemologia tradicional – em defesa de um modelo a que chama de "autonomia racional". Na tese de Foley, a epistemologia contemporânea tem dificuldade em fornecer procedimentos e métodos válidos para a inquirição intelectual, e isto tem a ver com a posição particular do acto de conhecer na cadeia de investigação. Para além disso, Foley desconfia de um certo modo de saber-fazer epistemológico – baseado no contacto directo com as coisas –, que facilmente atribuiríamos ao modelo fundacional. Se quisermos ir ainda mais além, podemos intuir no seu argumento uma confirmação de pontos de Davidson que contrariam teses gerais de Wimsatt e Beardsley, Jakobson, Currie e Walton. Assim,

---

[142] In Hilary Kornblith [ed.] (2001), *Epistemology: Internalism and Externalism*. Oxford: Blackwell (pp. 16 –177).

Uma epistemologia do contacto directo, ou qualquer coisa que se pareça, é a nossa única alternativa se esperarmos que as condições da racionalidade nos dêem conselhos úteis sobre aqueles assuntos que as condições em si mesmas acreditam serem fundamentais para nós sermos racionais. É também o tipo de epistemologia que poucos estão dispostos a aceitar hoje em dia. Mas se não, temos que desistir da ideia de que a epistemologia é capaz de dar conselhos racionais fundamentais. E, assim, temos que desistir da ideia de que tais conselhos podem ser dados. Não pode haver nenhuma receita geral para a conduta das nossas vidas intelectuais se, por nenhuma outra razão, pelo menos porque as questões podem sempre surgir acerca de como seguir a receita, questões às quais a receita em si não consegue responder de modo útil. (Foley, 1993:167)

O argumento é que "apontar para coisas", que é uma forma de contacto familiar e directo com objectos, não consegue, de modo geral, fornecer linhas de conduta úteis para a actividade intelectual. Qualquer investigação racional exige muito mais do que uma mera conformação aritmética de conclusões a aspectos e coisas para as quais podemos apontar, mediada por receitas que seguem justamente da actividade de "apontar para". Trata-se de um argumento circular, uma vez que o externalismo cognitivo leva à exigência de receitas que, por sua vez, só são receitas porque podemos apontar para coisas que nos são exteriores. Deste ponto de vista, as interpretações nunca estão erradas: elas podem ser apenas insuficientes, na medida em que um intérprete pode apontar para dez aspectos de um texto, dos quinze para os quais se pode apontar, e outro intérprete para apenas cinco.[143] Desde que se siga a receita, não

---

[143] É necessário, neste ponto, fazer uma precisão conceptual. Tenho usado por vezes de modo indistinto os conceitos de "raciocínio" e "interpretação", o que poderá em certos momentos ter confundido o leitor. Este uso, contudo, é deliberado: acredito que interpretar é um dos nossos processos mentais mais importantes e, por outro lado, que não existe interpretação sem raciocínio. Como, para além disso, não existem diferenças de espécie entre interpretações, isto vale igualmente para a interpretação de textos literários. Tal como linguagem e pensamento são concomitantes e mutuamente influenciáveis também, no mesmo nível, raciocínio e interpretação não sobrevivem um sem o outro. Quanto à possibilidade de erro na interpretação, Foley admite que "A maior parte de nós estão dispostos a enfrentar alguns riscos de erro nas nossas buscas teóricas" (1993:169). Isto só acontece, no argumento

há erro, apenas a possibilidade de uma interpretação ser mais ou menos completa. Os argumentos descritos nos capítulos II, III e IV têm muito a ver com isto. Wimsatt e Beardsley, por exemplo, defendem que podemos apontar para coisas em textos, e que a receita é não fazer caso de mais nada (porque apontar para intenções de terceiros pode ser enganador); Jakobson, por seu lado, receita que rimas e associações fazem de poemas aquilo que eles são, e que interpretar consiste em apontar para esses mecanismos; Walton e Currie, por fim, sugerem que podemos apontar inequivocamente para coisas no mundo real, e porque não o podemos fazer em relação a conteúdos ficcionais, estamos a jogar ao faz de conta de cada vez que lemos um romance.

Esta ênfase nas características dos objectos para as quais podemos inequivocamente apontar conduz, como já foi sugerido atrás, a uma espécie de "mito da origem", ou uma recondução da investigação à seminalidade constitutiva que é preciso determinar e isolar. Isto leva a que, de modo geral, interpretações particulares sejam tidas naturalmente como um começar de novo, uma vez que cada objecto tem, ao mesmo tempo, propriedades gerais (que o inserem num grupo ou conjunto) e propriedades particulares. A receita geral de aplicação indiscriminada – dizer que a intenção não conta, que poemas têm uma linguagem especial ou que ficções fazem de conta que – representa exactamente o ponto de partida que permite interpretar todos os membros de uma família de objectos de uma dada maneira; e, ao mesmo tempo, interpretar cada objecto particular como sendo único, uma vez que a finalidade hermenêutica é a seriação de propriedades residuais. Tal como Davidson, contudo, Foley não acredita que as coisas se passem deste modo. O seu argumento principal, para além de amplificar pontos de Davidson, resume o impasse hermenêutico, rejeita a epistemologia fundacionalista e, mais importante, enumera uma

---

de Foley, quando se rejeita o ponto fundacionalista de que só podemos falar de coisas para as quais podemos, com clareza, apontar. Miguel Tamen propõe um argumento semelhante, embora amplificado, e dirigido especificamente à interpretação literária (2000:27): "A conclusão mais que óbvia é, então, a de que o funcionamento da interpretação só pode consistir no facto de ela não ser capaz de ser bem sucedida para sempre, e assim, como foi muitas vezes sublinhado, no facto de requerer constantes correcções. A interpretação funciona por estar errada ou, melhor ainda, por não conseguirmos evitar que ela esteja errada".

série de restrições que permitem questionar o argumento de que o modelo não-fundacional conduz directamente à anarquia do "vale tudo". Assim,

> Este é um ponto de vista que vê a epistemologia como o árbitro dos procedimentos intelectuais. A suposição é a de que a epistemologia pode ser anterior a outras investigações e que, como tal, é capaz de nos fornecer um conjunto de justificações inquestionáveis [a non-question-begging rationale] para usar um conjunto de procedimentos intelectuais em vez de outro. Mas o contrário é que é verdade. A epistemologia começa num ponto tardio da investigação. Constrói-se sobre investigações pré-existentes, e sem essas investigações não teria assunto. Uma consequência disto é que não há alternativa ao uso de opiniões e métodos antecedentes quando pensamos nos nossos procedimentos intelectuais. Não existe maneira de se fazer epistemologia *ex nihilo* ... Não é como se fosse dado a cada um de nós um menu de procedimentos intelectuais básicos e a nossa tarefa seja ou encontrar uma maneira inquestionável de escolher entre esses procedimentos ou enfrentar a anarquia intelectual. O nosso problema tende a ser o oposto. No momento em que chegamos ao ponto de nos ocorrer que existam tipos de procedimento intelectual fundamentalmente diferentes, estamos já largamente moldados intelectualmente. Chegamos a este ponto equipados não só com uma bateria de suposições sobre o mundo mas também com uma bateria de capacidades e hábitos intelectuais ... O projecto de construir estas capacidades e hábitos não tem a teatralidade do projecto Cartesiano. É, inevitavelmente, um projecto que vai sendo construído pouco a pouco. Para nos envolvermos nele, temos que nos apoiar num número enorme de suposições prévias [background assumptions], capacidades e hábitos, que no momento presente nos contentamos em usar, em vez de reformar. (Foley, 1993:174–175; itálicos no original)

O argumento é o de que a actividade epistemológica pode sobreviver sem que se apele necessariamente a *receitas* que repousam na origem de todo o conhecimento, e que são replicáveis de modo universal pelo facto de não admitirem questionamento – equivalem, nitidamente, às fundações seguras e inalienáveis do argumento fundacionalista e da metáfora da pirâmide. Em grande medida, a actividade de conhecer e de raciocinar sobre o mundo está condicionada por uma cultura e por modelos de racionalidade que, até certo ponto, não podemos nem prever nem contestar. O conhecimento depende muitas vezes, de forma activa e dinâmica, de uma série de indagações anteriores que emolduraram racionalmente modos de relação com a realidade – neste sentido, o conhecimento é cumulativo (tal como no argumento fundacional), mas não segue da origem, uma vez que quando chegámos ao barco este já ia a meio da viagem. Existe, para Foley, uma herança intelectual (e metodológica) que cauciona toda a investigação, e que, de muitas formas, condiciona e restringe a nossa capacidade para raciocinar sobre o mundo que nos rodeia.

Deste ponto de vista, o que se torna importante não é a escolha entre modelos de fundações inquestionáveis, mas sim uma optimização do modelo em que estamos inseridos – para raciocinar e conhecer melhor criando um espaço de "autonomia intelectual". Esta autonomia permite-nos, no limite, dizer coisas verdadeiras acerca de textos literários, e sabermos que as coisas que dizemos têm, ao mesmo tempo, um condicionamento prévio e uma identidade própria. O argumento de Foley sugere, em última análise, que toda a interpretação está, de certo modo, antecipadamente canalizada, sem que, para isso, se recorram a explicações sobre a origem das coisas ou sobre propriedades de coisas. Isto é importante para se perceber que a interpretação não-fundacionalista tem restrições endógenas que inviabilizam a insuficiência principal que o modelo fundacionalista lhe atribui: não há razão para pensar que o não apelo a fundações imunes a questionamento implica necessariamente anarquia, "vale tudo", solipsismo, irracionalidade ou narcisismo. Mas, para além desta restrição epistemológica, há duas restrições adicionais, de ordem racional, que me parece importante referir. A primeira tem a ver com a validação do conhecimento empírico num processo em que seja possível barrar regressões *ad infinitum* em processos mentais. Isto porque uma das críticas do lado fundacional é justamente a de que, sempre que justificamos conhecimento sem recurso a propriedades de objectos, o fazemos através de uma cadeia de raciocínios que regride inescapavelmente para o interior do sujeito. Quando dizemos, por exemplo, "a minha interpretação do romance *a* é *b*", estamos realmente a apelar a uma série de processos que dependem uns dos outros e que remetem para operações subjectivas da mente. Isto tem a ver com a natureza dos juízos, e aqui há, mais uma vez, uma diferença entre julgar supondo que coisas têm propriedades intrínsecas e julgar supondo que não.

De acordo com a descrição de John McDowell, em "Reason and Nature" (1994), julgamento e conhecimento empíricos derivam do exercício de uma forma de *espontaneidade* – a liberdade de fazermos alguma coisa se o escolhermos fazer.[144] Isto significa que julgamentos empíricos são espontâneos e, até certo ponto, necessários. Um juízo é, deste ponto de vista, o emprego activo de capacidades que nos conferem o poder de comandar o nosso pensamento, e necessita – sob pena de se tornar vazio – de um modo particular de *fricção* com uma realidade que lhe é independente. Somos, numa palavra, receptivos a coisas que são independentes do nosso pensamento – objectos no mundo, por exemplo –, e esta ligação só é possível através da conexão crucial que nos é dada pela experiência (um ponto semelhante ao de Davidson). McDowell descreve experiências como estados ou ocorrências nas quais capacidades espontâneas participam activamente na actualização da nossa receptividade, o que equivale a dizer que a nossa capacidade de lidar com coisas que não são exactamente como nós se actualiza de modo espontâneo. Para além disso, experiências possuem conteúdo, uma vez que as capacidades conceptuais (que parecem ser, *prima facie*, características do entendimento) operam sobre essas mesmas experiências.

A partir desta precisão inicial, McDowell descreve o processo de aquisição e actualização da experiência como uma acção da *sensibilidade* – e não como um mero exercício do entendimento, no sentido de colocar construções artificiais sobre instâncias pré-conceptuais da sensibilidade. Ou seja, o sujeito experienciador, ainda que até certo ponto passivo, não pode fugir a conceptualizar a realidade de um modo natural (mais uma vez, neste ponto, o argumento é semelhante ao de Davidson: operações

---

[144] In McDowell (2000), *Mind and World*. Cambridge, Massachussetts & London, England: Harvard University Press (pp. 66–86).

mentais exigem conceitos, e por isso o nosso conhecimento empírico não é nunca inteiramente neutral). Nas chamadas "experiências externas", o conteúdo conceptual transporta desde logo impressões que a realidade independente deixou nos nossos sentidos – o que permite reconhecer uma restrição externa sobre a livre espontaneidade, sem que se caia na incoerência, ou na tese da não-necessidade de fricções ou contactos com a realidade.

McDowell procura validar o conhecimento empírico, redescrevendo a noção de experiência, de modo a evitar os erros por si atrubuidos a Gareth Evans (e à sua obra *The Varieties of Reference*, publicada em 1982) – que toma experiências como sendo extra-conceptuais. Esta última ideia deriva de uma analogia artificial entre as nossas experiências e as experiências de outros seres que não possuem capacidades conceptuais – ou entre o que McDowell chama "a organização interna do espaço das razões" e "a organização interna da natureza" (Evans defende que a experiência pode ser, ao mesmo tempo, extra-conceptual e constituir uma restrição racional sobre operações da espontaneidade – uma posição naturalista que McDowell reputa de "incoerente"). A opção para ultrapassar este problema consiste em aceitar que a espontaneidade pode, apesar de tudo, fazer parte de estados característicos e de ocorrências da nossa sensibilidade – como actualizações da nossa natureza que são. Precisamos, segundo McDowell, de trazer a nossa capacidade de resposta ao sentido (aos conceitos) para o âmbito das nossas capacidades naturais sensíveis: a nossa resposta a razões não é natural, e muito menos sobrenatural. Tal resposta pode ser descrita, de acordo com McDowell, com a ajuda da noção de *segunda natureza* (que o autor toma emprestada de uma discussão sobre a ética aristotélica): se generalizarmos a maneira como Aristóteles concebe a modelação do carácter ético, chegamos à noção de que ter os olhos abertos a razões depende de uma segunda natureza, daquilo a que chamamos "saber prático". O argumento de McDowell consegue, deste modo, quer **(i)** validar tanto o juízo e o conhecimento empíricos – que são espontâneos e naturais, e se actualizam na exacta medida das nossas experiências (enquanto traduções de fricções com a realidade); quer **(ii)** evitar regressões *ad infinitum* nos processos mentais de conhecimento

– uma vez que as nossas experiências são restringidas quer pela própria realidade disponível, quer ainda pela sua natureza conceptual.

A nossa racionalidade é, no fundo, *natural*, o que significa que ter e dar razões é, ao mesmo tempo, um acto espontâneo e animal. Ou seja, o processo de raciocinar sobre a realidade empírica não repousa numa recolha de dados aos quais é dado posteriormente conteúdo conceptual – nem, muito menos, sobre a ideia de que sujeito e objecto são entidades epistemologicamente diferentes. Reagimos tipicamente ao mundo exterior (temos e damos razões) de um modo activo, conceptual e intensamente humano – conhecer objectos e razões alheias exige conceitos, experiências e actualizações permanentes. Não nos relacionamos com o mundo *ab ovo*, como meros receptáculos de dados empíricos. Pelo contrário, transformamos esses dados e adaptamo-los à nossa experiência conceptual, e isto quer dizer que não existem, em última análise, propriedades independentes de descrições, descrições essas que são racionais e que dependem da nossa natureza.

Mas, se por um lado, natureza e realidade exercem restrições sobre o pensamento, também existe um conjunto de restrições que seguem do facto de sermos seres utilizadores de conceitos. Robert B. Brandom, por exemplo, descreve o processo de expressão como um caso não de transformar o que está dentro de nós em algo que venha a estar fora de nós, mas como um meio de tornar explícitas coisas que eram implícitas.[145] Isto pode ser entendido no sentido de se transformar algo que inicialmente apenas podíamos fazer em algo que podemos *dizer*: tal significa ter a capacidade de codificar uma espécie de "saber como" numa forma de "saber que". Para além disto, a noção daquilo que é explícito é de natureza conceptual, ou seja, o processo de explicação (dar razões) é um processo de *aplicação* de conceitos. Implícito e explícito são, na tese de Brandom, ininteligíveis um sem o outro – assim, o que é exprimido deve ser entendido nos termos da possibilidade de ser exprimido. Brandom chama a isto o "expressivismo relacional". Mas esta forma de

---

[145] Na introdução a *Articulating Reasons: An Introduction to Inferentialism*. Cambridge, Massachussetts & London, England: Harvard University Press, 2000 (pp. 1–44).

expressivismo é também *racional*, uma vez que concebe a expressão de alguma coisa como o colocar dessa mesma coisa numa posição em que pode tanto servir como razão, como necessitar de razões. Apenas deste modo uma expressão pode ser tomada quer como premissa, quer como conclusão para um conjunto de inferências. Dizer ou pensar que coisas são de uma determinada maneira significa submeter-se a um tipo particular de compromisso inferencialmente articulado, cuja aplicação consiste em discernir as premissas adequadas para inferências futuras. E isto confere a cada um de nós a autoridade de sermos imediatamente responsáveis pelo tipo de compromissos assumidos – pensar, falar e interpretar exigem um *modus operandi* relacional, em que a responsabilidade é partilhada e o conhecimento dependente de uma série de factores (que têm a ver tanto com o marinheiro como com o barco em que este se encontra – para usar a metáfora de Neurath). Compreender um conceito que é aplicado num processo de explicitação é dominar e conhecer o seu uso inferencial. A maneira comum de pensar neste problema seria, talvez, a de assumir que cada um de nós possui de algum modo uma noção prévia de verdade, que seria usada para explicar em que consiste uma boa inferência. No entanto, a posição defendida por Brandom reverte esta ordem de explicação: começa com uma distinção prática entre boas e más inferências (entendidas como modos de fazer apropriados ou inapropriados) para perceber a noção de verdade como o conjunto das coisas que "são preservadas pelos movimentos correctos". Em conclusão, a verdade objectiva depende da nossa capacidade de uso de conceitos (que envolve, no argumento de Brandom como no de Davidson) a noção de *erro*. Usar conceitos equivale, assim, a operacionalizar as noções de verdade e erro, não de uma forma pré-determinada mas de modo prático e relacional.

Ao que tudo indica, existem vários modos de fazer valer o argumento de que o modelo de conhecimento não-fundacional não implica necessariamente (como o lado fundacionalista parece supor) nem solipsismo hermenêutico, nem anarquia metodológica, nem muito menos o "vale tudo" intelectual. Pelo contrário, existem sobre qualquer modelo de conhecimento restrições de ordem epistemológica, natural, racional e conceptual que determinam as suas operações, e as conclusões a que chegam.

Os argumentos de Stich, Foley, McDowell e Brandom demonstram que é possível contrariar as críticas do lado fundacional e, por outro lado, que um modelo hermenêutico não-fundacional é uma alternativa de pleno direito àquele. A conclusão é a de que muitas reservas que são dirigidas ao ponto de vista não-fundacional são ou inaptas ou falsas, e que por isso nada obsta a que aquele possa ser tido como um meio legítimo e racional sobre o qual alicerçar teorias e interpretações de textos literários.

Até este ponto, procurou demonstrar-se que, ao nível da segunda dimensão do argumento, os argumentos de longo curso descritos nos capítulos II, III e IV pertencem a uma mesma família. Ao mesmo tempo, foi-se tornando aparente um modo alternativo de lidar com a questão, modo esse que foi, em momento posterior, purgado das críticas que contra ele tipicamente surgem – a preocupação fundacionalista com o subjectivismo, o solipsismo e o "vale tudo". Resta agora, em conclusão, indicar as razões pelas quais acredito que o modelo não-fundacional de interpretação tem mais vantagens e é mais útil do que o modelo fundacional. Que, no fundo, é possível prescindir do cartesianismo hermenêutico a favor de uma perspectiva relacional, transitiva e inter-subjectiva – e nisto não há nada de desconfortável ou angustiante.

A minha proposta não é original, e pode ser resumida, em termos gerais, recorrendo à introdução que Fish faz à sua obra *Is There a Text in This Class?*.[146] O argumento de Fish é o de que o modo fundacionalista (imanentista, formal e textualista) e os modos não-fundacionalistas de entender a interpretação literária fazem, no fim de contas, as mesmas coisas:

> Assim que me apercebi disto, a noção de que estava a tentar persuadir pessoas de uma nova forma de ler não mais foi vista como uma acusação, porque o que estava a tentar persuadi-los *de* não era um meio fundamental ou natural, mas um meio não menos convencional do que o meu e para o qual eles tinham sido persuadidos de maneira semelhante

---

[146] Stanley Fish (1980), "Introduction, or How I Stopped Worrying and Learned to Love Literature", in *Is There a Text in This Class? – The Authority of Interpretive Communities*. Cambridge: Harvard University Press (pp. 1–17).

... Isto significou que o objecto da crítica não era (como eu tinha previamente pensado) determinar o modo correcto de ler, mas determinar de qual, de um número de possíveis perspectivas, a leitura pode avançar. Esta determinação não é feita de uma vez para sempre através de um mecanismo neutral de adjudicação, mas feita e refeita ... O objecto da crítica, por outras palavras, não era o de decidir entre interpretações, sujeitando-as ao teste das evidências desinteressadas, mas estabelecer, por meios políticos e persuasivos (eles são a mesma coisa), o conjunto de pressupostos interpretativos a partir dos quais as evidências (e os factos e as interpretações e tudo o resto) são, desde esse momento, especificáveis. No fim de contas, tanto desisti da generalidade como a reclamei: desisti dela porque desisti do projecto de tentar identificar a única verdadeira forma de ler, mas reclamei-a porque reivindiquei o direito, com toda a gente, de defender um modo de ler que, caso fosse aceite, seria, pelo menos durante algum tempo, o verdadeiro. (Fish, 1980:16; itálico no original)

Não existe, no fundo, uma justificação "fundamental ou natural" para a interpretação de textos literários. Reificar evidências com base na consideração de que textos auto-suficientes possuem propriedades intrínsecas é, deste ponto de vista, uma actividade vazia – e, até certo ponto, impossível. Textos literários dependem de interpretações, que por sua vez dependem de pessoas, que por sua vez atribuem aos diversos momentos do esforço hermenêutico importâncias diferentes.

Não estou muito seguro de que a literatura seja uma coisa obscura que dependa de explicações igualmente obscuras – como também duvido que interpretar correctamente textos literários seja um privilégio reservado a elites de especialistas. Continuo a acreditar que interpretar textos é interpretar actos intencionais, que poemas não têm propriedades intrínsecas e que, quando lemos, não estamos realmente a jogar ao faz de conta. Autor, texto e leitor (juntamente com um leque alargado de outros factores), possuem exactamente a mesma dignidade hermenêutica, e não há maneira de determinar antecipadamente o equilíbrio dos factores em cada interpretação particular. Muitas vezes, não temos realmente coisas para as quais possamos apontar – mas isto não significa que não falemos delas. O que é *realmente* característico de toda a interpretação é o facto de ela ser humana, racional e relacional, e de se apoiar em razões, argumentos, justificações, crenças e juízos ou, no fim de contas, coisas que fazem de nós seres racionais. Neste processo contínuo, heteróclito e surpreendente de negociação com o mundo é que se encontra, afinal, o sinal distintivo da espécie humana: a possibilidade de pensar o mundo e de se pensar no mundo.

O argumento, como se viu, pode ser dividido em duas dimensões, mutuamente influenciáveis e determináveis. O meu argumento em relação a isto é o de que, em relação à sua primeira dimensão, as teses anti-intencionalistas, da poeticidade e do faz de conta são bastante questionáveis. Em relação à segunda dimensão, as três fazem parte de um modo generalizado de ler cujas consequências, ao nível do conhecimento, são muito limitadas. Continuo a acreditar que a literatura é conhecimento, mas também auto-conhecimento: permite, como poucas outras coisas, um ponto de vista único sobre a nossa racionalidade, os nossos usos de conceitos, a nossa capacidade hermenêutica e a nossa habilidade para lidar com coisas que são diferentes de nós, e com pessoas que são parecidas connosco. Este ensaio é, também por isso, uma forma de mostrar a minha racionalidade, e de tomar total responsabilidade pelas minhas opiniões, juízos, crenças e interpretações. Isto não é o fim do argumento, mas o princípio.

BIBLIOGRAFIA

Vítor M. de AGUIAR E SILVA, *Teoria da Literatura*. Coimbra: Livraria Almedina, 2007.

Matthew ARNOLD, *Essays in Criticism* [introdução de G.K. Chesterton]. London: J.M. Dent & Sons, 1969.

Kenneth ASHER, *T.S. Eliot and Ideology*. Cambridge: Cambridge University Press, 1995.

Erich AUERBACH, *Mimesis – The Representation of Reality in Western Literature*. New York: Doubleday Anchor Books, 1953.

J.L. AUSTIN, *How To Do Things With Words*. Oxford, New York: Oxford University Press, 1986.

Mikhail BAKHTIN, *The Dialogic Imagination – Four Essays* [Michael Holquist (ed.)]. Austin: University of Texas Press, 1981.

Jeremy BENTHAM, *De l'Ontologie et d'Autres Écrits Sur Les Fictions* [introdução e comentários de Jean-Pierre Cléro e Christian Laval]. Paris: Éditions du Seuil, 1997.

Simon BLACKBURN, *Oxford Dictionary of Philosophy*. Oxford, New York: Oxford University Press, 1996.

Harold BLOOM & Lionel TRILLING, *Romantic Poetry and Prose*. New York, London, Toronto: Oxford University Press, 1973.

Wayne C. BOOTH, *The Rhetoric of Fiction*. Chicago & London: The University of Chicago Press, 1970.

Robert B. BRANDOM, *Articulating Reasons – An Introduction to Inferentialism*. Cambridge, Massachussetts & London, England: Harvard University Press, 2000.

Cleanth BROOKS, *The Well-Wrought Urn*. London: Dennis Dobson, 1968.

Samuel Taylor COLERIDGE, *Biographia Literaria*. In BLOOM & TRILLING (Op. Cit.).

Gregory CURRIE, *The Nature of Fiction*. Cambridge: Cambridge University Press, 1990.

Ernst-Robert CURTIUS, *European Literature and the Latin Middle Ages* [tradução de Willard R. Trask]. Princeton: Princeton University Press, 1953.

Reed Way DASENBROCK, *Literary Theory After Davidson*. University Park, Pennsylvania: The Pennsylvania State University Press, 1993.

Donald DAVIDSON, *Problems of Rationality*. Oxford: Oxford University Press, 2004.

—————— *Truth, Language and History*. Oxford: Clarendon Press, 2005.

Boris EICHENBAUM, *Russian Formalist Criticism – Four Essays* [tradução e introdução de Lee T. Lemon e Marion J. Reis]. Lincoln: University of Nebraska Press, 1965.

Ralph Waldo EMERSON, *Essays – First and Second Series*. Mount Vernon: The Peter Pauper Press, s/d.

_____ *The Complete Essays and Other Writings of Ralph Waldo Emerson* [edição de Brooks Atkinson]. New York: Random House, 1940.

William EMPSON, *The Structure of Complex Words*. Cambridge, Massachussetts: Harvard University Press, 1989.

Victor ERLICH, *Russian Formalism*. The Hague, Paris, New York: Mouton Publishers, 1980.

Stanley FISH, *Is There a Text in This Class? – The Authority of Interpretive Communities*. Cambridge: Harvard University Press, 1980.

John GIBSON, Wolfgang HUEMER & Luca POCCI [eds.], *A Sense of the World – Essays on Fiction, Narrative and Knowledge*. New York & London: Routledge, 2007.

Charles J. GLICKSBERG [ed.], *American Literary History, 1900 – 1950*. New York: Hendrick's House, 1951.

Martin HEIDEGGER, *Poetry, Language, Thought* [tradução de A. Hofstadter]. New York: Harper & Row, 1999.

E.D. HIRSCH, JR., *Validity in Interpretation*. New Haven & London: Yale University Press, 1967.

Wolfgang ISER, *The Fictive and the Imaginary – Charting Literary Anthropology*. Baltimore & London: The Johns Hopkins University Press, 1993.

Roman JAKOBSON, *Language in Literature* [Krystyna Pomorska & Stephen Rudy eds.]. Cambridge & London: Harvard University Press, 1988.

P.D. JUHL, *Interpretation – An Essay in the Philosophy of Literary Criticism*. Princeton, New Jersey: Princeton University Press, 1980.

Frank KERMODE [ed.], *Selected Prose of T.S. Eliot*. London: Faber & Faber, 1975.

_____ *The Sense of an Ending – Studies in the Theory of Fiction*. New York: Oxford University Press, 1967.

Hilary KORNBLITH [ed.], *Epistemology: Internalism and Externalism*. Oxford: Blackwell, 2001.

Peter LAMARQUE & Stein HAUGOM OLSEN, *Truth, Fiction and Literature*. Oxford: Clarendon Press, 1996.

Vincent B. LEITCH [gen. ed.], *The Norton Anthology of Theory and Criticism*. New York & London: W.W. Norton & Company, 2001.

A. Walton LITZ, Louis MENAND & Lawrence RAINEY [eds.], *The Cambridge History of Literary Criticism – Volume VII – Modernism and New Criticism*. Cambridge: Cambridge University Press, 2000.

Percy LUBBOCK, *The Craft of Fiction*. London: Jonathan Cape, 1928.

John MCDOWELL, *Mind and World*. Cambridge, Massachussetts & London, England: Harvard University Press, 2000.

Irena R. MAKARYK [gen. ed.], *Encyclopedia of Contemporary Literary Theory*. Toronto, Buffalo, London: University of Toronto Press, 1993.

Stéphane MALLARMÉ, *Divagations* [prefácio de E.M. Souffrin]. Paris: Fasquelle Éditeurs, 1943.

Joseph MARGOLIS [ed.], *Philosophy Looks at the Arts. Contemporary Readings in Aesthetics*. Philadelphia: Temple University Press, 1987.

W.J.T. MITCHELL [ed.], *Against Theory – Literary Studies and the New Pragmatism*. Chicago & London: The University of Chicago Press, 1985.

David NEWTON-DE MOLINA [ed.], *On Literary Intention*. Edinburgh: Edinburgh University Press, 1976.

C.K. OGDEN & I.A. RICHARDS, *The Meaning of Meaning*. London: Routledge & Kegan Paul, 1969.

Michael RIFFATERRE, *Essais de Stylistique Structurale* [tradução de Daniel Delas]. Paris: Flammarion, 1971.

_____ *Fictional Truth*. Baltimore & London: The Johns Hopkins University Press, 1993.

Hyder E. ROLLINS [ed.], *The Letters of John Keats, 1814 – 1821*. Cambridge: Cambridge University Press, 1958.

Richard RORTY, *Consequences of Pragmatism*. Minneapolis: University of Minnesota Press, 1982.

SANTO AGOSTINHO, *On Christian Teaching* [tradução de R.P.H. Green]. Oxford: Oxford University Press, 1997.

_____ *La Trinité – Livres VIII – XV* [tradução de J. Agaësse; notas de J. Moingt]. Paris: Desclée de Brouwer, 1955.

John R. SEARLE, *Expression and Meaning – Studies in the Theory of Speech-Acts*. Cambridge: Cambridge University Press, 1979.

Alcinda Pinheiro de SOUSA & João Ferreira DUARTE [tradução, organização e selecção], *Poética Romântica Inglesa*. Lisboa: Apáginastantas, 1985.

Stephen B. STICH, *The Fragmentation of Reason*. Cambridge, Massachussetts: M.I.T. Press, 1990.

Miguel TAMEN, *Maneiras da Interpretação – Os Fins do Argumento nos Estudos Literários*. Lisboa: Imprensa Nacional – Casa da Moeda, 1994.

_____ *The Matter of Facts: On Invention and Interpretation*. Stanford: Stanford University Press, 2000.

Hans VAIHINGER, *Die Philosophie Des Als Ob* [Müller & von Krosigk eds.]. VDM: Saarbrücken, 2007.

Kendall L. WALTON, *Mimesis as Make-Believe – On the Foundations of the Representational Arts*. Cambridge, Massachussetts & London, England: Harvard University Press, 1990.

René WELLEK & Austin WARREN, *Theory of Literature*. London: Peregrine Books, 1963.

William K. WIMSATT, *The Verbal Icon – Studies in the Meaning of Poetry*. Lexington, Kentucky: The University Press of Kentucky, 1989.

www.ingramcontent.com/pod-product-compliance
Lightning Source LLC
Chambersburg PA
CBHW060557230426
43670CB00011B/1862